KB067890

외식의 역사

THE RESTAURANT: A HISTORY OF EATING OUT by William Sitwell

Text copyright ⓒ William Sitwell 2020
First published in Great Britain in 2020 by Simon & Schuster UK Ltd.
All rights reserved. No part of this book may be reproduced or transmitted in any form
or by any means, electronic or mechanical, including photocopying, recording or by any
information storage and retrieval system without permission in writing from the Publisher.
This Korean edition was published by SOSO(Ltd.) in 2022 by arrangement with Simon &
Schuster Inc. UK LIMITED through KCC(Korea Copyright Center Inc.), Seoul.

이 책은 (주)한국저작권센터(KCC)를 통한 저작권자와의 독점 계약으로
(주)소소에서 출간되었습니다.
저작권법에 의해 한국 내에서 보호를 받는 저작물이므로
무단전재와 복제를 금합니다.

음식에 인생을 바친 사람들의 이야기

외식의 역사

윌리엄 시트웰 지음 | 문희경 옮김

The
RESTAURANT

A HISTORY
of
EATING OUT

연대표로 보는 '외식의 역사'

1652년 런던 최초의 커피하우스 (세인트 마이클)
1660년 커피 1갤런당 4펜스의 세금 부과
1666년 런던 대화재
1674년 '커피에 반대하는 여자들의 청원'
1675년 '커피하우스 단속령' (찰스 2세)
1760년 산업혁명
1765년 최초의 '레스토랑' (블랑제)

1356년 이븐 바투타의 여행기 『리흘라』의 원고 완성

1841년 알렉시스 스와 주방 설계
1850년 최초의 노동자

1830년 프랜시스 코글랜의 『프랑스 안내서』

로마 제국 최고의 도시 폼페이에서 번창하던 레스토랑과 여관, 술집 등이 베수비오 화산 폭발(8월 24일)로 사라짐

AD 79년

이븐 바투타의 성지 순례 (32년간, 40개국, 12만 킬로미터)

1325년

영국 최초의 커피하우스 (제이콥)

1650년

『새로운 파리 안내서』 (15쇄)

1827년

빅토리아 시대

1837년

1299년
오스만 제국 형성

1410년
식탁보를 펼치는 음식점 성행

1789년
프랑스 혁명

1832년
영국의 개혁법

1834년 최초의 현대 요리사인 마리 앙투안 카렘 사망

1577년 영국의 선술집이 2만 4,000개로 기록됨(주민 142명당 한 개꼴)

1791년 파리의 레스토랑 메모
1794년 로베스피에르의 공포정치
1795년 『공화정의 요리책』
1810년 마리 앙투안 카렘, 나폴레옹의 웨딩 케이크 제작

1972년 뉴욕 최초의 초밥집
루 형제의 워터사이드인(버크셔의 브레이)
1982년 르가브로슈, 미슐랭 세 번째 별
1984년 제러미어 타워의 스타스
셀리 클라크의 클라스
1985년 앨러스테어 리틀의 레스토랑

1964년 엘불리 레스토랑

2014년 파코 론체로의
서블리모션(이비자)

1950년 엘리자베스 데이비드의
『지중해 요리책』
1951년 글렌 벨의 타코

타코 기계의 특허 승인

1950년

초밥 컨베이어벨트(회전초밥)

1958년

앨리스 워터스의
레스토랑 셰파니스

1971년

베르나르 루아조의 자살

2003년

1923년
인도 봄베이의
영국식 레스토랑

1940년 맥도날드 개업
1947년 인도 독립

1951년
레이먼드 포스트게이트의
『좋은 음식 안내서』

1955년 로스앤젤레스에 최초의
일본 레스토랑 등장
1957년 에곤 로네이의 안내서
1958년 미국 최초의 피자헛 매장

1967년
런던의 르가브로슈(루 형제)

1987년
런던의 비벤덤

1987년 마르코 피에르 화이트의 하비스
로울리 리의 켄싱턴 플레이스
1994년 런던 최초의 회전초밥집(캐롤린 베네트)
사이먼 홉킨슨의 『로스트치킨과 여러 이야기』
1995년 앨리스 워터스의 에더블 스쿨야드
헤스턴 블루멘설의 팻덕
화이트, 미슐랭 세 번째 별(영국 최초이자 최연소)
1998년 고든 램지의 레스토랑
1999년 화이트, 미슐랭 별 반납
2001년 고든 램지 레스토랑, 미슐랭 세 번째 별
아톨 코차, 미슐랭 별(인도인 최초)

2019년
완전 채식주의

2020년 미국의 패스트푸드
산업이 2,230억 달러 이상의
가치가 있는 것으로 전망

For Emily and Walter

영 감靈感의 촉수가 세계를 휘감는다. 대륙을 가로질러 각지의 문화에 침투하고 사람들의 마음속으로 스며든다. 역사의 물결을 따라 굽이굽이 흐른다. 잠시 쉬어 가기도 하고 때로는 완전히 멈추었다가 몇 세기 후 의외의 장소에서 홀연히 다시 나타난다.

이 책은 이런 촉수(레스토랑 역사의 뿌리)에 관해 이야기한다.

고대부터 미래까지 레스토랑만큼 다방면에 걸쳐 있는 주제도 드물다. 레스토랑은 사업이자 취미이고, 열정이자 재앙이다. 레스토랑을 차리려면 독창성과 사업 감각, 창의성, 전문 기술, 디자인이나 예술 감각, 회계 능력, 문해력, 사람을 상대하는 기술, 홍보 능력, 마케팅 요령, 협상 능력이 필요하다. 여기에 요리까지 잘하면 더 좋다.

외식사업은 열정으로 시작해서 광기에 휘말릴 수 있다. 대박을 칠 수도 있고 쪽박을 찰 수도 있다. 큰돈을 버는 사람도 있지만 파산하는 사람도 수두룩하다.

외식의 역사는 정치, 공포, 용기, 광기, 행운, 혁신, 예술, 사랑, 그리고 묵묵히 성실하게 쌓아올린 노력에 관한 이야기다. 남다른 열정과 예지력으로 참신한 레스토랑을 내거나 새로운 주방을 만들거나 사람들의 식문화를 바꾸는 새로운 서비스나 요리를 내놓는 사람들만 연구해도 외식의 역사가 나온다.

이 책에서는 이런 인물들을 만나본다. 14세기에 이븐 바투타는 30년에 걸쳐 40개국을 여행하면서 집 밖에서 식사를 해결한 이야기를 기록으로 남겼다. 19세기 프랑스의 마리 앙투안 카렘은 전문 식당의 음식과 가정식을 구분했다. 멕시코 출신의 뉴욕

이민자 후벤시오 말도나도는 1951년에 직접 발명해서 특허를 받은 타코 기계로 패스트푸드 열풍을 일으켰다. 시라이시 요시아키가 1958년에 개발한 초밥 컨베이어 벨트는 생선을 먹는 문화에 혁신을 일으켰다.

알베르와 미셸 루 형제는 1967년에 런던에서 르가브로슈 레스토랑을 열고 전후 영국의 암울한 식문화에 변화를 일으켰다. 앨리스 워터스는 캘리포니아에서 미국의 반문화를 대표하는 셰파니스 레스토랑을 열어서 지역 농산물과 제철 식품으로 패스트푸드라는 거대한 괴물에 맞섰다. 이들은 모두 수천 킬로미터 떨어진 곳에 사는 사람들에게까지 영향을 미쳤다. 사람들은 알고서든 모르고서든, 좋든 나쁘든 이들의 철학을 맛보았다.

하지만 이 책은 외식의 역사에서 걸출한 인물들의 이야기에 주목하면서 의도치 않은 결과도 함께 소개한다. 프랑스 혁명기의 막시밀리앙 로베스피에르는 그의 정치가, 혹은 그의 정치를 실현하기 위한 피의 숙청이 고급 식당fine dining의 시대를 불러올 줄은 몰랐을 것이다. 맥도날드 형제도 그들의 사업체가 세계적 괴물로 성장하여 앨리스 워터스 같은 사람들이 정반대 개념의 레스토랑을 차리도록 자극할 줄은 몰랐을 것이다.

의도했든 아니든 레스토랑은 변화의 수단이자 상징이 되었다. 국가나 제국의 흥망성쇠를 보여주는 지표이기도 하다. 폼페이에 고스란히 간직된 고대의 식문화를 통해 로마 제국이 얼마나 웅장하고 세련되고 번성했는지 엿볼 수 있다. 제2차 세계대전 이후 영국의 암울한 레스토랑 풍경은 전쟁의 공포와 분열이 영국의 식문화와 음식에 대한 욕구 두 가지 모두를 얼마나 피폐하게 추락시켰는지 보여준다. 시계를 빠르게 돌려 2018년으로 와보자. 세계무대에서 영국의 활약상이 식문화 영역에서 (이번에는 긍정적으로) 나타났다. 레스토랑 사업가이자 디자이너인 테런스 콘랜 경은 런던은 이제 '요리계의 조롱거리에서 세계적으로 시기와 선망의 대상'으로 발돋움했다고 말했다.

하지만 콘랜의 이 말에는 레스토랑의 역사에서 또 하나의 주제가 담겨 있다. 바로 현재가 최고의 전성기인 줄 아는 시각이다. 흔히 외식의 역사에서 지금보다 더 나은 시절은 없었다고 하지만, 사실 콘랜이 저 말을 했을 때보다 20여 년 전에 이미『좋은 음식 안내서The Good Food Guide』는 '외식 문화에서 지금보다 더 흥미로운 시절도 없었다'고 언급했다.

실제로 전후 몇십 년간 영국의 외식 문화는 지독하게 조롱당했다. 영화감독이자 〈선데이 타임스Sunday Times〉의 평론가인 마이클 위너Michael Winner는 '1950년대 황금기에는 음식이 재료 본연의 맛을 냈다'고 말했다. 한편 새뮤얼 존슨은 (1791년 출간된 전기에서) '인간이 만든 것 가운데 좋은 주점이나 여관만큼 행복을 안겨주는 곳도 없다'고 적었다. 당시만 해도 영국의 음식이 그렇게 형편없지는 않았던 모양이다. 또 1170년에 윌리엄 피츠스티븐은 「런던의 묘사」에서 밤낮으로 문을 여는 공공 음식점에 관해 '원하는 음식이 모두 바로바로 나오는 곳'이라고 말하지 않았는가?

외식이라는 주제가 비교적 최근에야 생각할 거리가 되었다면, 외식의 역사라고 해봐야 지극히 짧은 이야기에 그칠 것이다. 하지만 나는 그렇게 생각하지 않는다. 독자 여러분도 나와 함께 몇천 년 전으로 거슬러 올라간다면 내 생각에 공감할 것이다. 이 책의 어떤 대목은 '외식'이 아니라 그냥 '집을 떠나 식사하기'에 가까울 수도 있지만 나는 여전히 이 책의 주제와 관련된다고 생각한다. '집을 떠나 식사하기'에서 '외식'으로 서서히 넘어가는 동안 미래의 레스토랑에 영향을 미쳤기 때문이다.

통신과 여행 문화가 발달한 지금은 사람들이 다채롭게 경험하고 그만큼 미각도 풍성해졌다. 따라서 레스토랑의 상징성도 강해졌다. 이제 사람들은 어떤 국가를 음식으로 판단할 수 있다. 레스토랑은 박물관이나 미술관, 나이트클럽이나 해변만큼이나 한 나라의 문화에서 중요한 요소가 되었다. 이제는 레스토랑이 그 나라의 경치나 국민이나 기후만큼 중요해졌다.

레스토랑은 여행할 이유가 되기도 하지만 여행하지 않아도 될 이유가 되기도 한다. 인도, 중국, 일본, 페루, 프랑스, 이탈리아 음식을 파는 가게가 즐비한 도시에 산다면 굳이 비행기를 탈 이유가 있을까? 영국의 작가 니콜라스 랜더는 '레스토랑의 메뉴는 가장 저렴한 여행'이라고 썼다.

레스토랑은 국가의 상징인 만큼 사회적 지위의 상징이 될 수도 있다. 외식의 개념이 복잡해지면서 이제 우리는 어떤 레스토랑을 선택하는 이유가 그곳에 머물기만 해도 즐겁다고 믿는 후광 때문이기도 한 시대에 살고 있다.

'당신이 어디서 먹는지 말하면 당신이 어떤 사람인지 말해주겠다.' 역사학자 존 버넷의 말이다(사실은 그의 조상인 장 앙텔름 브리아 샤바랭Jean Anthelme Brillat-Savarin의 말을 편집한 말이다). 좋아하는 레스토랑에 관해 이야기를 나누다 보면 우리가 열광하는 레스토랑의 유형에 따라 우리의 품격이 드러나므로 대화가 생각보다 복잡미묘해질 수 있다. 최근 유행하는 세련되고 편안한 레스토랑에 관한 대화 주제로 채식주의 카페를 추가해야 할 것이다.

한편 레스토랑은 엔터테인먼트 산업의 주류까지는 아니어도 한 지류가 되었다. 어떤 레스토랑은 요리사가 출연하는 TV 프로그램이나 출판물의 부산물로 보이기도 한다. 무엇이 상품이고 무엇이 마케팅 도구인지 분간하기 어렵다. TV 요리경연대회에서 우승한 후 레스토랑을 차린 요리사도 있고, 레스토랑을 운영하다가 경연에서 우승하고는 TV에서만 요리하는 요리사도 있다.

이처럼 레스토랑이 레저산업에 편입되는 사이 레스토랑의 존재 이유가 제대로 정의되지 않았다. 저녁을 먹기 전 배 속에 공간을 마련하기 위해 운동하거나 걷거나 뛰어야 한다면 굳이 밖에 나가 외식을 해야 할까? 배가 고프지도 않은데 레스토랑에 가는 괴상한 세상에 우리는 살고 있지 않은가? 배가 고파서만 외식하러 나가는 것은 아니다. 영국의 레스토랑 평론가 A. A. 질은 이렇게 말했다. '우리가 레스토랑에 가는 이유는 식욕이 있어서이고, 식욕은 배고픔과 다르다.'

어디서 외식을 하든 그 장소가 불러내는 감흥은 다채롭고 다면적이다. 그리고 이런 느낌은 대체로 이주민이 들여온 기분 좋은 결과다. 원래는 한 이주민 공동체가 그 공동체의 사람들을 위한 음식으로 들여온 것이다. 1960년대 북미의 일본인 사회나 1940년대 런던 이스트엔드의 방글라데시 이민자 사회를 예로 들 수 있다. 그러다 그 나라의 주류 사회도 이주민의 음식에 맛을 들이면 정작 그 음식을 들여온 이주민은 괄시하더라도 음식은 즐기면서 자기네 주류 문화의 핵심으로 편입시킨다(영국의 인도 음식처럼).

이처럼 복잡다단하고 아름다운 이야기를 시작하기 전에 우선 양해를 구해야겠다. 외식의 역사를 책 한 권에 담기란 불가능하므로 이 책에서 언급하지 못한 인물과 레스토랑과 이야기가 무궁무진하다. 최종 편집본에 실리지 않았어도 맛도 훌륭하고 영향력도 있는 요리와 레스토랑을 가진 국가도 많다. 그들 모두에게 양해를 구하고 모두 담지 못한 데 대해 독자 여러분에게도 양해를 구한다.

하지만 작가의 특권은 자기만의 이야기를 들려주는 것이다. 이 책은 역사상 최고의 레스토랑이나 최고의 요리사나 최고의 화덕이나 가장 혁신적인 주방 기구를 줄 세우는 것을 목표로 삼지 않았다. 내가 선택한 이야기는 여러분에게 맛있는 뒷이야기를 들려줄 것이다. 그것은 우리가 사는 세상을 오늘의 모습으로 만든 이야기이기도 하다.

노샘프턴셔 웨스턴에서

윌리엄 시트웰

차례

1

폼페이의 5번가

고대 폼페이에서 발견된 한 여관은
폼페이가 세련된 호텔과 술집과 레스토랑을 갖춘 도시였음을 드러내 보인다.

서기 79년 8월 23일. 탈 듯이 뜨거운 여름날, 폼페이의 한 시민이 단골 술집에서 비틀거리며 거리로 나선다. 그가 나온 술집은 홀코니우스 교차로의 북동쪽 모서리에 실제로 있었던 프리무스 여관Inn of Primus일지 모른다. 그는 여관의 중앙문으로 나와 델라본단자 거리로 나선다. 한때 인구 1만 2,000명의 대도시였던 폼페이의 중심가인 이 거리는 1킬로미터나 죽 뻗어 있다.

우리의 폼페이 시민은 술(각자의 취향에 따라 물로 희석해주는 와인)을 마시고 거나하게 취해 폼페이의 옥스퍼드 스트리트(런던의 번화가 - 옮긴이)이자 고대 세계의 5번가(뉴욕의 고급 패션 거리 - 옮긴이)인 델라본단자 거리의 인파를 피하려고 술집에서 나오자마자 오른쪽으로 꺾어서 곧바로 다시 오른쪽으로 돌아 좁은 스타비아나 거리로 내려간다. 그는 프리무스 여관의 열린 창문 앞을 지나간다. 프리무스는 거리로 난 창문으로 포장 음식을 판다. 창문 앞에 넓은 계단이 있어서 술에 취한 우리의 폼페이 시민을 비롯한 행인들이 창문에 부딪히지 않고 분주하고 비좁은 거리를 지날 수 있다.

프리무스 여관의 단골이었을 우리의 친구는 술에 취하고 주사위 놀이에서 져서 잔뜩 부아가 난 채로 시에스타(더운 지방의 낮잠 - 옮긴이)를 위해 어서 집으로 돌아가고 싶다. 그는 앞에 길게 뻗어 있는 스타비아나 거리를 보고 그 너머로 저 멀리 거대한 산을 바라본다. 베수비오 산이다. 웅장한 풍경 속에서 자란 그는 이 도시를 손바

폼페이의 중심가인 델라본단자 거리(고대 세계의 5번가)에는 부자와 가난한 사람의 구분 없이 찾아가는 유명한 레스토랑과 술집이 즐비했다. 네로 황제도 이런 술집에 자주 드나들었다고 전해진다.

닥 보듯 훤히 안다. 그런데 오늘은 어째선지 여느 때와 다르다. 산꼭대기에서 가느다란 깃털 같은 연기가 새어 나온다. 소小플리니우스Plinius가 '우산소나무와 같다'고 묘사한 바로 그 장면이다.

살아남은 폼페이 시민들의 증언에 따르면 그날 아침에 우르릉거리는 소리가 들리더니 땅이 흔들렸다고 한다. 하지만 그렇게 특이한 현상은 아니었다. 캄파니아 지방의 이쪽 지역에는 크고 작은 지진이 빈번하게 일어났다. 신들의 투덜거림. 인간이 도박판에서 악수를 두고 투덜거리듯이. 베수비오 산에서 연기가 나고 땅이 조금 흔들렸다고 해서 놀라는 폼페이 사람은 없었고, 누구도 두 가지 현상을 연결 지어 생각하지 못했을 것이다. 베수비오 산이 폭발할 수도 있다는 생각 자체가 황당무계했다. 그로부터 7년 전에 심각한 지진이 발생했지만 베수비오 산은 1,500년 동안 한 번도 분출한 적이 없었다.

우리의 폼페이 친구는 너른 자갈길에서 비틀거리며 용케 넘어지지 않고 오가는 행인들과 길 잃은 개들을 피하며 집 쪽으로 걷는다. 집에 들어가 한두 잔 더 걸치는 사이 석양이 지고 밤이 온다. 질리도록 퍼마시고 잠자리에 들어 깊은 잠에 빠진다. 프리무스에서 종일 놀고 온 여파인지, 신들 가운데 어느 신이 그를 어여삐 여기신 것인지 잠에서 깨지 않는다.

그다음 날, 8월 24일 폼페이에 비극이 펼쳐진다. 베수비오 산이 폭발하여 용암이 분출하고 삽시간에 유독성 연기와 먼지가 이 지역을 뒤덮는다. 순식간에 벌어진 상황이라 폼페이 시민 대다수는 집에서 빠져나오지 못한 채 죽음을 맞는다. 살아서 도망친 사람들이 몇 주나 몇 달이 지나 폼페이로 돌아와 집과 가족들의 시신을 찾아보려 했지만 소용이 없었다.

용암과 화산재가 도시를 봉인했다. 쏟아지는 폭우에 용암이 화산석으로 굳어버렸다. (인간이든 사물이든) 그 무엇도 되살릴 길이 없었다. 그들은 결국 포기했다. 폼페이는 지도에서 사라졌다. 이후 1,800년 동안 지도상에 존재하지 않는 도시가 되었다.

그러다 250여 년 전부터 지금까지 계속 발굴 중이다. 폼페이를 방문하는 사람들이 볼 수 있는 것은, 어느 역사학자의 말대로 '폼페이 사람들, 그들의 기쁨과 슬픔, 그들의 일과 놀이, 그들의 미덕과 악덕'이다.

내가 이 책을 쓰기 위해 2,000년 전 로마 제국의 식사 장면에 관한 증거를 찾을 때 폼페이보다 더 적절한 증거는 없었다. 외식은 인간사의 중심에 있다. 외식은 행복을 자아내고 슬픔을 달래주고 사업과 쾌락을 도모하거나 인간의 최선의 본성과 최악의 본성을 끌어낸다.

폼페이는 곧 들이닥칠 영원한 망각을 예견하지 못한 채 비극을 맞았다. 따라서 현재 남겨진 것은 진실에 아주 가깝다. 폼페이는 로마 제국의 전성기에 잘나가던 도시였다. 서기 79년의 폼페이는 대단한 도시였다. 로마인들이 꿈꾸는 도시의 전형이었다. 로마 시민이라면 제국의 어느 곳을 여행하더라도 통일된 법체제와 단일한 공용어의 비호 아래 한 가지 화폐만으로 술과 간식과 음식을 살 수 있는, 로마인의 원대한 비전이 구현된 도시였다. 그러다 야만인들이 변경을 침략하면서 제국이 몰락하기 시작했고, 누군가는 이방인들을 통제하지 못한 것이 패착이었다고 말한다. 로마 제국 최후의 황제는 로물루스 아우구스툴루스Romulus Augustulus다. 최후의 황제이므로 결과적으로 최악의 황제로 볼 수 있겠지만, 사실 로마 시민들에게 국민투표를 제안한 적도 있다고 하니 그가 그렇게 지독히 나쁜 황제는 아니었을 것이다.

따라서 폼페이가 로마 제국의 최첨단 도시이던 서기 70년대에 종말의 조짐은 전혀 없었다. 로마 제국의 여러 장점이 폼페이에서 최고로 구현되었다(법, 기술, 문화, 언어, 종교, 건축, 음식, 술 등). 폼페이는 지리적 위치도 훌륭했다. 바다와 면한데다가 따뜻한 지중해와 캄파니아의 험준한 베수비오 산 사이에 위치해서 포도 재배에 완벽한 지형과 흙과 비탈이 있는 비옥한 땅이었다.

와인이 특히 유명해서 와인 수출이 잘되었다. 고대 그리스에서 가장 유명한 와인으로, 알리아니코산 포도로 만든 고가의 화이트와인인 팔레르니안 와인도 팔레르누스 산 근처에서 생산되었다. 팔레르니안은 늦게 딴 포도로 만들고 암포라(고대 그리스나 로마 시대에 사용한 양쪽에 손잡이가 달리고 목이 좁은 커다란 항아리 - 옮긴이)에 담아 숙성시킨다. 내용물이 산화되어 녹슨 색을 띠고 알코올 함량이 높아질 때까지 암포라에 보관한다. 폼페이의 어느 술집 벽에 붙은 가격표에는 이렇게 적혀 있다. '(동전) 한 닢으로는 와인을 마실 수 있고 / 두 닢으로는 최상급 와인을 마실 수 있고 / 세 닢으로는

팔레르니안을 마실 수 있다.'

베수비오 산이 그늘을 드리우고 바다에서 선선한 바람이 불어오는 폼페이는 모든 것을 갖춘 도시였다. 관광 명소이자 유행을 선도하는 항구이고, 최상류층 사람들을 끌어들이는 매력적인 도시이자 상인과 사업가에게는 세계로 진출하기 위한 거점이었다. 2만 명을 수용하는 원형극장이 있던 것으로 보아, 먼 도시까지는 아니어도 인근 도시의 시민들이 폼페이를 찾았을 것이다. 케임브리지 대학교의 고전학 교수 데임 메리 비어드Dame Mary Beard는 폼페이를 '라스베이거스와 브라이튼을 섞어놓은 곳'이라고 불렀다.

폼페이는 로마인들이 파티를 즐기기 위해 찾는 도시였다. 이를테면 도박을 하고 여자를 만나고 먹고 마시러 가는 곳이었다. 폼페이에서는 방문객이든 주민이든 융숭한 대접을 받았다. 접대 문화는 로마 제국 전체까지는 아니어도 적어도 폼페이라는 도시의 기반이 되었다.

접대hospitality라는 말이 'hospes'에서 나왔고, 이 말은 다른 로마인과 접대의 끈으로 연결된 로마인이라는 뜻이다. 법률 용어인 동시에 종교 용어였다. 또 이 말은 피보다 강했다. 접대를 주관하는 신까지 있었다. 주피터(그리스 신화의 제우스)가 하늘과 천둥을 다스리지 않을 때는 'ius hospitia', 곧 접대의 법을 주관했다.

따라서 접대의 법은 부자든 빈자든 모두를 아우르는 통일된 개념으로서 누구에게나 적용되었다. 누구나 재산과 상관없이 환대받고 남에게 접대를 베풀어야 했다. 아마도 접대는 변덕스러운 의도에서 발전했을 것이다. 로마인이 어디를 가든 환대해주는 분위기를 조성한다면 로마의 상인들도 편하게 장사하고 로마가 정복할 땅에서 사람들의 마음을 열어서 제국을 확장하는 데 도움이 된다고 믿었을 것이다. 그리고 로마인들은 정복의 대상이 굴복하지 않으면 살육했다.

어쨌든 상인과 무역상과 선원들은 로마 제국 각지의 마을과 도시를 찾으면서 따스한 접대(안락함, 음식, 말벗, 약간의 오락)를 기대했다. 로마의 역사학자 리비우스Livius는 로마에 관해 이렇게 적었다.

'로마 전역에서는 집마다 대문을 활짝 열어놓고 마당에는 온갖 물건을 내다놓아 누구나 쓸 수 있게 해놓았고, 아는 사람이든 모르는 사람이든 누구나 환대받았다.'

어느 집이든 나그네를 위한 물건으로 마당을 꾸미는 것이 풍습이었다. 그렇게 이웃과 정을 나누고 희망을 품을 수 있었다. 그리고 이런 풍습이 제국 건설의 토대가 되었다. 누군가가 모험과 따스한 접대 이야기를 품고 고향으로 돌아가면 다시 누군가가 길을 떠날 용기를 얻는다. 이런 전통이 서서히 공식화되어 마침내 접대의 전통을 어기면 중죄를 저지르는 것으로 여겨지기까지 했다. 따라서 서기 79년의 폼페이에는 상업적 접대 문화가 상당히 굳어졌을 것이다.

폼페이에는 호텔, 마차 여관, 술집, 레스토랑, 사창가가 있었다. 이런 곳의 벽에서 성애를 묘사하는 그림이 많이 발견된 탓에 일각에서는 모든 시설이 사창가를 겸했다고 주장한다. 1세기 말과 2세기 초 로마의 시인 유베날리스Juvenalis는 로마의 전형적인 술집을 손님이 마음대로 놀 수 있는 집이라는 의미로 '자유의 전당'이라고 불렀다. 여기서는 손님들이 '살인자 옆에서 자거나, 뱃사람과 도둑과 도망 노예와 어울리거나, 사형집행인과 관 짜는 사람과 나란히 앉거나, 고주망태가 된 사제 옆에 앉은' 광경을 얼마든지 볼 수 있었다. 하지만 메리 비어드 같은 학자들은 폼페이에 사창가가 있기는 했지만(특히 우중충하고 비좁은 침실과 돌침대가 있는 집은 가련한 성 노동자들에게 연민을 느끼게 만들지만) 난잡한 벽화는 그곳이 사창가라는 의미라기보다 로마인들의 외설적이고 노골적인 유머 감각을 보여준다고 주장한다.

로마의 여느 지방 도시처럼 폼페이의 초입에서 발견되는 여관과 선술집은 폼페이를 찾는 상인들에게 편리한 숙소였다. 폼페이 전역에서 각종 시설이 발굴되었다. 고고학자들은 수많은 호텔에 더해 술집과 식당으로 보이는 약 160개의 시설을 발굴했다. 이런 시설이 많은 이유는 집 안에 요리 시설(화덕부터 개수대까지)을 갖추지 못해서였을 것이다. 오늘날 맨해튼의 주거 환경과 크게 다르지 않았을 것이다. 맨해튼에서는 공간이 협소하고 전력 공급이 제한되어 뉴욕 시민 상당수는 집 안에 주방을 갖추지 못해서 주전자로 물도 끓이지 못한다. 편리함과 적당한 가격과 집 밖에서 소비하는 유행까지(커피부터 3단계 코스 요리까지) 더해져 집 안에서 음식을 만들 수는 있어도 만찬까지 열지는 못한다.

폼페이의 시설 다수는 오늘날로 치면 객실을 갖춘 레스토랑으로, 로마인들이 '호스피티움hospitium'이라고 부르는 곳이었다. 형태와 크기가 제각각인 호스피티움은 집을 빌리지 못하는 장기 거주자들이 묵었을 법한, 비교적 가난한 구역의 소박한 시설이다. 개중에는 50명까지 수용하는 침실을 갖춘 시설도 있었다. 다음으로, 도시 외곽에 위치하고 간단한 바를 갖춘 '스타불라stabula'라는 마차 여관이 있고, '포피나popina'라는 레스토랑이 있고, '루파나르lupanar'라는 사창가가 있었다.

먹고 마시는 시설 중 프리무스 여관은 단연 인기 있는 장소였다. 번화가인 델라본단자 거리에 있던 이 여관은 폼페이 도심에서 일하고 거주하는 각양각색의 고객을 끌어들였을 것이다. 델라본단자 거리를 따라 상상할 수 있는 모든 것을 파는 상점과 작업장이 발견되었다. 건설업자, 대장장이, 철과 청동을 취급하는 상인, 미술품과 공예품 상점, 포목점, 올리브유 가게, 철물점과 공구상이 있었다. 와인 가게와 빵집과 이발소뿐 아니라 식료품점, 청과물 가게, 은행, 사창가 몇 군데, 세탁소, 공중목욕탕도 발견되었다. 공중목욕탕에는 '상류층을 위한 품격 있는 목욕탕'이라는 광고 문구가 붙어 있다. 상류층은 델라본단자를 따라 늘어선 초호화 대저택과 일반 주택과 아파트에 사는 사람들을 가리켰을 것이다. 귀족이나 장군, 외과의와 내과의 같은 잘나가는 전문가들 말이다. 실제로 프리무스 여관 양옆으로 마르코 에피디오 루포Marco Epidio Rufo와 L. 라피나시 옵타티L. Rapinasi Optati라는 폼페이 시민들의 인상적인 주택이 있다. 두 집 모두 건축학적으로 훌륭한 건축물로, 중정과 기둥과 분수를 갖추어 대문 안에 들어서면 후끈후끈한 거리와 대조적으로 선선하고 평온한 휴식처처럼 느껴졌을 것이다.

그 집 사람들이 어떻게 살았는지는 몰라도 그들의 이름이 알려진 이유는 (상점과 목욕탕과 대장간처럼) 담벼락 안팎에 걸린 간판에 집주인의 이름과 작위가 적혀 있어서다. 어느 집이 빵집이었는지 알 수 있는 것은 제분기와 화덕과 빵 덩어리와 아직 갈지 않은 밀알까지 베수비오 산에서 분출된 화산재에 덮인 채 그대로 보존되었기 때문이다. 올리브유 가게에는 기름때가 낀 단지가 있고, 와인 가게에는 암포라가 잔뜩 쌓여 있었다. 사실 고고학자들은 빵집에서 발견된 화석화된 플랫브레드(효모로 발효하지 않은 빵 - 옮긴이)에서 로즈메리와 마늘, 올리브유, 치즈, 안초비의 흔적이 나왔다고 주장한다. 광장에서 멀지 않은 곳에 포디스쿠스 프리쿠스라는 빵집 간판이 발견되었고, 역사학자들에 따르면 이 빵집에는 장작 화덕이 있었다고 한다. 폼페이에는 다른 형태의 화덕도 있었던 듯하다. 나폴리의 그리스·로마식 시장에서 발견된 소형 화덕과 유사한 형태로, 지름이 120센티미터 정도라서 빵을 굽기엔 적당하지 않을 수 있지만 그보다 더 작고 둥그런 음식, 가령 피자(이탈리아의 전통 길거리 음식) 같은 음식을 구울 수 있었다.

폼페이에서 피자를 우적우적 씹던 사람들의 정신세계는 도시 곳곳에서 발견된 낙서를 통해 엿볼 수 있다. 아틱투스라는 사람이 운영하던 술집의 벽에는 이런 말이 적혀 있다. '나 그 술집 여자랑 잤다.' 아스틸루스와 파르딜루스의 술집에서는 시적인 낙서가 발견되었다. '연인들이 꿀벌처럼 달콤하게 살아간다.' 그리고 인눌루스와 파필리오의 술집(사창가를 겸했을 가능성이 높은 곳)에는 누군가가 커밍아웃하는 낙서를 남겼다. '울어라, 여자들아. 내 페니스는 너희를 포기했다. 이제 이것은 사내들의 궁둥이만 뚫는다. 잘 가라, 잘난 여자들이여!'

이렇게 활기차고 번성한 도시의 한복판에 프리무스 여관이 있었다. 이 여관은 1853년과 1857년 두 차례에 걸쳐 발굴되었다. 여관에 들어서면 L자 형태의 바가 보이고 바를 둘러싸고 이 지역 사람들(폼페이에서는 부자와 가난한 사람들이 다닥다닥 붙어 살았으므로 술집에서도 허물없이 어울렸을 것이다)과 폼페이를 방문한 사람들이 모여 있다. 시끌벅적하고 연기가 자욱했을 것이다. 바에서는 술을 내주고, 그 옆에 둥근 구멍은 음식을 만드는 작은 화구였을 것이다. 구멍 속에 석탄이 들어 있고, 그 외에 쇠 삼각대를 얹어 수프를 끓이거나 음식을 데웠을 것이다. 와인과 음료는 바 아래 테라코타나 도기 그릇에 담겨 있었을 것이다.

바 오른쪽에는 벽난로가 있다. 난로이자 보조 석쇠나 화덕을 겸했을 것이다. 왼쪽 뒤편으로 2층 숙소로 올라가는 계단이 있고, 오른쪽에는 안쪽 방으로 통하는 문이 있다. 안쪽 방의 벽에 남은 화려한 색채의 그림을 보면 부엌이나 창고가 아니라 식당이었음을 알 수 있다. 붉은색 위에 금색 줄이 그려진 부분으로 보아 세련되게 꾸민 방이라는 뜻이다. 붉은 벽돌에 금테까지 둘렀다.

우리의 폼페이 친구도 여기서 오후 내내 술을 마시고 노름을 하면서 하루를 마무리했을 것이다. 벽에 남은 선거운동 선전물을 보면 열띤 정치 토론도 있었을 것이다. 폼페이와 비슷한 정도로 파괴되었으나 그대로 보존된 인근의 헤르쿨라네움에서도 정치 후보자에 관한 선언문이 적힌 벽면이 발견되었다. 시민들이 여관에 모여 정치 토론을 벌였을 것이다. 실제로 로마의 지도자들은 이런 장소를 감시하면서 정치적 적대감의 온상으로 여기고 규제를 가하기도 했다.

로마의 티베리우스Tiberius 황제(재위 서기 14~37년)는 크게 화를 내며 법령에 따라 '식당에서 페이스트리조차 판매용으로 내놓지 못하도록 규제하라'고 명령했다. 식당에서 파는 음식이 적을수록 사람들이 모이는 장소로서의 매력이 떨어졌을 것이다.

그래도 효과가 없었는지 클라우디우스Claudius 황제(재위 서기 41~54년)는 더 나아가 신경에 거슬리는 시설 여러 곳을 폐쇄시켰다. 역사학자 디오 카시우스Dio Cassius는 그로부터 100년이 지나 이렇게 적는다. 클라우디우스는 '사람들이 자주 모여 술을 마시는 술집을 폐쇄하고 익힌 고기나 뜨거운 물을 팔지 말라고 명령했다'. 이어서 (13년간 통치하다가 서기 68년에 물러난) 네로Nero 황제가 음식에 관해 새로이 규제했다. 역사학자 수에토니우스Suetonius(서기 126년에 사망)의 기록에 따르면 네로 황제 치하에서는 '주점에서 콩과 채소 이외의 모든 조리한 음식을 팔 수 없었지만 그전에는 각종 맛있는 음식을 내놓고 팔았다'.

하지만 네로는 이런 명령을 내린 뒤 직접 여관에 가보고 그 안에서 일어나는 정치적 적대감을 수용하기로 했다. 수에토니우스의 기록에 따르면 네로는 해가 넘어가자마자 주점을 순시하러 나갔다. 디오 카시우스에 따르면 네로는 '사실상 평생 주점에서 살다시피' 하면서도 '채소와 수프를 제외한 모든 익힌 음식을 주점에서 팔지 못하게 하기도' 했다.

하지만 황제들이 공들여 부과한 규제가 폼페이에는 미치지 않았거나 설령 규제를 했더라도 폼페이에서는 무시된 듯하다. 한 예로 폼페이에 있던 여관의 수를 보자. 여관은 가장 흔한 사업 중 하나였고, 여관 사업의 성장에는 아무런 제약이 없어 보였다. 폼페이가 그토록 크게 인기를 끈 것을 보면 알 수 있다. 로마 시민은 폼페이에 가서 와인과 페이스트리와 고기와 각종 진미를 마음껏 먹을 수 있었을 것이다.

여관의 분위기는 벽에 남은 그림으로 엿볼 수 있다. 예를 들어 폼페이 머큐리 거리의 주점에는 그림이 한 점 남아 있다. 그 그림 속에는 손님들이 테이블 주위에 둘러앉아 있고, 그중에 모자 달린 망토를 걸친 사람은 여행자로 보인다. 시중드는 소년이 옆에 서 있고 사람들 뒤쪽 벽면에 각종 식품이 가로대에 걸려 있다. 오늘날 이탈리아의 전통식 트라토리아에 가본 사람에게는 익숙한 장면이다. 천장과 나무 가로대에 걸려 있는 말린 허브 다발(백리향, 오레가노, 로즈메리)은 물론이고 포도, 소시지, 양파, 치즈 같은 음식도 보인다. 폼페이 곳곳에서 발견된 다른 그림에서도 잠깐씩 접대의 순간을 엿볼 수 있다. 손님이 시중드는 소년에게 술을 주문하는 장면도 있고 지역산 술을 시내 곳곳으로 옮기는 모습도 있다. 술을 커다란 동물 가죽에 담아 수레로 운반하고 빈 암포라에 옮겨 담는데, 기발하게도 동물 가죽의 다리로 만든 주둥이로 따른다.

와인은 물로 희석해서 파는데, 일부 주점은 손님이 주문한 것보다 물을 살짝 더 섞는 것으로 악명이 높았다. 폼페이로 들어가는 관문 중 하나인 스타비아 성문 근처

머큐리 거리의 주점은 오늘날 이탈리아의 전통적인 트라토리아와 비슷했을 것이다. 허브, 포도, 치즈, 절인 고기가 천장에 매달려 있고, 동물 가죽에 담겨 마차에 실려 온 와인을 암포라에 따랐을 것이다.

기원전 480년의 술병 조각. 소파에 비스듬히 기댄 남자가 허리에 술을 쏟은 시녀의 뺨을 때리려 한다. 웨이트리스의 험난한 일상을 보여주는 고대의 사례다.

의 한 주점에는 이런 낙서가 남아 있다. '저주를 받아라, 코포copo(주인)야, 우리한테는 물을 팔고 넌 물 타지 않은 와인을 마시는구나.'

어느 가게는 다른 가게보다 더 시끌벅적했을 것이다. 이런 분주한 가게에서 일하는 것이 (특히 노예 시대에는) 썩 즐겁지는 않았을 것이다. 500년을 더 거슬러 올라가 이런 처지를 보여주는 고대의 사례가 남아 있다. 북부 바이에른 독일의 도시 뷔르츠부르크의 마르틴 폰 바그너Martin von Wagner 박물관에 보관된 고대 그리스 유물 가운데서 발견된다. 기원전 480년 무렵의 L483번 유물은 검은 도자기에 금으로 문양을 새긴 술병 조각이다. 보편적인 고통의 장면, 즉 웨이트리스의 험난한 일상을 보여주는 장면이 그려져 있다.

수염을 길게 기른 남자가 약간 높은 소파에 기대앉아 있다. 신발은 벗어 바닥에 내려놓았다. 그를 시중드는 시녀가 작고 화려한 암포라로 와인을 따르다가 그만 남자의 허리에 조금 쏟는다. 실수인지 의도인지는 이 술병에도 역사에도 기록되지 않았다. 하지만 남아 있는 파편의 그림에서 남자의 손이 올라가 있고 팔 근육이 팽팽한 것으로 보아 여자는 가벼운 실수를 저지른 탓에 남자에게 세게 따귀를 맞을 것이다.

종업원에 대한 학대가 불평등의 상징이지만 로마의 주점은 역사상 다른 모든 주점과 마찬가지로 사실상 사회적 평등을 조장하던 곳이다. 악명 높은 황제도 집무 시간 외에 술집을 돌아다닌 것만 봐도 알 수 있다. 게다가 폼페이의 식생활을 보면 음식은 로마인들을 이어주는 공통의 요소였다. 최초의 증거는 오플론티스라는 폼페이 교외의 한 지하실에서 발견된 유골에서 찾아볼 수 있다. 그 지하실에 화산 폭발을 피해 숨어든 수십 명의 유골이 누운 채 발견되었다. 이들은 죽으면서 몇 가지의 놀라운 통찰을 남겼다.

유골은 두 부류에 속하는 사람들의 것이다. 한 부류는 돈과 보석을 소유하고 다른 한 부류는 가진 게 아무것도 없다. 노예와 상류층이 나란히 죽었고 두 부류의 유골에는 눈에 띄는 차이가 없다. 노예가 영양이 부족했다는 증거도 없고 부자와 가난한 사람에 관한 일반적인 가정의 근거가 될 만한 증거가 전혀 없다. 이를테면 부자는 크고 강하고 가난한 사람은 여위고 약하든가, 부자는 폭식하고 가난한 사람은 굶주렸다는 증거가 없다. 이 지하실에 누운 유골의 치아를 연구한 결과에는 마모와 균열 정도가 비슷했다. 제분한 밀가루에 섞인 맷돌 잔여물에 의해 치아가 긁히는 정도가 비슷했다는 뜻이다. 폼페이에 있는 30여 개의 빵집에서 부자에게든 가난한 사람에게든 빵을 공급했던 것으로 보인다. 헤르쿨라네움의 오물통 연구도 유사한 결론을 끌어냈다.

길거리에서 4.5미터 정도 아래 지하에는, 누군가는 2,000년 된 똥이라고 말하지만 케임브리지 대학교의 역사학자 앤드류 월러스 해드릴Andrew Wallace-Hadrill은 '황금'이라고 부르는 물질이 남아 있다. 그는 이렇게 적는다. '이 밑에는 로마인의 식생활에 관한 이야기가 발굴되기를 기다리고 있다.' 그는 2,000년 전에 비하면 그나마 훨씬 유쾌한 작업이라고는 하지만 사실은 분뇨 700자루를 분석해서 닭과 생선과 견과류와 달걀(지역산도 있고 수입산도 있다)로 구성된 다채로운 식단을 밝혀냈다. 하수시설 위에는 가게와 보통 아파트가 있었다. 부자나 가난한 사람이 아니라 중산층의 집이고 그들은 균형 잡힌 식단으로 음식을 먹었던 것으로 보인다.

폼페이의 비극은 현대의 휴가객들에게 흥미로운 이야깃거리다. 사람들은 해변에서 일광욕을 하고 수상스키를 타다가 하루 시간을 내어 폼페이의 구석구석을 둘러본다. 폼페이의 비극은 역사의 박제된 단면으로 남아 고대의 평범한 일상을 보여주는 진귀한 증거가 되었다. 부자와 가난한 사람이 옆에 붙어 살고(오늘날 런던에서 봄베이까지 세계 각지의 수많은 도시처럼), 같은 장소에 모이기도 했다. 영국의 어느 시골 펍pub에

폼페이의 여관들은 실내장식이 화려했다. 바에 둥글게 뚫린 구멍에는 석탄이 들어 있고 그 위로 작은 석
쇠를 올려 음식을 조리하거나 수프를 데웠을 것이다. 술과 음료는 바 아래와 안쪽의 저장실에 보관했다.

서 대지주가 농부나 노동자들과 함께 술을 마시고 신흥 부자와 대대로 내려오는 부
자가 단골 술집에서 나란히 술 마시는 장면을 볼 수 있듯이, 로마의 귀족도 폼페이의
여러 곳에서 상인들과 어울렸다. 식단이 비슷했지만(치아와 위가 놀랄 만큼 비슷하다) 부자
들은 물론 집에서도 잘 차려 먹었을 것이다.

　하지만 이 책에서는 집에서 어떻게 먹었는지가 아니라 공공의 영역, 그러니까
거칠고 요란한 접대 사업에만 관심이 있다. 2,000년에 걸친 외식의 역사를 살펴보기
위한 흥미롭고 생생한 출발점이기 때문이다. 그리고 서기 79년의 그날 폼페이의 거
리에서 비틀거리며 걸어가던 우리의 친구가 어떻게 되었을지도 짐작만 할 뿐이다.
설령 그가 살아남았더라도 프리무스 여관에서는 두 번 다시 술을 마시지 못했을 것
이다.

2

제국의 위대함이 깃든 요리

역사학자들에 의해 낡고 뒤떨어진 문명으로 치부되었지만,
오스만 제국을 자세히 들여다보면 미래로 아주 멀리 밝은 빛을 비추는
놀랍고 아름다운 음식의 향연이 펼쳐진다.

오스만 제국의 '몰락'을 말하는 것은 무례할 뿐 아니라 경멸하고 조롱하고 무시하는 태도다. 사실 600년 역사를 돌아보기란 쉽지 않다. 일단 숨을 고르고 마음의 준비를 하면서 주위의 반응을 보라. '바바 가누쉬'를 입에 올리기도 전에 혹평이 돌아오고 우리의 평판이 떨어질 것이다. 수백 년 역사에 '보수적', 한마디로 '후진적'이라는 딱지가 붙는다. 동쪽만 바라보던 시선이 갑자기 휙 돌아가 이제 서쪽만 바라본다. 1923년에 터키 공화국이 건국될 때는 '근대화'가 화두였다. 그래서 (오스만 제국보다는 면적이 조금 작아도 제국의 중심에 있던) 터키는 오스만 제국의 음식 전통마저 멀리했다. 터키의 요리사들은 오히려 프랑스를 선망했다. 오스만 제국은 1299년에 형성되었지만 그 600년 역사는 배타적이고 지엽적인 것으로 치부되었다.

정치 이념이 정신을 지배하지만 음식은 다르다. 음식이 맛있으면, 또 음료가 단순히 갈증을 해소해주는 것 이상의 역할을 하면 결국 공기를 찾고 빛을 보려고 수면 위로 올라온다.

오스만 제국의 음식도 마찬가지다. 서양이 21세기의 첫 4분의 1을 향하는 지금도 13세기 말부터 시작된 오스만의 영향을 피할 수 없다. 점심시간에 공원에서 당근을 찍어 먹는 후무스나 걸으면서 먹는 팔라펠이나 근사한 새 레스토랑에서 음식을 나눠 먹는 문화가 모두 야만적이라고 치부되는 동양의 전통적인 문화에 뿌리를 둔다. 우리가 종일 집어 먹는 간식과 레스토랑에서 나오는 앙증맞고 맵시 있는 음식은

사실 최근 유행하는 요리사의 창작이 아니다. 셀주크 왕조, 몽골, 일한조, 맘루크 왕조에서 창조된 음식이다.

여러 왕조가 패권을 다투며 이란부터 알제리까지, 그리스부터 예멘까지 영토를 넓혔다 줄이는 사이 사람들은 '이맘 바일디', '소슬루 파티칸', '타부크' 같은 음식을 먹었다. 아바스 왕조, 사파비 왕조, 비잔틴 왕조가 마지막까지 패권을 다투고 16세기 중반 오스만 제국의 전성기에 이르기까지(현재의 이집트, 이라크, 발칸 지역까지 지배) 제국의 영토가 확장된 만큼 음식 문화도 다채로워졌다.

오스만 제국 사람들은 자신들의 요리에 자부심을 느꼈다. 오스만 요리에는 제국의 위대함이 깃들어 있었다. 제국의 규모와 위상이 커지는 사이 오스만 요리의 다양한 요소가 제국의 경계를 넘어서 17세기에는 잉글랜드 해안에까지 이르렀다. 오스만 상인들이 오스만 요리를 수출할 새로운 지역을 찾아내자 제국 내의 시장이 위축되기 시작했다.

1670년대에 불균형이 극에 달하자 원활한 내수 공급을 위해 잉글랜드로의 무화과와 건포도 수출을 규제해야 했다. 그러자 이국적인 말린 과일에 입맛을 들인 잉글랜드 상류층이 큰 타격을 입었다. 당시 잉글랜드의 왕이던 찰스 2세만큼 타격을 입은 사람도 없었다. 왕에게 만찬이 무엇보다 중요한 시대였다. 만찬장에서 왕은 모두에게 잘 보이도록 높은 식탁에 앉았다. 정성껏 차린 음식이 반짝이는 접시에 담겨 나왔다. 찰스 2세가 좋아하는 과일은 파인애플이었다. 무화과도 좋아했을 것이다. 잉글랜드 왕실은 오스만 제국의 수출 규제에 강력히 항의하여 1676년에 면제 선언을 받아냈다. 오스만 제국에서 무화과를 가득 실은 배가 1년에 두 번 잉글랜드로 향했고, 무화과는 찰스 2세 왕실의 주방으로만 들어갔다.

로마 제국의 전성기에 소스(아피키우스Apicius가 만든 소스)가 가장 걸쭉해졌다고 말하듯이, 오스만 제국의 전성기는 술탄의 주방에서 일하는 하인의 수로 가늠할 수 있다. 메흐메드 2세(재위 1451~1481년) 시대에는 주방 하인이 160명이었다. 술레이만 1세가 즉위한 1520년에는 그 수가 250명이 되었고, 셀림 2세가 즉위한 1566년에는 600명이었으며, 무라드 3세(재위 1574~1595년) 말년에는 약 1,500명에 달했다. 1590년대의 누군가가 주방에서 일하는 사람이 지나치게 많다고 불평한 기록이 남아 있다. 식료품 저장실 한 곳에서만 남자 하인 286명이 일했다.

그즈음 술탄의 왕궁은 수도 콘스탄티노플에서 확고히 자리잡았다. 이전에는 부르사(오늘날 터키의 북서부)와 에디르네(오늘날 마르마라 지역의 동쪽 끝)에 왕궁이 있었다. 하지만 1453년에 7주간의 점령 끝에 비잔틴 왕조는 22세의 메흐메드 2세가 이끄는 오스만 군대에 콘스탄티노플을 내주었다. 콘스탄티노플은 오스만 제국의 새 수도가 되었고, 6년 후 메흐메드 2세는 왕궁을 건설하도록 명령했다. 메흐메드 2세는 제국에서 최고의 건축업자와 장인을 불러 모았고, 이들은 술탄의 궁과 측근들의 거처와 부속 건물과 평온한 안뜰, 그리고 당연히 주방을 지었다(주방은 모두 열 개였다). 대규모의 복합단지(톱카프 궁전)가 조성되었고, 이후 1520년에서 1560년 사이에 술레이만 1세가 궁전의 규모를 확장했다.

궁전의 음식과 메뉴와 식문화는 메흐메드의 아버지 무라드 2세 시대에 발전하고 공식화되었다. 오스만 요리는 아랍, 북아프리카, 발칸, 아나톨리아, 흑해, 에게 해, 코카서스 산맥, 페르시아 일부 지역에 걸친 넓은 지역의 식문화가 결합 혹은 융합된 결과였다. (오스만 제국은 1500년대까지 북쪽으로 지금의 헝가리부터 남쪽으로 예멘까지, 서쪽으로 알제리부터 동쪽으로 이라크까지 영토를 확장했다.)

콘스탄티노플에 도달한 다양한 식문화의 영향과 조리법과 식재료는 다시 술탄과 백성들, 말하자면 오늘날 터키인 조상들의 풍습에 영향을 받았다. 흑해에서는 곡물과 보리, 소금, 소고기, 양고기, 닭고기, 달걀,

15세기에 술탄 메흐메드 2세의 주방에서는 하인 160명이 일했고, 그 이후 무라드 3세의 주방에서는 1,500명 가까이 되는 하인들이 일했다.

사과, 꿀이 들어왔다. 이집트에서는 대추, 말린 자두, 쌀, 렌틸콩, 향신료, 설탕, 절인 육류가 들어왔다. 지금의 헝가리와 루마니아(몰다비아와 트란실바니아) 지역에서는 꿀과 셔벗과 고기 스튜 조리법이 들어왔다. 올리브유는 그리스에서 들어왔다. 그리고 제국 전역에 쌀이 있었다. 아주 많이. 한 여행자는 타브리즈라는 도시에 가서 쌀로 요리하는 마흔 가지의 필라프(혹은 필라우)를 접하고 기록으로 남겼다.

시대마다 특징이 다르지만 세 가지로 일반화할 수 있다. 오스만 사람들은 음식을 나눠 먹었다. 오스만 사람들은 우유를 마셨다(말젖과 함께 염소젖과 소젖까지). 오스만 사람들은 채소를 많이 먹었다. 17세기에 오스만을 여행한 사람은 오스만 사람들을 '우유를 마시는 야만인들'이라고 표현했고, 19세기의 누군가는 '터키의 요리사는 채소를 다듬으면서 온갖 기교를 부린다'고 적었고, 어느 프랑스인 여행자는 '엄청난 양의 과일과 샐러드, 그중에 설익은 오이와 오이줄기까지 섞여 있어서 프랑스에서라면 말이 배 터지게 먹기 딱 좋은 식단'이라고 적었고, 16세기의 어느 독일인은 오스만 사람들은 채소를 '소처럼 생으로 먹는다'고 기록했다.

궁전에는 술탄의 음식을 준비하는 주방과, 왕비·공주·환관·왕족을 위한 주방과, 일반 백성을 위한 주방이 있었다. 오스만 제국 전역에서 제빵사와 페이스트리 전문가, 요거트와 피클과 제과 전문가가 모여들었다. 더불어 복잡한 주방 조직이 있었다. 최고 요리사(오늘날 대형 호텔의 총주방장)가 술탄의 주방을 책임지면서 다른 모든 주방과 예산과 식기를 총괄했다. 최고 요리사 밑에 각 주방의 수장이 있고, 사무관과 집사와 시동을 비롯한 수많은 사람이 있었다. 사실 왕실이든 레스토랑이든 오늘날의 대규모 외식 시설은 분명 오스만 시대에 뿌리를 두었을 것이다.

궁전의 요리사는 흰색 모자를 써서 남들과 구별되었다. 요리사들은 대량으로 음식을 준비하기 위해 동틀 녘부터 일을 시작했다. 15세기 중반에 술탄의 궁전을 방문한 어떤 사람은 궁전에서 주문한 식재료가 '양 200마리, 새끼 염소 100마리, 송아지 10마리, 거위 50마리, 암탉 200마리, 닭 100마리, 비둘기 200마리'라고 기록했다. 음식은 술탄과 환관, 시종, 시동, 장군을 비롯해 궁전에 배치된 관리들에게 제공되었다. 궁전 주방에서는 연회나 기념행사도 준비했다. 16세기 중반의 누군가는 왕자의 할례를 축하하는 잔치를 위해 조달한 식재료가 '닭 1,100마리, 새끼 양 900마리, 양

톱카프 궁전에서 요리한 음식은 드넓은 오스만 제국의 다양한 음식 문화가 융합된 결과였다. 궁전 주방에서 만든 음식은 궁전 밖에서 기다리는 백성들에게 제공되었다.

2,600마리, 꿀 8,000킬로그램, 달걀 1만 8,000개'라고 기록했다.

궁전 주방에서는 매일 술탄과 궁전 사람들을 위한 고급 요리만 만드는 것이 아니었다. 부자든 가난한 사람이든 인근에 사는 백성들에게 나눠줄 소박한 음식을 준비하는 주방도 있었다. 따라서 오스만 제국 시대에 외식하는 방법 중 하나는 식사 시간에 맞춰 궁전 근처에서 어슬렁거리는 것이었다. 식사 시간은 하루에 두 번이었다. 아침 식사는 오전 중반에 나오고, 저녁 식사는 오후의 중반에 기도가 끝난 뒤 나왔다. 술탄의 아침은 주로 따뜻한 수프로 시작한다. 술탄은 낮고 둥근 탁자나 둥그런 가죽을 넓게 펼친 자리에 책상다리로 앉아 비단이나 귀한 소재의 냅킨을 무릎 위에 펼친다. 왼손에는 수건을 들고 입과 손가락을 닦는다. 고기가 나오는 날에는 시녀가 서서히 익힌 고기를 덩어리째 가져와 술탄이 직접 뜯어 먹게 해준다. 고기는 칼이나 포크 없이 손으로 뜯어야 하지만 죽이나 과일로 만든 끈적한 디저트를 먹을 때는 숟가락을 사용한다.

고기는 으깬 토마토와 양파와 마늘을 섞은 재료에 넣어 몇 시간 동안 뭉근히 끓였을 것이다. 비둘기나 거위나 새끼 양이나 닭이나 양이나 야생 조류의 고기였을 것이다. 생선은 술탄이 바닷가에서 잡는 걸 직접 볼 수 있을 때만 먹었을 것이다. 미트볼, 케밥, 필라프가 나오고 토마토, 고추, 오크라, 호박, 아티초크, 부추, 양배추 같은 채소를 뜨겁거나 차갑게 조리한 음식이 작은 접시에 담겨 나온다. 밀가루 반죽에 채소나 치즈나 시금치를 넣고 튀긴 요리도 있었을 것이다. 이어서 디저트로 수십 가지의 단 음식이 나오고, 설탕과 대추 같은 재료로 만든 달콤한 셔벗으로 식사를 마무리했을 것이다. 제국의 풍습대로 대화 없이 침묵 속에서 음식을 먹었을 것이다. 다만 어느 방문자에 따르면 술탄은 '벙어리와 어릿광대'가 침묵 속에서 돌아다니며 장난을 치고 서로를 웃음거리로 만드는 장면을 즐겼다고 한다.

식사는 두 차례이지만 식사와 식사 사이에 간식이 나왔다. 1603년에서 1609년까지 오스만의 수도로 파견된 베네치아 대사는 술탄 아흐메드 1세의 식사 습관을 상세히 기록했다. 술탄은 식욕이 왕성해서 하루에 서너 번 식사했고, 식사는 아침 10시에 시작해서 저녁 6시에 끝났다. 술탄은 배가 출출하면 먼저 백인 환관 수장에게 알린다. 그러면 환관 수장이 부하 환관에게 알리고, 부하는 다시 시종에게 알리고, 마지막으로 시종이 주방에 전한다. 그러면 단품 요리가 오고 독이 들어 있는지 확인하는 신하가 먼저 먹어본다.

술탄의 주방에서는 술탄을 기쁘게 하고 귀빈들에게 감명을 주는 고급 요리를 만드는 반면에 백성을 위한 주방에서는 소박한 음식을 만들었다. 대신 공짜였다. 술탄은 전능하고 절대적인 존재이므로 그의 행동을 설명해야 할 대상은 신밖에 없었다. 술탄은 군대의 수장이자 제국의 모든 영토와 재산에 대한 권리를 소유했다. 오스만 제국의 술탄은 로마 제국을 계승했지만 더 가부장적이었을 것이다. 술탄이 제국의 모든 영토와 재산을 소유한다면 백성들을 부양할 의무도 져야 했다. 따라서 (오스만 제국이 성공적으로 영토를 확장할 수 있었던 열쇠로) 술탄이 모든 음식을 관장해서 제공했고, 궁전의 주방에서 죽과 쌀밥 위주의 소박한 음식이 나갔다. 17세기의

술탄은 바닥에 앉아 낮고 둥그런 식탁에서 식사했다. 아침은 주로 따뜻한 수프로 시작하고, 고기는 서서히 익히고 자르지 않은 채로 나와서 직접 뜯어 먹을 수 있었다.

한 방문자의 기록에 의하면 백성에게 나가는 음식은 재료가 다 뭉개질 정도로 오래 끓인 음식이었다고 한다.

백성들도 술탄처럼 바닥에 앉아서 식사했다. 독일의 식물학자 레온하르트 라우볼프Leonhard Rauwolf는 지중해 동쪽 레반트 지역을 여행하고 1582년에 여행기를 출간했다. 라우볼프는 '동방에서는 바닥에 앉아서 식사한다. 저녁 시간이 되면 가운데에 둥그런 가죽을 펼치고 주위에 양탄자를 깔고 간혹 방석도 놓고 그 위에 책상다리로 앉는다'고 기록했다. 식전에 감사기도를 올리고 '양껏 먹고 마신다. …… 말은 많이 하지 않는다'. 식사를 마치고 일어서는 방법에 관해서는 '사람들이 식사를 마치고 일제히 뒤뚱거리며 벌떡 일어서는데, 우리나라에서는 흉내도 내지 못할 동작이다. 사실 책상다리로 오래 앉아 있느라 다리에 감각이 없어서 몸을 풀고 감각을 되찾으려면 상당한 노력이 필요하다'고 기록했다. 라우볼프가 용케 다리가 저리는 걸 참고 일어서서 비틀거리는 사이, 사람들은 바닥에 깐 둥근 가죽을 빵이 아직 놓인 그대로 동전 지갑 모양으로 오므려서 끈으로 묶어 한구석에 걸었다.

술탄은 궁전 인근의 백성들에게 음식을 나눠주기도 했지만 순례자 숙소, 즉 요즘으로 치면 무료 급식소 같은 곳에서도 음식을 나눠주었다[대부분 모스크(이슬람교 사원 - 옮긴이)에 속하는 시설이었다]. 여기서도 음식을 공짜로 나눠주었고, 주로 가난한 사람들이 오지만 관료부터 모스크의 일꾼과 학자와 학생과 여행자에 이르기까지 다양한 대중을 위한 음식을 제공했다. 주로 보리죽을 쑤어 고기 조각을 넣고 뭉근히 끓인 걸쭉한 수프나 죽이 나무 쟁반에 담겨 나왔다.

1552년의 기록에 의하면 예루살렘의 모스크에 딸린 어느 순례자 숙소에서는 하루 두 끼 음식을 무료로 제공했다(아침에는 쌀로 만든 수프가 나오고 저녁에는 밀로 만든 수프가 나왔다). 아침 식사로 병아리콩이나 파슬리나 애호박이나 호박이 나오고 요거트가 담긴 작은 그릇이 옆에 나오고 레몬주스도 나왔다. 저녁 수프는 빻은 밀과 양파와 소금이나 커민으로 만들었다. 빵도 나왔다. 기록에 의하면 신분에 따라 순서대로 식사했다고 한다. 첫 번째는 순례자 숙소의 직원이고, 다음으로 인근의 백성들이고, 그다음으로 두 부류의 가난한 사람들 순이었다. 가난하지만 배운 사람들과 배우지 못한 사람들로 나뉘었다. 마지막 순서는 여자들인데……

다마스쿠스(현재 시리아의 수도 - 옮긴이)의 순례자 숙소에서는 가난한 사람의 식사만이 아니라 말에게 먹일 사료를 제공했다. 콘스탄티노플 그랜드 바자르 근처의 한 순례자 숙소에서는 수프만이 아니라 포도나 가지나 양파로 만든 피클도 반찬으로 나왔다. 인근 대학의 직원과 학생들에게도 음식을 제공하느라 음식이 남을 때만 가난한 사람들에게 나눠주었다.

음식의 질에 관해서는 오스만의 관료이자 비평가(1500년대 후반의 무스타파 알리라는 사람)가 순례자 숙소 두 곳을 방문하고 남긴 기록이 있다. 그는 콘스탄티노플의 한 순례자 숙소의 음식에 관해 '빵은 흙처럼 검어서 마른 점토 덩어리 같고, 수프는 구정물 같고, 밥과 푸딩은 토사물처럼 보였다'고 적었다. 고기는 자연사한 가축을 처리한 것으로 짐작했다('병들어 죽은 양'). 그래도 이런 곳도 쓸모가 있다면서 기르는 개가 있으면 '수프를 개에게 주면 된다'고 적었다.

무스타파 알리는 지금의 발칸 지역에 있던 루멜리라는 도시의 순례자 숙소에 관해서는 '여행자에게 나오는 음식이 무척 맛있어서 영혼까지 살찌운다. 뭉근히 끓여 나온 고기에는 양념이 잘 배어 있고 수프와 햄버거가 많이 나오고 국수와 탕면도 맛있다'고 극찬했다. 식후에 나오는 신선한 과일과 '달콤한 과자'가 담긴 작은 상자, 그리고 특별한 날에 나오는 '빛나는 달처럼 둥글고 설탕보다 단 바클라바와 다채로운 맛의 소시지'에 관해서도 적었다.

오스만 제국의 모든 도시에서 자애로운 술탄이 백성들을 먹이는 시설이 아닌 곳도 있었다. (메흐메드 2세는 백성들을 부양하지 않고 아기를 비롯해 모든 남자 친척을 죽이라고 명령했고, 건장한 정원사에게는 꽃을 돌보면서 사형집행인 노릇을 겸하게 했다. 사형집행인이 선호하는 처형 방법은 피를 흘리지 않는 교살형이었다.) 일반인이 운영하는 식당과 요리점에서는 저마다 다른 방식으로 음식을 제공했다. 식당에서는 주로 세 가지 주제로 다채로운 요리를 제공했다. 탄두르 화덕에 구운 양이나 염소, 뭉근히 끓인 양 머리와 발, 밀과 양의 내장으로 만든 수프나 죽이었다. 한편 요리점은 제각각 전문 음식을 팔았다. 어느 가게에서는 양배추나 포도 잎에 채소를 채운 음식(초기 형태의 돌마)을 팔았고, 어디서는 소시지를 팔았고, 샐러드를 파는 가게도 있었다. 스튜나 수프를 파는 가게가 많았고, 오늘날에도 친숙한 케밥을 파는 가게도 있었다.

소풍 장면을 그린 17세기의 세밀화에는 '도네르 케밥döner kebap'을 요리하는 장면이 나온다. 남자 몇 명이 과일이 놓인 식탁보 주위에 둘러앉아 서로 책을 읽어주고, 요리사가 (적당히 떨어져서) 기다란 쐐기 모양의 고깃덩어리에서 고기 조각을 자르고, 다른 요리사는 꼬챙이에 끼워진 그 고깃덩어리를 뜨거운 석탄 위에서 돌리고 있다.

한편 '시스 케밥sis kebap'을 파는 가게에서는 얼치기 요리사들이 아무데나 '가게'를 차리고 땅바닥에 구멍을 파서 석탄을 채우고 그 위에 그릴을 얹어 꼬치에 꿴 고기를 구웠다. 다른 장사꾼들도 비슷한 노점을 차려서 가운데에 석쇠가 있는 커다란 쟁반과 음식을 데우는 냄비만 놓고 장사했다. 이들은 공공장소에서 노점을 차렸다가 장사가 끝나면 장비를 챙겨 집으로 가져갔다. 이런 길거리 음식은 가난한 사람들만을 위한 것이 아니었다. 1730년까지 통치한 술탄 아흐메드 3세는 매일 관리를 길거리로 내보내 노점에서 좋아하는 페이스트리를 사 오게 했다.

단 음식을 전문적으로 파는 가게도 있었다. 어느 가게에서는 크림을 굳혀서 설탕을 뿌린 음식을, 또 어느 가게에서는 다양한 우유 푸딩을 팔았다. 그런데 단 음식을 좋아하는 남자들이 여자들에게 부당하게 굴었던 것 같다. 1573년에 콘스탄티노플의 한 지역에서는 여자들이 이런 가게에 출입할 수 없었다. 일부 여자들이 이런 가게에서 남자들을 유혹하려 한다는 이유에서였다.

오스만 제국 전역에서 음식을 파는 시설이 늘어나자 규제도 생겼다. 술탄이 음식을 나눠주는데 누군가는 음식을 팔아 돈을 벌었기에 가격 정책이 도입되고 식품 위생 기준도 생겼다. 1502년에 포고된 법령에는 음식을 청결하게 조리해 깨끗한 그릇에 담고, 냄비는 제대로 씻고, 조리 도구를 닦는 천은 깨끗하게 빨고, 직원들은 깨끗한 앞치마를 둘러야 한다고 적혀 있었다. 나아가 오늘날 프랑스 와인에 등급을 매기고 와인마다 포도 품종의 함량을 정확히 표시하듯이 16세기와 17세기에 오스만 제국은 음식점에서 파는 인기 요리의 조리법을 통제했다. 따라서 내장 수프는 마늘, 향신료, 식초와 함께 차려야 하고, 구운 양 머리나 발에는 식초와 녹인 버터와 향신료를 뿌려야 하며, 밥과 닭고기 수프에는 레몬즙을 뿌려야 했다. 한편 '보레크börek'

라고, 얇게 벗겨지는 페이스트리에 속을 채운 요리의 조리법도 구체적으로 정해져 있었다. 질 좋은 밀가루를 써야 하고 반죽에는 (고대의 도량법을 현대의 도량법으로 환산하면) 밀가루 25킬로그램과 순수 버터 1,283킬로그램을 정확한 비율로 넣어야 했다. 속 재료는 고기 70디르함에 양파 10디르함 비율로 넣고 후추로 양념했다. 이런 규정 덕분에 이후 수백 년에 걸쳐 청결한 음식 문화가 자리잡았다. 1850년대에 콘스탄티노플을 방문한 조지 매튜 존스George Matthew Jones는 이런 전문 음식점에 깊은 인상을 받아 가게들이 '매우 청결하고 깔끔하게 유지된다'고 적었다.

한편 오스만 제국에서는 이슬람교가 지배적이었다는 점에서 술이 없었을 거라고 생각할 수도 있다. 하지만 현실은 달랐다. 많은 사람이 공식 관례를 어기고 파티나 모임에서 술을 마셨다. 1718년에 콘스탄티노플을 방문한 영국 대사의 부인은 어느 집에서 주인이 그녀가 있는 자리에서 버젓이 술 마시는 모습을 보고 충격을 받았다고 한다. 그 주인은 그녀에게 금주가 현명한 정책이지만 애초에 평민들을 위한 것이라고 말했다. 그러고는 예언자 무함마드도 술을 적당히 마실 줄 아는 사람에게 술을 금한 적이 없다고 덧붙였다.

공식적으로 음주를 철저히 감시하던 시대도 있었다. 라우볼프는 알레포(현재 시리아의 도시)에서 만난 주민들이 산딸기류의 과일을 넣은 무알코올 음료를 마시지만 술을 더 좋아했다고 적었다. 하지만 '술 냄새가 나는 사람은 즉결로 감옥에 갇히고' 벌금형도 받고 '발바닥을 수차례 때리는 가혹한 형벌'도 받았다. 라우볼프는 지방의 어느 사령관이 술에 취해 비틀거리는 병사를 보고 '언월도를 꺼내 목을 베었다'고 기록했다. 하지만 이전 술탄이 통치하던 시기에는 음주가 허용되었고, 그래서 남자들이 '날마다 술집에 모여 술을 마셨고…… 물 타지 않은 독주를 두세 잔이 아니라 네다섯 잔까지 마셨고…… 연달아 허겁지겁 마시느라 안주도 집어 먹지 않았고, 그래서 짐작하듯이 금방 추잡해졌다'. 그들은 '탐욕스러웠고' 술 마시는 것으로는 국가대표로 뽑힐 만큼 대단한 말술이었다. 아니, '술로는 다른 모든 나라를 능가했다'. 그 술탄의 뒤를 이은 후계자는 다른 시각을 가진 사람이었다. 그러나 라우볼프의 기록에 의하면 백성들은 음주를 그만두지 않았다. 여름철 몇 달은 '각자 (꼭 개미들처럼) 많은 양의 술을 가지고 다니면서' '밤이 되면 술통을 열고 배가 그득하도록 함께

16세기 중반에는 오스만 제국 전역에 커피하우스가 있었다. 메흐메드 3세는 마흔 명의 조수를 거느린 커피 전문가를 두었다.

술을 마시고 밤새 푹 쉬어서 이튿날 술 냄새가 나지 않게 했다'.

음주가 은밀한 행위이기는 했지만 다른 음료는 숨어서 마시지 않아도 되었다. 라우볼프는 '그들에게는 아주 훌륭한 음료가 있다'면서 '차우베chaube(커피)라는 잉크처럼 까만 음료'를 마신다고 기록했다. 그가 들은 바로는 배가 아플 때 배 속을 달래는 음료라고 했다. 그는 사람들이 아침에 커피를 '최대한 뜨겁게 끓여서 도자기 잔에 담아 잔을 입에 자주 가져가서 한 번에 조금씩 마시는' 걸 보았다.

커피는 에티오피아나 예멘에서 유래하지만 라우볼프의 기록처럼 16세기 중반에 오스만 제국에서 널리 유행하며 번성했다. 커피의 인기가 높아지면서 제국 전역으로 커피하우스가 퍼져나갔고, 어느 역사학자의 기록에 따르면 커피하우스는 '남자들의 공적인 삶의 중심'으로 자리잡았다. 보수적인 이슬람 학자들은 자극적인 커피를 못마땅하게 여겼지만 점차 흥하는 커피의 유행을 막지 못했다. 커피를 내리는 정교한 의식이 발전했고, 이내 술탄 메흐메드 3세도 커피를 즐기기 시작했다. 그래서 커피 전문가를 따로 고용했고, 이 전문가는 조수를 마흔 명이나 거느렸다.

커피는 주로 터키식 사탕과 함께 나오는데, 피스타치오를 곁들일 때도 있었다. 그리고 항상 뜨겁게 마셨다. 1615년에 어느 왕진 의사는 '커피를 마시지 않는 모임은 거의 보기 어렵다'고 적었다. 하지만 커피하우스 모임이 유행하자 고위급 정치인들은 이야기꾼과 시인과 사상가들이 모여 커피를 홀짝이며 부패한 상류층을 조롱할까봐 노심초사했다. 그리하여 로마 황제들이 음모와 모의의 소굴로 여겨지던 여관을 탄압한 것처럼 무라드 4세가 통치한 1623년부터 1640년 사이에는 수많은 커피하우스가 강제로 폐쇄되었다. 심지어 커피를 마시는 사람(그리고 담배를 피우는 사람)이 처형되었다는 기록도 있다. 요다음 스타벅스에 가거든 페이스트리와 라테를 앞에 놓고 수다를 떨면서 이런 일도 잘 생각해보기를……

3

30년간 40개국의
음식을 먹다

14세기 초에 이븐 바투타가 갭이어를 보낼 때는 여행을 하는 게 위험한 시대였다.
하지만 바투타는 변화와 모험과 음식을 갈망했다. 그는 집 밖에서 식사했다.
아주 많이. 그의 갭이어는 30년 이상 이어졌다.

모로코의 수도 페즈에서 창문 하나 없는 사암 건물의 육중하고 화려한 문은 이 도시의 주민들을 뜨겁고 북적대고 먼지 자욱한 좁은 거리로부터 보호해준다. 묵직한 나무에 둥근 철제 문장紋章이 박혀 있고 큼직한 쇠고리 두 개가 달린 문 안쪽에는 바깥 거리와 대조적인 한적하고 평화로운 정원이 있다. 정원 가운데의 분수에서 상쾌하게 물 떨어지는 소리가 나고 그 너머로 화려하게 장식된 기둥과 그림자가 드리운 바닥, 공들여 짠 러그와 쿠션이 놓인 서늘한 타일 바닥을 지나면 웅얼거리는 말소리가 들린다.

지금은 1356년이다. 그늘 속에서 기대앉아 앙증맞은 찻잔에 담긴 차를 홀짝이는 사람은 이슬람 학자의 전통 가운을 걸치고 하얀 두건을 머리에 두른 50대 남자다. 옆에 있는, 그보다 젊은 남자는 모로코의 통치자, 바로 그 술탄 아부 이난Abu Inan의 명령으로 이 집에 온 문학자다.

나이 든 남자가 말하고 젊은 남자는 경청하며 열심히 받아 적는다. 그의 이름은 이븐 주자이Ibn Juzayy다. 그는 후세를 위해 역사상 가장 놀라운 모험담을 기록하러 이 자리에 와 있다. 샴스 알딘 아부 압둘라 무함마드 이븐 유수프 알라와티 알탄지 이븐 바투타 Shams al-Din Abu'Abdallah Muhammad ibn'Abdallah ibn Muhammad ibn Ibrahim ibn Muhammad ibn Yusuf al-

페즈에 있는 리아드(모로코 전통 주택 - 옮긴이)의 육중한 나무문 안쪽, 한적하고 서늘한 정원 그늘에서 학자 이븐 바투타가 30년에 걸친 경이로운 여행담을 구술했다.

1325

40

Lawati al-Tanji ibn Battuta, 줄여서 이븐 바투타라는 사람의 여행기를 써주기 위해.

"나는 뜻을 세우고 여자든 남자든 사랑하는 모든 이를 뒤로하고 새가 둥지를 떠나듯 집을 나섰다네." 바투타가 쿠션 사이에 자리를 잡고 기억을 더듬으며 말했을 것이다.

그는 스물한 살(1325년)에 동행도 없이 짐도 없고 수중에 돈도 없이 가족이 사는 탕헤르의 집을 떠났다. 예언자 무함마드의 무덤이 있는 메카, 현재 사우디아라비아에 있는 도시로 성지 순례를 떠났다. 모든 이슬람교도에게 성지 순례가 의무이지만 이븐 바투타의 여행은 조금 달랐다. 고향을 떠나면서 그는 여행이 조금 길어질 수도 있겠다고 생각했다. 그는 여행보다 모험을 원했다. 결국 그의 갭이어gap year(학업을 잠시 중단하거나 병행하면서 봉사, 여행, 진로 탐색, 교육, 인턴, 창업 등의 활동을 체험하며 흥미와 적성을 찾고 앞으로의 진로를 설정하는 기간 - 옮긴이)는 32년간 이어졌다. 그는 북아프리카에서 시리아로, 흑해를 건너 중앙아시아로, 다시 오늘날의 터키를 지나 동쪽으로 아프가니스탄과 인도로 갔다가 중국까지 올라갔다. 지금의 지도로 보면 40개국을 방문하고 장장 12만 킬로미터를 여행한 셈이었다.

그리고 그는 여행지에 머물며 외식을 했다. 덕분에 이븐 바투타의 여행은 흥미로운 중세의 이야기일 뿐 아니라 흥미진진한 요리 모험이었다. 그는 30년 넘게 외식을 했다.

"부모님은 내 삶을 지탱해주는 끈이었기에 두 분과 헤어지는 게 여간 힘든 일이 아니었네. 부모님도 나도 헤어질 때 깊은 슬픔에 잠겼지."

바투타가 젊은 이븐 주자이에게 이야기를 시작했다. 이후 여러 차례에 걸쳐 회고담을 구술했을 것이다. 주자이가 완성한 원고는 계속 필사되어 배포되었지만 1850년대가 되어서야 프랑스어로 번역되면서 비로소 바투타의 이야기가 유럽에도 전해졌다. 프랑스어 번역본이 나온 후 150년간 바투타의 여행기는 유럽의 대다수 언어로 번역되었다. 사실 2001년이 되어서야 영어판 색인이 만들어졌고, 영어판 최종본은 1994년에 완성되었다. 『경이로운 도시와 진기한 여행을 생각하는 사람들에게 주는 선물A Gift to Those Who Contemplate the Wonders of Cities and the Marvels of Travelling』(아랍어로는 간략히 '리흘라Rihla', 곧 '여행기'라는 뜻이다)을 읽은 사람들은 바투타를 마르코 폴로Marco Polo

와 비교했다.

서양에서는 마르코 폴로를 가장 위대한 여행자로 꼽는다. 베네치아의 탐험가 마르코 폴로는 아시아를 여행하고 최초로 중국인의 삶을 기록한 사람이다. 폴로도 바투타처럼 배부터 낙타까지 온갖 교통수단으로 여행하면서 폭풍우부터 노상강도까지 죽을 고비를 여러 번 넘겼다. 또 바투타처럼 (비록 평화로운 정원이 아니라 감옥에서였지만) 여행담을 구술했다(폴로가 24년간 여행을 마치고 돌아왔을 때 그의 고향은 제노바인들에게 침략당한 상태였다). 역사학자들이 바투타 여행기의 일부 내용에 대해 진위를 따지듯 폴로도 오류와 표절 논란에 휩싸였다.

그래도 마르코 폴로의 긍정적 기여가 훨씬 크다. 폴로는 1271년부터 1295년까지 여행하고 이븐 바투타가 고향을 떠난 해보다 1년 전(1324년)에 사망했다. 폴로가 (자기도 모르는 사이에) 바투타에게 대장정의 바통을 넘겨준 셈이다.

바투타는 정확성과 연대기 두 가지 모두에서 큰 비판을 받았다. 어느 역사학자는 원전을 분석하면서 바투타가 어떻게 '한나절 만에 아나톨리아 땅에서 1,300킬로미터나 이동했는지' 의문을 던졌다. 하지만 그의 여행기를 당대의 다른 문헌과 대조한 분석에서는 놀랄 만큼 정확한 기록인 것으로 드러났다. 바투타는 여행담을 구술하면서 구체적인 인물의 이름을 약 1,500개나 언급한다. 바투타 여행기의 최신 축약본을 펴낸 팀 매킨토시 스미스Tim Mackintosh-Smith는 '바투타가 그 많은 사람의 이름을 어떻게 다 기억했는지는 (실제로 확인할 수 있고 놀랄 만큼 정확하다는 점에서)『리흘라』의 미스터리 중 하나다'라고 말한다.

한 예로 바투타는 부하라(현재의 우즈베키스탄)의 무덤에 새겨진 수많은 학자의 이름을 옮겨 적었지만 '인도의 이교도들에게 해상 강도를 당해 짐을 몽땅 빼앗기면서 그 기록도 함께 잃어버렸다'고 말했다. 그의 말에 작가들은(특히 메모해두지 않으면 자기 집 개 이름도 자꾸 잊어버리는 이 두꺼운 책의 저자는) 황당해할 테지만, 사실 바투타는 텍스트를 학습하고 외우는 문화에서 성장한 사람이다. 그의 시대는 고대의 청각 전통에 더 가까웠다. 사람과 장소를 기억하는 뇌 근육이 건강하고 유연했을 것이다. 과학기술의 발전과 게으름으로 이런 영역의 뇌 근육이 퇴화한 현대의 우리와는 달랐을 것이다.

매킨토시 스미스는 도서관에 앉아서만 바투타의 『리흘라』를 축약하지는 않았다. 그는 바투타의 여행을 직접 따라가면서 다른 기록들과 함께 '바투타의 저술을 확증하게' 되었다.

'……그의 정확성을 입증하는 놀라운 증거를 발견할 때가 있다. 예를 들어 바투타가 아나톨리아의 어느 이름 없는 모스크에서 보았다고 말한 가구가 670년이 지나고도 여전히 같은 자리에 놓여 있는 것을 발견한 일은 등골이 오싹해지는 경험이었다.'

바투타는 1304년에 탕헤르에서 유명한 무슬림 법학자 집안에서 태어났다. 아버지와 할아버지처럼 그 역시 이슬람법의 재판관인 '카디qadi'가 되었다. 하지만 바투타는 탕헤르에서는 길고 지루한 법학자의 삶밖에 기대할 수 없을 거라고 생각했을 것이다. 대신 이슬람 세계를 여행한다면 머릿속에 담은 법철학이 주머니에 든 돈보다 유용하다는 것을 입증할 수 있겠다고 판단했을 것이다.

그는 순례(하즈Hajj라는 메카 순례)를 떠났다가 더 멀리 인도의 델리까지 갔고, 그곳에서 능력을 발휘했다. 델리의 술탄에게 강렬한 인상을 심어주고 재판관으로 임용되어 큰돈을 벌었다.

바투타는 호기심이 왕성하고 용감했으며 때로는 뻔뻔했다. 노예 소녀와 여인을 취하기도 하고(그들과 함께 자식도 낳고), 난파선에서 살아남고 노상강도에게서 도망치기도 했다. 하지만 대개는 순례자로, 신비주의 이슬람교 신자로 여행했다. 그는 비슷한 생각을 가진 지식인을 찾는 학자였고, 이슬람 문명이 닿는 곳이라면 어디서든 이슬람 시민을 자처했다.

바투타는 여행하면서, 특히 여행길에서 음식을 먹으면서 같은 유형의 도덕률과 율법을 따랐다. 음식에 관한 이슬람교의 근본 윤리를 진지하게 받아들였을 것이다. 11세기의 유명한 수니파 이슬람교 철학자 알 가잘리Al-Ghazali는 '인간이 처할 수 있는 가장 큰 도덕적 위험은 배 속의 욕구다'라고 적었다. 영국의 이슬람학 교수이자 바투타 전문가인 데이비드 웨인즈David Waines는 '유혹과 실수의 원인으로서 성욕마저도 식욕에는 못 미친다'고 말한다. 신의 뜻을 이해하려면 몸이 건강해야 하고, '건강한 몸은 시간에 걸쳐 필요한 만큼 음식을 먹어야만 만들어진다'. 하지만 바투타는 철학적으로 소박한 식단을 유지하며 과식을 멀리했다.

바투타는 페르시아(현재의 이란) 서쪽 지방을 여행하면서 식사가 끝났는데 네 명은 더 먹을 수 있는 양의 음식이 또 나오는 걸 보고 놀랐다. 모가디슈에서는 현지인들에게 충격을 받아서 '그들은 아주 뚱뚱하고 엄청난 대식가였다. 그중 한 사람은 그 자리에 모인 신자들이 다 먹을 양을 혼자서 먹어치웠다'고 말했다. 실론(스리랑카)에서는 사람들이 굶주림에 시달리다 작은 코끼리를 잡아먹는 고난의 시절을 목격했다. 코끼리 고기로 배를 채운 사람들이 누워서 잠이 들었는데, 그들이 코를 골자 '코끼리 떼가 몰려와 그중 한 사람의 냄새를 맡고 그를 죽였다'고 했다.

바투타는 여행하면서 고기와 채소부터 콩과 과일에 이르기까지 다양한 음식을 먹었지만 카이로에서든 델리에서든, 모로코에서든 중국에서든 그의 식사에는 세 가지의 중요한 특징이 있었다. 혼자 먹는 일이 드물고, 음식을 나눠 먹고, 어떤 음식을 먹든 돈을 낸 기록이 없다는 점이다.

돈을 낸 기록이 없는 이유가 코코넛이든 빵 한 덩이든 기록할 가치가 없다고 판단해서 기록으로 남기지 않았는지도 모른다. 하지만 그는 여러 해를 여행하면서 식사를 마치고 계산서를 달라고 하지 않아도 되었을 것이다. 술탄이 백성들에게 음식을 나눠주고(제2장 참조) 로마인들이 나그네에게 정원을 열어주었듯이 이븐 바투타도 낯선 이의 친절에 의지하면서 여행을 이어갔을 것이다. 이것이 접대에 관한 초기의 기록과 오늘날의 접대 문화 사이의 결정적인 차이다.

오늘날 남의 집 문을 두드리고 잠자리나 수프 한 그릇을 청한다면 집주인은 우리를 집 안에 들여 식탁에 앉히기는커녕 경찰을 부를 것이다. 현대인들은 디지털 커뮤니케이션으로 온갖 즐거움을 누리면서도 낯선 사람이 다가오면 금전적으로 사기를 당할까봐 두려워할 가능성이 높다.

요즘은 '접대'라는 말이 본래의 의미(제1장에서 언급한 법적이고 신성한 의미)를 잃었다. 오늘날에는 접대하는 사람이 금전적 이득이 돌아올 거라고 예상하는지에 따라 접대의 질이 달라진다. 하지만 지구상의 어느 구석에서는 아직도 낯선 사람을 불러들여 음식을 대접하는 곳이 남아 있다. 예를 들어 그리스의 일부 섬에서는 관광객들이 아무런 대가도 없이 접대하는 문화에 놀라다가 이내 감탄한다.

작가 패트릭 리 퍼머Patrick Leigh Fermor는 1930년대 초에 로테르담에서 이스탄불까지 여행하면서 거의 낯선 이들의 호의로만 먹고 지낼 수 있었다. 바투타와 달리 그의 여행길에는 곳곳에 좋은 지인들이 있었지만 그 역시 바투타처럼 강도에게 돈과 노트를 빼앗겼다. 하지만 두 사람 모두 밥을 얻어먹은 값을 할 수 있었다. 퍼머는 여러 언어를 능숙하게 구사하고 화술이 뛰어났다. 바투타도 비슷한 재주를 가지고 있었다. 바투타는 여행하면서 겪은 사건들 덕에 인기 있는 이야기꾼이 되었다. 그의 글에도 유머 감각이 돋보였다. 예를 들어 바투타는 베이루트의 어느 석류 과수원을 찾아가 그곳의 일꾼에게 안내를 받았다. 석류나무 사이를 걷던 중 일꾼이 석류를 먹어보라고 건넸다. 석류가 벌어져 있고 씨가 모두 신맛이 났다.

"과수원에서 이렇게 오래 일하고도 아직 달콤한 석류와 신 석류를 구별하지 못합니까?"

그가 과수원 일꾼에게 핀잔을 주었다. 그러자 일꾼이 딱 잘라 말했다.

"난 이 과수원을 감시하는 일을 하지, 석류 먹는 일을 하는 게 아닙니다."

바투타는 여행길에서 겪은, 특히 술탄과 왕의 궁전에서 일어난 기이한 일들을 즐겼다. 페르시아의 왕 앞에서는 누구나 똑바로 서서 귓불을 잡아야 했고, 아나톨리아의 왕은 손님인 바투타에게 음식과 돈을 주면서 최고의 명예를 안겨주었다. 수마트라에서는 바투타가 왕을 알현할 때 어느 충신이 왕 앞에서 절을 하고 일장 연설을 한 후('나는 한마디도 알아듣지 못했다') 칼로 자기 목을 베었다. 바투타는 그 광경에 충격을 받았지만 애써 평정심을 유지했다('나는 많은 것이 궁금했다'라고만 적었다. 매우 절제된 표현이다). 그렇게 피 웅덩이 속에 신하의 시신이 놓여 있는데 왕이 바투타를 보며 말했다.

"여기서는 신하들이 충성심에서 저렇게 합니다."

그러고는 시신을 옮겨서 화장하라고 명령했다.

"당신네 나라에도 저러는 사람이 있습니까?"

바투타는 상황을 신중히 파악하고 답했다.

"저러는 사람을 본 적은 없습니다."

퍼머와 바투타는 둘 다 여자들의 관심을 한몸에 받았다. 퍼머가 10대 후반의 잘생긴 청년이었다는 건 잘 알려져 있고, 바투타도 아마 인물이 좋았을 것이다. 바투타는 화려한 전적을 스스럼없이 구술했다. 코코넛과 물고기가 풍부한 몰디브에서는 사람들이 '야자술'을 마시고 굴과 설탕절임과 말린 과일을 많이 먹었는데 이 조합이 '강력한 최음제'였다면서, 결국 '나는 그곳에 머무는 동안 노예 소녀 몇을 취하고 아내 넷을 두었다'고 고백했다. 그는 전통에 대한 당혹감도 기록했다. '이곳 섬들에서 여자는 남자와 겸상하지 못하고 여자끼리 식사한다.' 그리고 '여자들의 대화가 무척 재밌고 여자들이 참으로 아름답다'면서 남녀가 따로 먹는 풍습을 안타까워했다. 그런 풍습을 바꾸려고도 해보았다. '나는 아내들과 같이 식사하려 해봤지만 끝내 성공하지 못했다.'

바투타는 수십 년에 걸쳐 여러 나라를 여행하면서 여러 여자와 아이를 낳은 듯하지만 몇 세기 후에 여행한 영국의 퍼머가 여행지에서 그를 맞아준 여자를 임신시켰다는 기록은 없다. 어쨌든 두 사람 모두 가장 진실한 형태의 접대를 누렸다. 하지만 세계대전과 문화 격변을 거치며 현대사회는 훨씬 각박해진 듯하다.

오늘날 요리사들이 음식을 나눠 먹는 방식을 언급할 때는 하나의 유행이나 레스토랑으로 손님을 끌어들일 방법쯤으로 생각한다. 바투타에게는 공동 식사가 일상이었다. 오직 극한의 상황에서만, 이를테면 노상강도에게서 도망치며 허겁지겁 끼니를 때워야 할 때나 혼자 먹었다. 중국에서는 말을 탄 남자 마흔 명에게 붙잡혀 옷이 다 벗겨진 채 묶여 있다가 간신히 도망쳤다. '나는 나무와 가시가 빽빽이 뒤엉킨 곳으로 숨어들었고…… 숲속에서 나무 열매와 나뭇잎을 먹었다.' 인도에서는 '이교도들'에게 습격당했다가 도망쳐 나와 대나무 숲에 숨었다. 그는 허기진 채로 덤불에서 산딸기를 발견하고 '가시에 팔이 긁혀서 아직도 흉터가 남아 있을 만큼' 정신없이 따 먹었다. 바투타는 페즈의 정원에서 잠시 말을 끊고 소매를 걷어 주자이에게 팔에 난 흉터를 보여주었을 것이다.

심각하게 푸대접을 받은 사건은 또 있었다. 수단에서 여행하다가 술탄을 만났는데, 술탄이 그에게 어느 부족의 행동을 경고했다. 술탄은 그들이 위험한 무리라는 말을 듣고도 과감히 만찬에 부르기로 했다. 흑인 노예를 전령으로 보내 술탄의 식탁에서(혹은 아마도 카펫과 쿠션을 늘어놓은 바닥에서) 함께 식사하자고 정식으로 초대했다. 불행히도 전령은 비참한 최후를 맞았다. 부족민들에게 잡아먹힌 것이다. 하지만 술탄은 여기에도 긍정적인 면이 있으니 바투타는 그 부족을 걱정할 필요가 없다고 말했다.

바투타는 낯선 사람들의 호의로 먹고살았다. 이집트의 한 성자는 그에게 잠자리를 마련해주고 그가 떠날 때 조그만 케이크와 은화 꾸러미를 건넸다.

'이교도들은 남자를 먹지만 흑인만 먹는데, 백인은 제대로 숙성하지 않아서 자기네한테 해롭다고 믿기 때문'이라는 것이다.

하지만 이렇게 불안에 휩싸이고 가까스로 탈출하는 일은 드물었다. 그가 페르시아의 산악지대에서 경험한 일이 주된 일상이었다. '나는 언제든 여행자들에게 숙소와 음식을 제공하는 수도실을 만났고, 그곳에는 모든 여행자를 위한 빵과 고기와 설탕절임이 있었다.'

물론 '수도실'이라는 말에서 바투타가 이미 알려진 세계를 여행하면서 돈 한 푼 없이 먹고 잘 수 있었던 이유를 짐작할 수 있다. 그는 순례자이자 이슬람교 재판관으로서 교회와 연계된 시설에서 지낼 수 있었다. 그는 음식을 얻어 사람들과 나눠 먹으며 이슬람교의 창시자인 예언자 무함마드의 말씀을 따랐다. '최고의 음식은 그 위로 여러 사람의 손이 오가는 음식이다.'

그렇게 바투타는 수도원에서 빵과 수프와 단 음식을 먹었을 뿐 아니라 성자들에게서 비스킷을 얻어먹었다. 주로 외딴 바위에 앉아 장기간 단식에 들어간 성자들이었다. 이집트의 나일 강 삼각주 근처에서 만난 성자는 바투타에게 하룻밤 잠자리를 내주고 바투타가 떠날 때는 '조그만 케이크와 은화 몇 닢을 넣은' 꾸러미를 건넸다. 예멘의 한 수도원에 딸린 수도실에 기거하던 은둔자는 바투타에게 소금과 백리향을 곁들인 말린 보리빵을 주었다.

바투타는 시리아에 있는 대규모 수도원의 기독교인들에게서도 깊은 감명을 받았다. '이곳에 들른 이슬람교도 모두 기독교인들에게 대접을 받았다. 그들은 빵, 치

시리아의 외딴 기독교 수도원은 (이슬람교도를 비롯해) 방문자들에게 빵과 치즈와 식초와 케이퍼를 대접했다.

즈, 올리브, 식초, 케이퍼를 내주었다.' 둥글게 펼친 반죽에 재료를 올린 음식은 오늘날의 피자와 같은 음식이었을 것이다.

바투타는 바스라(이라크) 사람들을 칭송하면서 그들과 함께 있으면 이방인도 외롭지 않다고 말했다. 바스라는 야자수의 도시라면서 가장 높은 지위의 종교 재판관이 바투타에게 대추야자를 한 바구니 보냈는데, 바구니가 너무 무거워 머리에 이고 나르던 사람이 넘어질 뻔했다고 한다.

이란 중부 지방에 있는 이스파한에서는 튀긴 닭을 곁들인 버터 볶음밥과 쌀과 후무스를 섞어 계피와 유향나무 진액(오늘날에도 이집트, 터키, 그리스, 레바논에서 음료와 아이스크림부터 치즈와 수프에 이르기까지 모든 음식에 맛을 더하는 나무 진액)으로 양념한 음식을 먹었다. 중앙아시아의 화리즘에서는 수박을 먹었다. 초록색 껍질에 붉은색의 달콤한 과육이 든 과일이라고 기록되어 있으니, 우리가 아는 수박일 것이다. 하지만 그의 기록에 의하면 특이하게도 그의 고향에서 대추를 말리듯이 여기서는 수박을 말린다고 한다. 그는 평생 먹어본 최고의 수박이라고 했지만 수박은 그의 생각에 동의하지 않았는지, 밤새 장이 '풀려서' 며칠이 지나고서야 다시 여행길에 오를 수 있었다고 한다.

대식가의 도시, 모가디슈에서는 사람들이 음식에 유난히 정성을 들이고 놀랄 만큼 따뜻하게 그를 맞아주었다. 바투타의 기록에 따르면 배가 도착하자 청년들이 항구로 나와 반갑게 인사를 건네고 서로 자기네 집으로 가자고 불렀다. 바투타는 학생 숙소에 머물렀는데, 그곳에 가보니 마룻바닥에 '카펫이 깔려 있고 만찬이 차려져 있었다'고 한다. 모두가 자리에 앉자 하인들이 버터로 볶은 밥이 넘치게 담긴 접시를 내왔다. 밥 접시 주위로 '쿠샨kushan'이라고, 닭과 육류와 생선과 채소로 요리한 반찬 접시가 놓였다. 설익은 바나나를 갓 짠 우유로 조리한 요리가 있고(말린 수박의 해독제이었던 듯하다), 응축한 우유에 '절인 레몬과 식초에 푹 담근 절인 고추와 소금에 절인 초록색 생강과 망고'를 놓은 요리가 있었다.

바투타는 밥을 한입 가득 먹고 절인 반찬 몇 조각을 같이 먹는 법을 배웠다. 음식이 잔뜩 쌓여 있고 하루에 세 번 상이 차려졌다. 바투타에게는 많은 양이지만 그곳 사람들은 날마다 그만큼씩 먹었다. 그래서 '그 사람들이 몹시 뚱뚱한' 것 같다고 바투타는 말했다.

아낌없이 퍼주는 모가디슈의 분위기는 오늘날의 소말릴란드(소말리아를 포함한 아프리카 동부의 해안 지역 - 옮긴이)인 자일라에서의 경험과 재미난 대조를 이루었다. 자일라의 식단에서는 두 가지의 재료가 문제였다. 사람들이 생선과 낙타만 먹는 것 같았다. '이 나라에는 악취가 지독했다. 생선 냄새와 길에서 도축하는 낙타 피 냄새에서 악취가 풍겼다.'

자파르(지금의 예멘)에서도 지옥을 엿보았다. 그는 이곳을 '더럽고 파리가 들끓는 곳'이라고 표현했다. 자파르에서는 아무데나 잔뜩 쌓아놓고 파는 찐득찐득한 대추와 생선이 문제였다. 이 음식은 사람들만 먹는 게 아니었다. '이곳에서는 가축에게도 생선을 먹인다. 어디서도 본 적이 없는 풍습이다.' 하지만 그가 코코넛을 처음 본 곳도 예멘이었다. 그는 이렇게 기록했다.

코코넛은 희귀한 나무에서 나는 열매다. 야자수처럼 생긴 나무다. 열매는 사람의 머리통처럼 생겼다. 눈 두 개에 입이 하나 있고, 속에 든 초록색 과육은 뇌처럼 생겼다. 열매 위에는 머리카락 같은 섬유도 달려 있다. 사람들은 그걸로 끈을 만들어 쇠못 대신 배를 엮는 데 쓴다. 이 끈으로 닻을 거는 굵은 밧줄도 만든다.

아나톨리아에서는 걸쭉한 수프를 먹었지만 빵이 없었다고 불평했다. 수프는 고기 조각을 넣고 끓인 희부연 혼합물이었다(풍뒤의 초기 형태였을 것이다). 바투타는 '여기서는 빵이나 단단한 음식을 전혀 먹지 않는다'고 불평했다. 그래도 아나톨리아인의 체격에는 문제가 되지 않은 듯했다. '그들은 힘이 세고 강인하고 체질도 건강한 사람들이다.'

인도에 머무는 동안에는 쌀, 쌀, 그리고 더 많은 쌀을 먹었다. 델리의 모든 식사에는 (소금에 절인 고추, 레몬, 망고, 가금류, 채소나 우유 메뉴와 함께) 한가득 퍼 담은 밥이 나왔다. 델리에서 7년 정도 머물다가 남쪽으로 몰디브와 오늘날의 스리랑카로 내려갔는데, 상황이 더 심해져 '3년 동안 밥밖에 먹은 게 없다'고 했다. 그는 체질상 밥만 먹을 수는 없어서 결국 '밥을 물에 말지 않으면 삼키지도 못할 지경이 되었다'.

이븐 바투타는 1354년에 고국으로 돌아왔다. 하지만 가족이 사는 탕헤르가 아니라 수도 페즈로 갔다. 그가 어떻게 돌아왔는지, 그의 가족(오래전에 헤어지면서 무척 슬퍼하던 부모)이 살아 있었는지에 관해서는 알려진 바가 없다. 그는 곧바로 술탄 아부 이난을 만났고, 바투타의 여행담을 듣고 싶던 술탄은 바투타에게 페즈에 머물면서 여행기를 구술하라고 명령했다. 그저 궁중의 오락을 위한 주문이었을 것이다.

이븐 주자이가 여행기를 엮는 일에 선발된 건 시인이자 명필로 이름이 높았기 때문이다. 역사학자들은 주자이가 이 작업에 열정적으로 매달렸을 거라고 보았다. 샌디에이고 대학교의 역사학 교수 로즈 E. 던Ross E. Dunn은 주자이가 '여행자 바투타와 끈끈한 우정을 쌓았을' 거라고 말한다. 두 사람은 2년 정도 정기적으로 만난 듯하다. 여러 장소에서 만나 이야기를 나누었다. 바투타가 지내는 집의 그늘진 정원부터 주자이의 허름한 집까지, 사람들이 자주 모여 친구를 만나거나 사업 이야기를 하는 페즈의 공원과 대형 공공건물부터 모스크의 아치길까지 여러 곳에서 만났다.

원고는 1356년에 완성되었지만 주자이는 병에 걸렸는지 사고를 당했는지 1357년에 서른일곱의 나이로 사망했다. 그에 관해 달리 알려진 것은 거의 없지만 『리흘라』의 서문에서 그는 글을 쓰는 과정이 무척 만족스러웠다고 밝혔다. 바투타의 이야기가 '마음을 즐겁게 해주고 눈과 귀에 기쁨을 주었다'고 했다.

바투타의 원고는 1356년에 완성되었다. 이 책이 유럽에 출현하기까지는 500년이 걸렸다.

원고가 완성되자(물론 원고를 술탄에게 보여주었을 것이다) 바투타는 페즈 근처의 어느 소도시에서 카디로 살았던 듯하다. 던 교수는 이렇게 적는다. '그가 여행을 마치고도 아직 쉰 살이 되지 않았기에 다시 결혼해서 자녀를 더 낳았을 가능성이 높고, 그 자녀들의 이복형제와 이복자매가 동반구의 곳곳에서 자라고 있었을 것이다.'

여행기는 궁전에서 관심 밖으로 밀려나 어느 책꽂이에서 먼지를 뒤집어쓰고 있었던 듯하다. 그래서 학자들은 14세기부터 19세기까지 이 여행기가 언급된 기록을 발견하지 못했다. 반면에 마르코 폴로의 여행기는 엄청나게 홍보되었다.

바투타의 여행기는 이후 500년이 지나 (바투타가 가본 적이 없는) 유럽에서 나타났다. 고고학자들이 이탈리아에서 흙먼지를 털어내며 햇빛에 반짝이는 화사한 타일 조각을 발굴하듯이 바투타의 여행기도 고대 세계의 사람들과 그들의 일상과 풍습과 음식을 놀랍도록 다채롭고 상세하게 드러내주었다.

1369년에 이븐 바투타는 그의 시대에서 가장 위대한 여행자를 자처하며 세상을 떠났다. 『리흘라』의 여백에는 언젠가 독실한 이슬람교도를 만났는데 '그 남자는 세상을 두루 여행하고도 중국도 실론 섬도 마그레브도 니그로랜드도 가보지 못했지만 나는 다 가보았으니 내가 더 앞선다'고 적혀 있다.

맞는 말이다. 그는 세상을 여행했고, 스스로도 모르는 사이에 고맙게도 우리를 대신하여 여행지의 기념품 티셔츠를 사고 음식을 먹고 다녔다.

1325

4

식탁보의 등장

중세 런던의 무질서와 악취와 먼지 속에 세련된 식사 장면이 등장하고
식사 문화를 바꿔놓은 한 가지가 출현했다. 바로 식탁보다.

이제껏 우리는 즐겁게 역사를 돌아보면서 피자의 기원을 알아보고 음식을 나
눠 먹는 개념을 처음 생각해낸 사람이 누구였을지 짐작해보고 '접대'라는 말
의 본질을 고찰했다. 이제 잠시 멈추어 이런 질문도 던져보자. 레스토랑에서 식탁보
를 덮기 시작한 때는 언제였을까? 외식의 역사를 소개하는 책에서 이 질문을 짚고
넘어가지 않을 수 없다.

식탁보는 문화와 문명을 상징하기 때문이다. 식탁보는 거친 목재 등 식탁으로
쓰이는 여러 가지 재질(고대의 석판이든 현대의 접이식 플라스틱 식탁이든)에 먹는 사람이 다치
지 않도록 보호해준다. 건물 회반죽과 페인트와 벽지가 건축자재를 가려서 기능적
공간을 아름다운 공간으로 만들듯이, 식탁보는 (날붙이류, 식기와 함께) 허기만 달
래는 식사를 어엿한 행사로 만들어준다.

하지만 (사적인 공간이 아니라 공적인 식당에서) 식탁에 식탁보를 깔기 시작한
때를 추정하려면 과학수사팀의 기술과 함께 운도 따라줘야 한다. 더불어 독자에게
먼저 약간의 예술적 표현에 대한 이해를 구해야 한다.

때는 1410년보다 더 과거로 거슬러 올라간다. 혹은 먼지 앉은 역사의 마룻장 아
래 돌무더기 속에서 끄집어낸 것이다.

1410년에 「런던의 비싼 것들London Lickpenny」이라는 시가 발표되었다. 누가 썼는
지 명확하지 않지만 일각에서는 서퍽의 수도사이자 시인인 존 리드게이트John Lydgate
의 시로 추정한다.

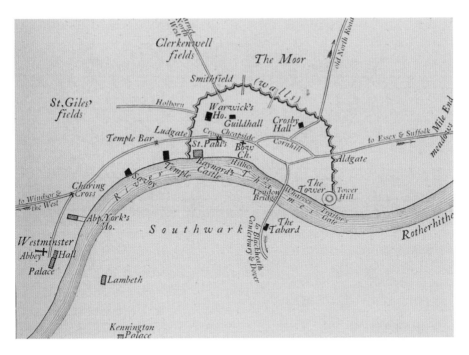

중세 런던은 부패하고 야박한 곳이었지만 1410년 런던에 온 켄트 사람은 웨스트민스터에서 빵과 에일, 와인, 갈비, 소고기를 팔고 식탁보까지 깐 주점을 보았다.

이 시는 켄트의 한 남자가 사기를 당해 재산을 잃고('엄청난 거짓말로 사취당한') 법의 정의를 찾아 런던으로, 특히 웨스트민스터(당시 중앙 관청이 있던 곳)로, 그리고 오늘날 런던 시에 속하는 여러 구역으로 돌아다니는 여정을 그린다. 그러나 정의와 보상에 대한 희망은 무너진다. 변호사든 판사든 목사든 누구를 만나든 뇌물을 건네야 하는 현실을 깨달은 것이다. 그는 맥이 빠진 채 켄트로 돌아간다. 법은 그에게서 돈을 강탈한 자들만큼이나 타락했고, 난관에 부딪힐 때마다 돈을 쓰지 않으면 아무것도 해결되지 않았다. '법이라면 이제 거들떠보지 않겠다'고 그가 푸념한다.

중세 런던이 부패하고 야박한 곳으로 드러나긴 했지만 이 켄트 사람도 법의 정의를 찾아나선 여정을 서술하면서 우리에게 15세기 초 런던의 다채롭고 세세한 풍경, 특히 외식에 관해 아름다운 자취를 남겼다. 그는 이스트칩의 음식점 앞을 지난다. 요리사들이 (달가닥거리는 냄비와 백납 그릇, 무용수들, 파이프와 하프의 소음 속에서) 오가는 사람들에게 요리 이름을 외친다. 소갈비와 파이를 외친다. 콘힐에서 거닐 때는 주점 주인들이 파인트 잔에 술을 팔려고 쿡쿡 찌르고 잡아당기며 호객 행위를 한다. 그런데 웨스트민스터에는 전혀 다른 풍경이 펼쳐진다. 역사상 그때까지는 잉글랜드에서 본 적이 없었을 스타일과 분위기를 연출한다.

해가 중천에 있을 때 그는 웨스트민스터 성문 근처에서 손님을 재촉하지도 잡아당기지도 않는 레스토랑을 발견한다. 요리사들은 그에게 '호의를 보이고' 정중히 관심을 표하고 '기름지고 질 좋은' 소갈비에 곁들일 빵과 에일과 와인을 권한다. 결정적으로 터키에서 카펫 상인들이 좋은 양모와 비단과 앙증맞은 찻잔을 보여주며 손님을 끌듯이, 그가 레스토랑에 들어서자 '그들이 아름다운 천을 펼치기 시작했다'.

우리의 변변찮은 주인공은 아쉽게도 잠깐 둘러보고는 급히 돌아 나온다. 그를 도와줄 변호사에게 뇌물을 먹일 돈도 마련하지 못한 터라 갓 구운 빵을 뜯거나 와인을 마시거나 먹음직스러운 소갈비를 썰어 먹을 돈도 없으므로 '돈이 모자라서 더 머물지 못한다'. 그는 그 가게에서 설거지를 하고 싶지 않아서 그냥 돌아 나온다.

그래도 그는 1400년대 초에도 웨스트민스터에 근사한 레스토랑이 있었을 거라는 역사적 증거를 남겼다. 당시 웨스트민스터가 상당히 앞서갔다는 뜻이다. 잉글랜드의 다른 도시는 물론이고 런던의 다른 구역에조차 그렇게 근사한 레스토랑이 있었다는 증거가 없으니 말이다.

사실 13세기나 14세기에 그나마 레스토랑으로 봐줄 시설이 있었다는 증거는 거의 없다. 아쉽게도 로마인들은 서기 79년에 이미 지금의 스코티시보더스 주까지 제국을 확장하고 세련된 저택과 온돌식 난방과 직선 도로와 심지어 검투사까지 들여왔지만 그로부터 1,400년이 지난 뒤에도 잉글랜드에는 프리무스 여관만큼 세련된 식당이 아직 존재하지 않았다(제1장 참조).

유럽이 이미 한참 앞서가는 사이 잉글랜드는 정체되었던 듯하다. 1400년 이전에 잉글랜드에서는 외식이 중요한 관심사가 아니었다. 외식이 아예 존재하지 않았다. 런던 시민들은 모든 식사를 가족이나 친구 집에서 해결했다. 여행자들은 [소아시아를 여행한 이븐 바투타처럼(제3장 참조)] 주로 종교시설과 수도원의 접대에 의지했다.

물론 음식점cook shop과 여관inn이 있었지만(음식점은 지역 거래 위주이고, 여관은 여행자가 마구간을 이용하기 위해 머무는 곳이었다) 역사학 교수 마사 칼린Martha Carlin은 '당시의 음식 점이나 여관은 손님이 제대로 앉아 쉬면서 레스토랑의 요리를 먹는 곳이 아니었다. 음식점에서 따뜻한 음식과 가끔 에일이 나왔지만 와인은 팔지 않고 의자나 테이블 도 없었다'고 적었다. 선술집alehouse에는 의자가 있었지만 음식은 팔지 않았다. 주점 tavern에서는 초대한 손님에게 음식을 대접하는 동안 일반 손님을 받지 않았다.

음식점은 북적이는 시장에 차린 가판대에서 시작되었다. 음식은 바로 먹을 수 있는 종류이고 주로 생선튀김, 삶은 가금류, 뜨거운 파이, 치즈 플랑, 케이크 같은 음 식이었을 것이다. 벌금 부과에 관한 공문서를 보면 (예를 들어 1250년대 옥스퍼드에 서) 요리사들이 자기 집 문 앞에서 오가는 사람들을 위해 고기를 굽거나 끓인 것으 로 짐작된다. 요리사는 먼저 벌금으로 2실링이나 3실링을 내기 전에는 문 앞에서 음 식을 굽거나 끓여서는 안 된다고 어느 공문서에 상세히 기록되어 있다.

하지만 사람들은 법을 어겼을 것이다. 집 안에 부엌이 없으니 밖에서 음식을 조 리할 수밖에 없었을 것이다. 요리사에게 부엌이 없었다면 가난한 사람들의 집에는 있었을 리 만무했다. 로마인들처럼 대 다수는 요리 시설을 갖추지 못하고 냄 비나 팬이나 연료나 재료를 살 돈도 없었다. 따라서 따뜻한 음식을 먹고 싶으면 가판대를 찾았을 것이다. 가난 한 사람들과 그 자녀들이 무엇을 어떻 게 먹었는지 궁금하다면 칼린 교수의 글을 보자. '극빈층과 노숙자들은 패 스트푸드로만 따뜻한 음식을 먹을 수 있었다.'

이런 현실을 깨달은 (1379년에 런던 시를 포함한) 당국에서는 일부 가판대는 주민들이 생업을 마치고 난 저녁에도 운영할 수 있도록 허용했다.

THE COOK.
Ellesmere MS, leaf 51.

제프리 초서의 「요리사 이야기」에서는 비위생적인 음식점을 비난했다.

그러다 거리가 점차 번화해지면서 일부 가판대가 교통과 보행자의 흐름을 방해하지 않도록 건물 안으로 들어가면서 진정한 의미의 음식점으로 발전했다. 이런 음식점이 어떤 모습이었는지 궁금하다면 제프리 초서Geoffrey Chaucer의 글을 읽어보면 된다. 『캔터베리 이야기The Canterbury Tales』의 일부로 1380년대에 쓰인 「요리사 이야기The Cook's Tale」에는 재차 데운 음식('두 번 데우고 두 번 식은' 파이)과 위생 상태 불량('음식점 안에 파리똥이 많아서')에 관한 대목이 나온다.

『캔터베리 이야기』보다 한참 앞서 공공장소에서 음식을 파는 장면이 나오는 문헌으로는 1170년에 윌리엄 피츠스티븐William Fitzstephen이 쓴 「런던의 묘사Description of London」가 있다. 들어가 앉아 음식을 먹을 공공시설이 전혀 없었다는 칼린의 주장과 모순되는 기록이다. 피츠스티븐은 헨리 2세의 재상 토머스 베케트Thomas Becket와 동시대 사람이자 그의 친구였다. 피츠스티븐의 기록에 의하면 베케트는 단숨에 캔터베리 대주교의 자리까지 올랐다가 이후 캔터베리 대성당에서 살해당한 인물이다.

피츠스티븐은 베케트의 생애를 기록하면서 12세기 후반의 런던을 애틋하게 아름다운 도시로 그렸다. 그는 런던에 관해 '장엄하고 웅장한' 도시이고 분위기가 '안전하다'고 말하고, 런던의 여자들에 관해서는 '처녀들의 순결함'을 말한다.

런던 시라고 하면 전원으로 둘러싸인 작은 도시를 떠올릴 것이다. 성벽 밖으로 템스 강('물고기가 풍부한' 강) 서안에 웨스트민스터 궁전이 있고, 궁전에 인접해 있는, '교외에 사는 사람들의 나무가 우거진 정원이 널찍하고 아름답다'. 웨스트민스터 북쪽으로 '밀밭과 초원과 멋진 목초지가 펼쳐져 있고, 곳곳에 시원한 냇물이 흐르고 그 위로 방앗간이 서 있다. …… 그 너머로 초목이 아름답게 우거진 거대한 숲이 펼쳐지고 들짐승과 사냥감의 굴과 은신처, 수사슴, 멧돼지, 야생 황소가 사방에 널려 있다'. 땅이 비옥해 '작물이 풍성하게 재배된다'면서 피츠스티븐은 여러 작물 중 밀을 로마 여신 케레스Ceres(로마 신화에 나오는 풍작의 여신 - 옮긴이)의 황금 다발에 비유한다. 런던 전역에 샘이 있는데, '샘물은 달콤하고 맑고 건강에 좋다'. 한편 런던 사람들은 매력적이다. '런던 시민은 왕국의 어디를 가든 예의 바른 품행과 세련된 옷차림과 우아하고

윌리엄 피츠스티븐은 1170년에 런던을 애틋하게 아름다운 도시로 그렸다. 그는 '물고기가 풍부한' 템스 강둑에서 드물게 고상한 음식점을 발견한다.

Es nouuelles dalbion
Sil vous en plaist escouter
Mon frere z mon copaignon
Sachez qua mon retourner
Ay este deca la mer
Ceu a ioyeuse chiere

화려한 식탁 면에서 누구보다도 품위 있는 사람들로 존경받는다.' 저녁이면 서로 경쟁 관계인 여러 학교에서 소년들이 거리로 나와 '시를 읊으며 다툰다(오늘날 길거리 랩 배틀의 고상한 전신이다)'. 겨울에는 언 강에서 스케이트를 탄다.

여름에는 런던 시민들이 템스 강둑에서 프랑스산 와인을 수입하는 배들 옆 한 곳으로 몰려들어 음식을 구할 수 있다. '이 장소가 공공 음식점이 되었고, 이곳은 런던이 얼마나 편리하고 유용하며 얼마나 문명화되었는지 짐작하게 해주는 명확한 증거다.'

피츠스티븐의 라틴어 원본을 번역한 1772년의 판본에서 번역자들은 작가가 '이 도시에서 유일한 곳'이라고 적은 대목에 이렇게 각주를 달았다. '아주 놀라운 곳이었다. 요즘은 이런 데가 없다. 아주 큰 건물이었을 것이다.'

건물 안에서는 '각종 제철 음식을 굽거나 찌거나 튀기거나 끓여서 판다. 가난한 사람들을 위한 거친 식감의 생선도 있고, 부자들을 위한 연한 식감의 사슴고기와 가금류와 작은 새 요리도 있다'. 피츠스티븐은 여행자가 허기진 채 친구 집에 도착했는데 집 안의 요리사가 식사를 차릴 때까지 기다리지 못할 만큼 배가 고프다면 이런 음식점으로 갔을 거라고 말한다. '앞서 말한 강둑으로 곧장 갔을 것이다. 거기서는 원하는 건 뭐든 즉석에서 먹을 수 있다.'

꽤 볼 만한 장소였던 듯하다. 기사에게든 이방인에게든 밤낮으로 열려 있어서 누구도 '오랫동안 식사를 못한 채 굶주릴 일이 없고 배를 채우지 못한 채 이 도시를 떠날 일도 없다'.

안타깝게도 이처럼 기막히게 괜찮은 음식점에 관한 기록은 이후 다른 문헌에서 발견되지 않았다. 피츠스티븐의 기록에 완벽한 모습으로 봉인되었다. 그는 성당의 제단에서 친구가 살해되는 장면을 목격한 사람치고는 상당히 쾌활해 보인다. 그가 런던의 삶을 그리면서 유일하게 부정적으로 언급한 대목은 '일부 어리석은 사람들이 과음하고 말썽을 일으키는 것(1772년의 편집자는 '독주를 마시는 풍습'을 가져온 데인족 탓으로 돌린다)과 잦은 화재(이렇게 화재가 잦았는데도 500년 가까이 지난 1666년이 되어서야 5일간의 대화재로 런던의 목조주택과 좁은 거리에 비극이 펼쳐진다)'에 관한 것이다.

집 밖에서 제대로 앉아 식사하는 문화의 씨앗이 강가의 대형 음식점에 심어졌을지라도 그 뒤로 씨앗이 자란 흔적을 발견할 수 없다. 그러다 15세기 초에 우리의 켄트 남자, 아니 그가 등장하는 시를 쓴 시인이 웨스트민스터에서 식탁보를 발견한 것이다.

흥미롭게도 웨스트민스터가 고급 식당의 시초라고 정확히 짚어서 말할 수 있다. 모든 의회의 어머니인 웨스트민스터가 런던의 레스토랑을 낳았다고 말할 수 있으니 말이다. 라틴어로 'parliamentum'은 '토론discussion'이라고도 번역할 수 있는데, 영국의 옛 의회가 바로 그런 의미였다. 왕이 전쟁 자금을 대기 위해 세금을 올리려 할 때 모여서 토론하는 자리가 공식화된 것이 바로 의회였다. 처음에는 주로 남작들이 모였지만 이후 각 도시의 대표(지방 유지나 성직자)도 합류했다. 이들이 얼마 후 '평민common'이 되는 사람들이다. 이들이 모이는 장소는 다양했다. 에드워드 1세 시대인 1290년의 한 회합은 노샘프턴셔 클립스턴의 왕실 사냥터 별장에서 열렸다. 하지만 전쟁이 잦아지고 중세의 일상이 되면서 왕도 지방 대표들에게 세금을 올려달라고 요구해야 했기에 회합이 더 자주 열렸다.

결국 11세기 말에 윌리엄 2세(정복왕 윌리엄 1세의 아들)가 유럽은 몰라도 잉글랜드에서는 가장 넓은 회합 공간을 만들면서 웨스트민스터에서 의회가 열리는 것은 당연해 보였다. (1834년의 화재로 재건축된) 이 공간은 여전히 실용성 면에서 지나치게 크다.

지방 기사와 지주계급은 '공민burgess'(상인과 법률가)과 함께 의회에서 봉사한 대가로 돈을 받았다. 이들이 행정 인력이 되었다. 최고 서열은 재무상으로, 왕을 대신해 회의의 목적을 설명하고 왕에게 들어온 청원에 답하는 역할이었다. 다음으로 공무원이 있었다. 1400년에는 의회에서 무역과 상업과 방위를 비롯한 여러 사안에 관한 법률을 제정했다. 의회의 공식 기록에 올라간 회의가 늘어가고 의회의 회의가 국가의 일상으로 편입되면서 관련된 일에 종사하는 전문가 계급도 성장했다. 이 계급에도 식사를 제공해야 했다. 적어도 파리가 들끓고 앉을 데도 없고 식은 파이를 다시 데워서 주는 음식점은 아니었다.

칼린 교수는 이것을 '수도 런던에서 진정한 의미의 공공 음식점이 발전한 계기'라고 지적했다. 따라서 의자와 테이블을 갖추고 테이블에 리넨 식탁보를 덮은 장소에는 의회와 관련된 사람들이 찾아왔다. 주로 법률가와 공무원, 대성당에서 일하는 사람들, 궁전 관리, 상인과 여행자들이었다.

이런 음식점이 번창한 데는 이유가 있다. 런던의 성벽 너머는 시 당국과 시내의 모든 장인과 상인을 규제하고 독점하고 보호하는 강력한 상인 조합인 길드guild의 통제를 벗어났기 때문이다. 길드가 상점부터 식당까지 모든 사업체를 철저히 감시하고 규제하면서도 이런 공공 음식점의 발전을 저해하지는 않았다. 그래서 사람들이 점차 음식점을 찾기 시작했다. 우리의 켄트 남자가 런던에 올라온 해에 이스트칩에서 열린 악명 높은 만찬에 대한 기록이 남아 있다.

이야기의 골자는 『런던 연대기Chronicle of London』에서 추론할 수 있다. 15세기에 편찬된 『런던 연대기』에는 1089년부터 1483년까지의 왕실 서한, 공식 행사 기록, 특정 범죄와 경범죄에 관한 기록이 구체적으로 담겨 있다. 이 기록에 '올해(1410년) 이스트칩에서 싸움fray이 벌어졌다. 왕의 아들 토머스와 존 왕자가 시내의 사내들과 벌인 싸움이었다'고 간략하게 적혀 있다. 당시 왕인 헨리 4세는 노르만 정복 후 프랑스어가 아닌 영국어를 모국어로 말하는 첫 번째 잉글랜드 왕이었다. 1410년 6월 말, 헨리 4세의 여섯 자녀 중 20대의 토머스와 존이 청년들과 이스트칩의 한 음식점에서 식사를 하기로 했다. 그들은 하지제Midsummer 전날 저녁에 이스트칩에 도착했다. 그날은 14세기 후반에 이르러 악명이 높아진 날이었다.

전통적으로 그날은 세례 요한의 생애와 순교를 기리는 날이었다. 교회에서 기도와 명상과 초를 켜는 의식으로 시작되곤 했지만 두 왕자와 동시대에 살았던 성직자 존 머크John Mirk는 이렇게 설명했다. '원래는 남녀가 모두 초와 각종 불을 들고 교회로 가서 밤새 기도를 올렸다. 하지만 세월이 흐르자 남자들은 예배하지 않고 노래를 부르고 춤을 추며 색욕과 폭식을 탐하여 선하고 성스러운 헌신이 죄악으로 변질되었다.'

두 왕자와 청년들도 그랬던 듯하다. 『런던 연대기』의 주석에서는 '싸움fray'을 '야단법석hurly'으로 표현한다. 중세 영어 사전에는 '소동', '소란', '야단법석'으로 번역되어 있다. 따라서 그날 음식점의 식사 자리는 파티로 시작되었다가 통제 불능 상태가 되었을 것이다. 그날 소동의 여파에 관해서는 공식적으로 이렇게 기록되었다.

'주점이든 음식점이든 9시 이후에는 문을 열 수 없고 투옥될 각오를 해야 한다는 명령이 내려졌다.' 몇몇 청년의 그릇된 행동으로 인해 시 당국이 음식점과 여관과 선술집에 저녁 9시가 되면 문을 닫도록 명령한 것이다.

젊은 왕자들이 그 사건으로 호되게 질책당하고 이튿날 숙취로 괴로워했을까? 왕족과 상류층이 그렇게 허름한 장소에 가는 건 그때가 마지막이었을 수도 있다. 그들은 태도까지는 몰라도 복장에서 여느 손님들 사이에서 눈에 띄었을 것이다.

두 왕자는 색다른 경험을 하기 위해 음식점을 선택했다. 주점에서는 그 뒤로도 15세기까지 여행자가 아닌 사람에게는 음식을 팔지 않았으니 말이다. 최초의 기록으로는 1461년에 서더크 교구 교회의 교구위원이 지역 주점에서 세 차례 식사한 경비에 관한 기록이 있다. 비슷한 시기에 웨스트민스터의 세인트 마거릿 교회(현재 의회 광장에 있다)의 교구위원 장부에는 '회계감사 만찬'에 관한 기록도 있다. 이 만찬이 야단법석인 자리는 아니었을 것 같지만 경비 내역을 보면 그들이 와인을 마시고 빵과 양고기 파이를 먹은 것으로 나온다. 얼마 후에는 소박한 식탁이 좀 더 정교해졌다. 런던 시와 캔터베리 세인트 오거스틴 사이의 분쟁을 중재하는 관리들이 1480년부터 사용한 경비 내역에는 그들이 (다채로운 아침 식사, 저녁 식사와 함께) 패터노스터 로우에서 빵과 닭고기, 토끼고기, 돼지고기와 함께 맥주와 에일이 포함된 정찬을 먹은 것으로 나온다.

음식을 파는 시설이 점차 늘어나자 빈민과 병사처럼 돈이 거의 없는 사람들을 보호하기 위해 물가 통제 조치가 시행되었다. 예를 들어 16세기 중반에 요크 시는 병사와 이방인에게 '평범하게ordinarily 끓이거나 구운 소고기나 양고기'를 4펜스 이하로만 팔도록 명령했다.

당시 '오디너리ordinary(정식定食식당)'는 저렴한 세트 메뉴를 뜻했지만 이후 잉글랜드 전역에서 저렴한 에일과 음식을 파는 소박한 식당을 뜻하는 보통명사가 되었다. 1607년에 작가 토머스 데커Thomas Dekker는 오전 11시 반경에 '오디너리'에 들어서자 코담배가 나왔고 다른 테이블의 청년들이 불러서 그들과 양고기 스튜, 거위고기, 도요새고기를 나눠 먹고 과일과 치즈로 식사를 마무리했다고 적었다. 와인을 마시려면 추가 비용을 냈고(가격은 12펜스), 돈이 없는 사람들은 한구석에 앉아 3펜스짜리의 소박한 음식을 먹었다.

이후 오디너리라는 표현은 아메리카 식민지로 건너갔고, 아메리카에서는 일반적인 주점을 '오디너리'라고 불렀다. 1562년에 영국을 방문한 베네치아 상인 알레산드로 마뇨Alessandro Magno는 4펜스짜리 '오디너리 만찬 혹은 식사'로 수프와 구운 고기 한 조각, 끓인 음식 한 가지, 빵, 에일과 맥주 중 하나를 선택해서 먹었다고 기록했다. 그는 영국인들은 '고기를 엄청나게 많이 먹는다'면서 그들이 먹는 고기의 양과 질이 모두 '평범함과는 거리가 멀다'고 덧붙였다. 마뇨는 그해 여름 영국을 방문하면서 클라우디오라는 이탈리아인이 운영하는 '더 볼The Ball'이라는 여관을 발견하고 기뻤을 것이다. 더 볼에서는 '두세 가지의 구운 고기 중에서 선택하거나, 아니면 고기파이와 짭짤한 음식과 과일 타르트와 치즈와 기타 음식으로 구성된 메뉴를 선택하고 훌륭한 와인을 곁들였다. 다른 요리를 먹고 싶으면 말하기만 하면 바로 나왔다'.

런던의 메뉴는 닭고기와 가금류뿐 아니라 사냥으로 잡은 토끼고기, 사슴고기, 백조고기로 이루어졌다. 마뇨는 특히 런던에서 파는 굴에 반해서 런던에는 굴이 아주 많다고 적었다. '런던에서는 굴을 굽거나 삶거나 버터로 볶거나 온갖 조리법으로 요리해서 내준다. 하지만 런던 사람들은 보리빵에 생굴을 먹는 방식을 좋아하고, 이게 별미다.'

아쉽게도 그는 음식에 곁들일 (시원한 샴페인은 고사하고) 상큼한 베르멘티노 화이트와인이 없어서 하는 수 없이 잉글랜드 맥주를 마셨다며 진저리를 쳤다. '건강하기는 하지만 맛대가리가 없었다. 말 오줌처럼 뿌옇고 보리 껍질이 둥둥 떠 있었다.'

엘리자베스 1세 시대인 1599년에 스위스에서 온 토머스 플래터Thomas Platter는 런던의 주점에서는 주로 알 라 카르트à la carte(단품 메뉴)를 판다고 적었다. 그에게는 이게 새로운 개념이었던 듯하다. 그는 음식을 하나씩 따로 주문하면 여럿이 함께 음식과 술을 주문해 먹고 돈을 걷어서 낼 때보다 더 비싸다고 생각했다. '음식을 모두 확인해서 양을 계산해보면, 한 사람에게 그와 같은 메뉴를 단일 가격으로 팔지 않으므로 혼자서 좋은 식사를 하고 술을 많이 마시고 싶은 사람은 매우 많은 돈을 내야 한다.'

이런 시설이 16세기 초에 많이 생겼다. 선술집과 주점이 늘어난 것은 헨리 8세

수도원 해체령으로 유럽의 여행자들이 마음놓고 찾아갈 곳이 사라졌다.

가 가톨릭교회의 부패한 권력이 다스리던 영역을 강력히 탄압하면서 나타난 의도치 않은 결과로 보인다.

헨리 8세가 로마와 결별하고(교황이 헨리 8세에게 아라곤의 캐서린Catherine of Aragon과 이혼하고 앤 불린Anne Boleyn과의 자유결혼을 허락해주지 않은 것이 한 이유였다) 스스로 영국 국교회를 장악하려 하면서 그 유명한 수도원 해체령Dissolution of the Monasteries이 나왔다. 1536년에서 1541년 사이 각종 법령과 법적 절차가 시행되고 형태나 규모 면에서 제각각인 수도원과 수녀원, 그리고 수도원 분원과 수사들이 기거하는 수도원이 몰수당하거나 해체되었다. 1540년까지 수도원 800개가 해체되었다. 그러자 잉글랜드에는 여행자들이 마음놓고 찾아갈 곳이 사라졌다. 수백 년간 유럽과 더 넓은 세계에 존재한 기반이 흔들린 것이다. 소아시아에서도 보았듯이(제2·3장 참조) 이븐 바투타 같은 여행자는 종교시설의 온정(특히 그 종교를 믿는 사람에게는 안식처와 잠자리와 음식을 내주었다)에 기대어 알려진 세계와 그 너머까지 탐험할 수 있었다.

갑자기 전통적인 접대의 통로가 끊겼다(버려지고 파괴되고 불태워졌다). 마찬가지로 프로테스탄트 종교개혁자들은 다른 교회에서 시도 때도 없이 열리던 축제를 공격했다. 모든 성인의 날과 종교 휴일에는 지역공동체가 교회 강당이나 마당에 모여 먹고 마셨다. 실제로 이런 축제를 위해 맥주를 엄청나게 주조했고, 남자들이 묘지의 비석 사이에서 술잔을 비우고 흥청대며 노는 모습이 썩 보기 좋은 광경은 아니었다.

종교개혁자들은 신성한 행사의 질서를 복원하는 데는 성공했다. 하지만 결과적으로 사람들이 떠들썩하게 춤추고 술 마시고 싶을 때 갈 곳이 없어졌다. 더 이상 교회가 그런 장소와 구실을 제공하지 않았기 때문이다.

상황이 심각했다. 화형당하지 않은 수도원 사람들에게는 일할 곳이 필요했다. 여행자들에게는 머물 곳이 필요했다. 지역민들에게는 여유롭게 쉬면서 함께 어울릴 곳이 필요했다. 그래서 수도원에서 일하던 사람들이 주점을 차리자 지역민과 여행자들이 모여들었다. 국가에서는 가격 통제 조치를 시행하여 시장이 안정되도록 힘썼다.

당연하게도 16세기에는 선술집이 크게 성장했다. 영국의 1577년 실태 조사에는 선술집이 2만 4,000개로, 주민 142명당 한 개꼴로 기록되었다. 이후 50년간 이 수치가 두 배로 증가했다. 영국의 인구도 증가했지만(1540년에 270만 명에서 1650년에 520만 명으로) 인구 증가 추세가 술을 파는 여관의 성장세에 추월당했다.

1500년대 말에 이르자 선술집이 잉글랜드의 풍경에 영구히 각인되었다. 다시 말해 영국이 중세를 벗어나는 시점을 음주가 제도화된 시절로 잡을 수 있다. 실제로 17세기에 이르러 영국은 여섯 가지의 주요 특징을 갖추었다(나아가 이런 특징으로 정의될 수도 있었다). 가정, 교회, 법원, 왕족, 의회, 그리고 펍pub.

여기서 펍의 의미를 과소평가해서는 안 되는 이유는 술 마시는 가게들이 (음식도 파는 주점으로 발전하면서) 사람들에게 공통의 기반을 제공했기 때문이다. 사람들은 이제 자애로운 수도사에게 황송하게 음식과 술을 얻어먹지 않아도 되었다. 비록 음식과 술의 구성이 소박해도 스스로 돈을 내고 사 먹었다. 억압받는 하인들은 공공장소에서 맥주를 사 마실 수 있어서 해방감이 느껴졌을 것이다. 더불어 남들과 어울리는 기회만이 아니라 남녀가 섞이는 기회도 주어졌다. 화제가 자연히 날씨에서 정치로 옮겨가면서 계급의식도 자라났다. 현실의 불평등을 자각하고 편파성에 대한 감정이 끓어올랐을 것이다.

시골 선술집의 가난한 단골들이 이를 갈며 맥주를 들이부었다면, 영국의 크고 작은 도시에 사는 새로 부를 축적한 상인과 상류층은 이런 술집을 피하고 교회와 국가 지도자들의 걱정을 사기 시작한 무분별한 과음도 멀리했다. 그럼에도 모두가 이내 외식이 즐겁다는 사실을 발견했다. 특히 밖으로 나가야 할 새롭고 흥미로운 이유가 있고, 이국적이면서도 알코올이 함유되지 않은 무언가가 있다면.

별안간 신비로운 음식, 흥미로운 성분이 등장했다. 마시는 흥분제이지만 아무리 마셔도 취하지 않는다. 외식의 역사에서 혁명을 일으키게 되는 이것, 바로 '커피'다.

5

커피하우스에 붙은 호소문

커피는 인간이 살아가는 데 필수 성분은 아니지만 유럽에 등장하자 곧 마음과 몸과 정신의 각성제로 큰 인기를 끌었다. 커피하우스는 사교계와 상류층을 위한 공간이자 정치 회합의 장이 되었다.

처음에 (적어도 11세기 에티오피아에서) 커피를 마시기 시작한 사람들은 어떤 방법으로 마셨든(걸쭉하고 서걱거리고 쓴맛이 났을 것이다) 카페인이 몸속으로 들어가 뉴런의 활동 속도를 높여서 아드레날린을 분출시킨다는 사실을 몰랐을 것이다. 그래도 약간 활기찬 기운을 느꼈을 것이다. 그리고 그들은 커피 열매를 원두로 만들고 다시 음료로 만들어 마시기 위해 일종의 의식儀式을 발전시켰다. 이것이 사람들을 매혹시켰다. 커피를 마시면 기분 전환이 되고 흥분되었다. 인간이 동물과 다른 특성 중 하나는 갈증이나 허기 이상의 무언가를 위해 음식을 섭취한다는 점이다. 우리는 먹고 마시는 행위에서 쾌락을 얻는다. 풍미와 식감과 풍성한 경험이 주는 만족감이 있다. 사실 외식의 역사는 본질적으로는 꼭 필요한 것이 아니라는 점에서 시작한다. 누가 뭐라든 생존을 위해 레스토랑에 갈 필요는 없다. 하지만 레스토랑은 생존을 훨씬 즐겁게 만든다. 커피의 역사야말로 인간과 동물의 차이를 보여주는 훌륭한 예시다. 생존에 꼭 필요하지 않은 콩 한 알이 거대한 산업을 이루었다. 커피를 마시고 싶은 '욕구'는 반론의 여지가 없는 것이 되었다.

식탁보를 펼치는 (역시나 본질적으로 꼭 필요하지 않은) 문화가 1410년경에 중세를 벗어나는 시대의 이정표라면, 1700년대 초 런던에서 커피하우스가 폭발적으로 증가한 현상은 유혈이 낭자한 내전에서 무혈 혁명으로의 전환을 의미한다.

커피하우스 출입은 한때 왕궁에 들어갈 수 있는 사람들만 누릴 수 있었던 지위를 정당하게 누릴 수 있는 지위의 상징이 되었다. 1689년 권리장전Bill of Rights은 (그것을 끌어낸 명예혁명과 함께) 귀족 사회가 왕의 사적 영역에서 점차 독립하는 과정을 상징했다. 커피하우스 문화가 시민의 자유가 커나가는 데 중요한 역할을 했다면 커피 원두는 '꼭 필요하지는 않은 콩'이라는 꼬리표보다 훨씬 더 중요한 의미를 갖는다.

최초의 커피하우스는 1650년에 옥스퍼드에서 문을 열었지만 커피 원두는 (제2장에서 보았듯이) 그로부터 100년 전에 시리아로 들어갔고 알레포에서 큰 인기를 끌었다. 독일의 식물학자 레온하르트 라우볼프의 기록에 나오는 내용이다. 그즈음 커피는 현재의 터키 영토에 있는 술레이만 대제의 왕궁에서도 확고히 자리잡았다. 술레이만은 예멘으로 파견한 신하를 통해 커피를 처음 접했을 것이다. 하지만 그보다 앞서 용감무쌍한 윌리엄 비덜프William Biddulph가 긴 제목의 여행기『어떤 영국인들이 아프리카, 아시아 등지를 여행한 이야기…… 1600년에 시작했고, 그들 중 일부는 올해 1608년에 여행을 마쳤다The travels of certayne Englishmen in Africa, Asia, etc… begunne in 1600 and by some of them finished-this yeere 1608』에서 커피에 관한 기록을 남겼다. 비덜프는 터키의 커피하우스에서 커피를 마시는 사람들을 보았다.

터키인들이 가장 많이 마시는 음료는 코파coffa라는 검은 빛깔의 음료로, 코아우아coaua라는 콩의 열매로 만든다. 이 열매를 맷돌로 갈고 물에 끓여서 참을 수 있는 한 최대한 뜨겁게 마신다. 그들의 거친 음식과 허브와 날고기를 먹는 식습관을 달래는 데 잘 어울린다고 여긴 듯하다.

영국의 시인 조지 샌디스 경Sir George Sandys은 1610년에 터키에서 처음 커피를 맛보지만 별다른 매력을 느끼지 못했다. 그는 터키에는 마실 것이 부족하다면서 그리운 고국 잉글랜드에는 음료가 풍부한 것과 정반대라고 기록했다.『샌디스의 여행Sandys Travels』이라는 그의 여행기에는 이렇게 적혀 있다. '이곳에는 주점이 없고 코파하우스라고 주점과 유사한 곳이 있다. 여기 사람들은 온종일 코파하우스에 앉아 수다를 떤다. 코파라는 음료를 작은 사기잔에 담아 참을 수 있는 한 최대한 뜨겁게 조금씩 홀짝이는데, 그 맛도 겨우 참을 수 있는 정도다.' 샌디스는 또한 사람들이 '소화를 돕고 정신을 바짝 차리기 위해' 커피를 마신다고 적었다. 하지만 배 속을 달래고 머리를 맑게 해주는 효능만으로 손님을 끌기엔 역부족이었는지, 샌디스가 가본 코파하우스의 주인들은 동네 남자 손님들을 끌어들이기 위해 익숙한 책략을 내놓았다. '코파하우스 주인들은 아름다운 소년들을 미끼로 손님들을 끌어들였다.'

커피는 예멘으로 파견된 술탄의 신하가 발견했다고 주장하기 전부터 확고히 자리잡았던 듯하다. 하지만 커피를 만들어 마시는 문화를 유행시킨 건 술탄과 궁전의 커피 만드는 사람들이었다. 오래지 않아 사람들이 집에서 커피를 마시기 시작했고, 공공장소의 커피하우스도 증가했다.

커피가 서서히 유럽으로 퍼져나가면서 이후 수십 년간의 커피에 관한 기록이 빈, 베네치아, 마르세유, 파리에서 발견되었다.

영국에서 발견된 커피에 관한 최초의 기록에는 커피 원두가 나다니엘 코노피오스Nathaniel Conopios라는 그리스인 사제의 짐 가방에 실려 들어왔다고 적혀 있다. 크레타 섬 출신인 코노피오스는 콘스탄티노플에서 그리스인 고위 성직자 키릴 루카리스Cyril Lucaris의 심복이 되었다. 하지만 루카리스가 술탄 무라드 4세와 사이가 틀어졌고, 술탄이 1638년에 루카리스를 살해하도록 명령했다(교수형에 처했다). 코노피오스는 자기도 목숨을 부지하지 못할까봐 떠나기로 결심하고 귀한 커피 원두를 챙겨 유럽 대륙을 가로질렀다. 영국 국교회의 지인들(무려 캔터베리 대주교 윌리엄 로드William Laud) 덕분에 그는 옥스퍼드의 발리올 칼리지에서 은신했다. 일기 작가 존 이블린John Evelyn이 이곳에서 그를 만났다. '커피 마시는 사람을 본 건 그때가 처음이었다.'

커피를 마시는 코노피오스를 본 또 한 사람으로 옥스퍼드의 머튼 칼리지에서 고대를 흠모하는 학자 앤서니 우드Anthony Wood가 있었다. 훗날 우드는 코노피오스에 관해 이렇게 말했다. '그는 발리올 칼리지에 머물면서 커피coffey라는 음료를 직접 만들어 마셨는데, 발리올 칼리지의 나이 든 사람들의 말로는 그전에 옥스퍼드에서는 누구도 그 음료를 마신 적이 없다고 했다.' 그런데 코노피오스에게 피신처를 마련해준 로드 대주교마저 1645년 1월 10일에 찰스 1세에 의해 교수형을 당했다. 그날 아침 코노피오스는 커피를 평소보다 조금 더 진하게 마시지 않았을까.

옥스퍼드에서 커피를 마셨다고 알려진 또 다른 인물은 머튼 칼리지의 학장이 된 영국의 물리학자 윌리엄 하비William Harvey 박사였다. 전기 작가 존 오브리John Aubrey 는 이렇게 적었다. '그는 커피를 마시는 습관이 있었고, 그의 동생 엘리아브도 커피를 마셨다. 런던에서 커피하우스가 유행하기 전이었다.' 이처럼 커피를 마시는 사람들이 17세기 옥스퍼드 학계에 출현한 점에서 영국 최초의 커피하우스가 1650년에 옥스퍼드에서 문을 연 것도 당연해 보인다.

우드는 '올해(1650년) 제이콥이라는 유대인이 옥스퍼드 동쪽 세인트 피터 성당 교구에 있는 에인절에 커피하우스를 열었다. 사람들이 거기서 진기한 음료를 즐겼다'고 기록했다. 에인절은 오래되고 잘 알려진 마차 여관이었으므로, 제이콥은 건물의 한쪽에 커피하우스를 열었을 것이다. 건물 전체를 커피하우스로 개조하지는 않았던 듯하다. 에인절은 그리스인 사제가 커피를 마시던 발리올 칼리지에서 1킬로미터도 떨어져 있지 않은 동네다.

런던도 옥스퍼드보다 한참 뒤처지지는 않았다. 런던 최초의 커피하우스는 1652년 세인트 마이클 성당 건너편 콘힐의 한 골목에 생겼다. 18세기 초의 전기 작가 윌리엄 올디스William Oldys에 따르면 이 커피하우스가 생길 때 대니얼 에드워즈Daniel Edwards라는 무역상이 스미르나(현재 터키의 이즈미르)에 갔다가 커피에 매료되어 파스쿠아 로제Pasqua Rosée라는 사람을 데려와 집안일과 함께 커피 만드는 일을 시켰다고 한다. 로제의 커피가 맛있어서 에드워즈의 친구들은 그의 집을 커피하우스 삼아 드나들었다. 그래서 '새로운 음료를 맛보려는 손님이 너무 많이 오는 바람에 에드워즈는 커피 만드는 하인과 사위가 런던 콘힐의 세인트 마이클 골목에 최초의 커피하우스를 차리도록 허락했다'.

이 커피하우스는 세인트 마이클 성당의 마당 한구석에 있는 작은 헛간에서 시작했다가 옆 골목에 있는 건물로 이전한 것으로 보인다. 1650년대 초에 이런 골목은 비좁고 어둡고 우중충했을 것이다. 근처의 주점 주인들은 자신들의 구역에 새로 들어선, 눈꼴시게 세련된 경쟁자들 때문에 근심에 사로잡혔을 것이다. 실제로 로제는 이런 사람들에게 협박을 받을까 두려웠는지 1654년에 크리스토퍼 보우먼Christopher Bowman이라는 사람을 동업자로 구했다. 런던의 식료품상이자 명예시민 훈장을 받은 보우먼이 합류하자 경쟁 주점의 주인들도 커피하우스가 장사할 수 있는 권리에 반대하지는 못했을 것이다.

놀랍게도 이 커피하우스의 광고가 고스란히 남아 현재 런던 블룸스버리 구역의 대영박물관에 보관되어 있다. 광고에서 로제는 커피의 유래, 커피 만드는 방법, 커피의 미덕을 자세히 설명한다. '커피는 소화를 돕는다. 따라서 오후 3~4시쯤 마시는 것이 좋고 아침에도 좋다.' 커피는 '머리를 빨리 돌아가게' 해주어 '일하기 적합한 상태로' 만들어준다. 그러면서도 '저녁 식사 이후에는 마시지 말아야 하는데…… 커피가 서너 시간 동안 수면을 방해하기' 때문이라고 경고한다. 그리고 이후 310년간 광고심의위원회의 규제를 걱정할 일이 없던 터라 여기다 건강 정보를 덧붙인다. 예를 들어 뜨거운 김이 나는 커피잔 위에 머리를 대고 있으면 '눈병에 좋다'거나, 커피가 '폐결핵'과 지독한 기침을 막아준다거나, '붓기와 통풍과 괴혈병을 예방하고 치료해준다'거나, '배에 가스가 차는 증상을 치료해준다'거나, 노인들을 진정시키고 아이들의 림프샘 결핵을 치료해준다고 광고했다. 또 터키에서 커피를 마시는 사람들은 '피부가 엄청나게 맑고 하얘지는' 효과를 보았고, 커피는 '산모가 유산하지 않게 해준다'고도 광고했다.

그러자 당연히 사람을 멍청하게 만드는 에일이나 파는 주점들이 걱정했다! 실제로 에일도 팔고 이발도 하던 플리트 가의 한 상인이 1656년에 주점을 개조해 커피하우스를 열자 여관 주인들 사이에 불안감이 번졌다. 제임스 파James Farr라는 이 사람은 에일

파스쿠아 로제의 커피하우스 광고에서는 커피의 장점을 자세히 소개하면서 '일하기 적합한 상태로 만들어준다'고 광고한다.

꼭지를 잠그고 이발 가위를 치우고 레인보우 커피하우스에서 원두를 볶기 시작하면서 동네에서 에일을 퍼마시던 사람들에게 큰 실망감을 안겨주었다. 1657년 12월 21일에 주점 단골들은 조직을 결성하여 '질서를 어지럽히고 짜증스럽게 만드는 일'이라는 기막히게 맞아떨어지는 제목의 법 조항에 따라 집단으로 구區에 진상 조사 고발장을 제출했다. 분노에 찬 고발장은 다음과 같다.

하나, 우리는 이발사, 곧 커피라는 음료를 만들어 파는 제임스 파를 고발한다. 이 사람은 상기 음료를 만들면서 사악한 냄새를 풍겨 이웃을 짜증나게 만들고 밤낮으로 시도 때도 없이 불을 피워대느라 굴뚝과 방에 불을 내서 이웃에 큰 위험을 가하고 사람들을 불안에 떨게 했다.

하지만 파를 고발한 사람들은 끝내 레인보우 커피하우스를 폐쇄하지 못했고, 신기하게도 파는 원두를 볶다가 자주 불을 냈는데도 런던 대화재를 용케 피했다. 한편 파스쿠아 로제의 콘힐 커피하우스는 1660년에 일기 작가 새뮤얼 피프스Samuel Pepys의 일기에도 등장하는 것으로 보아 8년이 지난 후에도 건재했던 듯하다. 피프스는 12월의 어느 저녁에 친구와 함께 콘힐 커피하우스에 처음 가보고 이렇게 적었다. '나는 거기서 다양한 사람들과 그들이 나누는 이야기에서 큰 즐거움을 발견한다.' 그러나 파스쿠아 로제의 커피하우스는 피프스가 일기에 상세히 기록한 비극적인 사건에 희생된다. 1666년 런던 대화재가 일어나자 세인트 마이클 골목도 목조주택이 빽빽이 들어찬 주변의 다른 거리처럼 화마에 휩싸였다. 콘힐 지역에서 남은 거라곤 세인트 마이클 성당의 첨탑뿐이었다.

한편 옥스퍼드에서는 서케스 잡슨Cirques Jobson이 1664년에 두 번째 커피하우스를 열었다. 우드에 따르면 잡슨은 '유대인이자 재커바이트Jacobite(명예혁명으로 망명한 스튜어트 가의 제임스 2세와 그 자손을 정통성 있는 왕으로 지지한 정치세력 - 옮긴이)'이고, 그의 커피하우스는 '세인트 에드먼드 홀과 퀸스 콜 코너 사이의 집'에 있었다. 그 자리는 제이콥의 커피하우스 맞은편에 위치하고, 놀랍게도 이후로도 내내 커피하우스로 남아 있다. 현재도 퀸스 레인 커피하우스Queen's Lane Coffee House라는 이름으로 건재하다. 제이

콥의 커피하우스도 현재 더 그랜드 카페The Grand Café라는 커피하우스로 남아 있지만,
17세기 이후로 호텔에서 식료품점으로, 테디베어 매장으로 여러 번 업종을 바꾸었
다가 지금에 이르렀다. (제이콥은 1671년에 런던의 홀번에서 커피하우스를 운영하
면서 다시 등장했다. 아마 돈을 좇았을 것이다.)

1년 후 1655년에 우드는 세 번째 커피하우스가 생겼다는 기록을 남겼다. 이 커

17세기 영국의 옥스퍼드 대학교 칼리지에 처음 출현한 커피 문화는 콘스탄티노플에서 도망친 그리스인 사제가 최초로 도입한 것이다.

피하우스의 주인은 아서 틸야드Arthur Tillyard라는 약재상으로, 집에 커피하우스를 차린 듯하다. 우드는 '집에서 올소울스 칼리지를 상대로 커피를 팔았다'고 적었다.

우드의 기록에 의하면 틸야드는 옥스퍼드의 젊은 왕정주의자인 대학생들에게 커피하우스를 차리라는 권유를 받았다고 한다. 당시 잉글랜드는 영국 내전 후 1649년에 찰스 1세가 처형되고 올리버 크롬웰Oliver Cromwell의 지배를 받았다. 이후 잉글랜드가 공화국이 되자 크롬웰은 1653년 의회에 들어가 의장과 의원들을 해산하고 스스로 통치자임을 선포했다.

왕정주의자인 옥스퍼드의 청년들은 잡슨이나 제이콥의 커피하우스에 모여 커피를 마시는 건 위험하다는 생각에 약재상인 틸야드에게 커피를 팔면서 정치 토론을 위한 덜 개방된 공간, 곧 그의 집을 제공하도록 부추겼다. '스스로 고결하거나 지혜롭다고 여기는' 단골 중에는 건축가 크리스토퍼 렌 경Sir Christopher Wren도 있었다.

우드는 이렇게 적었다. '이 커피하우스는 왕이 돌아올 때까지(왕정복고) 운영되었고, 이후에는 단골이 더 자주 찾아와서 커피에 소비세가 붙었다.' 사실 사람이 자주 드나들면 세무 당국의 눈에만 띄는 것이 아니라(커피하우스를 운영하려면 허가증이 필요하므로 당국이 모든 것을 파악하고 있었다는 뜻이다) 커피하우스의 폭발적인 성장을 의미했다. 커피하우스가 시대정신의 한 현상이 되어 전국의 크고 작은 도시에 커피하우스가 생겼고, 물론 그 수는 런던에 가장 많았다. 커피하우스는 남자들이(오직 남자들만) 모여서 권리장전이 부여한 (남성의) 자유의 근육을 푸는 곳이었다. 사실 권리장전은 윌리엄과 메리의 왕위 계승 문제만 해결한 것이 아니라 개인의 권리를 명확히 밝히고 '왕국의 자유'의 중요성을 강조하며 '불법적이고 잔혹한 형벌'을 금지했다.

커피하우스는 교양 있는 사람들이(오랜 세월 왕에게 굽실거리던 처지에서 해방된 사람들이) 빠져들 만한 자유정신의 표상이 되었다. 21세기 독일 철학자 위르겐 하버마스Jürgen Habermas의 말대로(「공공 영역의 구조적 변형The Structural Transformation of the Public Sphere」이라는 글에서) 커피하우스는 '교양 있는 중산층 부르주아 아방가르드가 비판적이고 합리적인 대중 토론을 배운' 장소였다. 커피하우스는 열띤 토론이 벌어지는 회관이 되었고, 단골들은 아내에게(혹은 교구 목사에게) 커피하우스에서는 술도 마시지 않고 고상하고 점잖게 서로를 대한다고 안심시킬 수 있었다.

커피하우스가 늘어나면서 각각의 커피하우스가 주로 단골들 덕에 저마다의 성격과 명성을 키워나갔다. 『커피의 사회생활The Social Life of Coffee』의 저자 브라이언 코완Brian Cowan은 이렇게 적었다. '런던 시민은 수많은 커피하우스 중에서 각자의 사회적·정치적 입장과 가장 잘 맞는 곳을 선택할 수 있었다.' 지역의 정치단체와 연계된 곳도 있고, 국제적인 분위기의 커피하우스도 있었다. 1710년에 런던을 방문한 독일인 자하리아스 콘라드 폰 우펜바흐Zacharias Conrad von Uffenbach는 런던의 구석구석을 돌아다니며 자신의 취향에 꼭 맞는 커피하우스를 발견했다고 적었다. 독일인 손님이 많고 프랑스인이 주인인 커피하우스였다. 그 밖에 특정 직업군(상인부터 의사까지)이 많이 찾는 커피하우스도 있었다. 그리고 커피하우스는 정치색으로도 구분되었다. 1690년대에 리처드의 커피하우스에는 휘그당원들이 자주 드나든 데 반해, 토리당원들은 오진다Ozinda의 커피하우스에 드나들었다.

얼마 후 커피하우스는 뉴스를 접할 수 있는 공간이 되었다. 커피하우스에 모여 소문을 나누는 기자들에게 얻어듣기도 하고, 마침 커피하우스와 비슷한 속도로 성장하던 잡지와 신문을 보기도 했다. 커피하우스에서 직접 잡지나 신문을 발행하는 예도 있었다. 테이블에 팸플릿이 놓여 있었고, 외설적인 글이 필사본으로 배포되기도 했다. 런던의 브레드 스트리트에 있던 커피하우스의 주인은 하원 의사당 직원과 매일 만나 전날의 의회 회의록을 (불법으로) 옮겨 적었다. 옥스퍼드에서는 커피하우스에서 얻는 정보가 가치 있다고 여겼고, 그래서 다수의 커피하우스에서 1페니를 입장료로 받기 시작했다(그래서 '페니 대학'이라는 말이 나왔다). 런던에서는 커피하우스를 이용하기 위한 교환권이 등장해서 심각한 동전 유통 부족 문제를 해소했다. 또 단골 커피하우스에서 편지를 부치거나 받기도 했다. 1680년에 런던에서 1페니 우편제가 시작되었는데(성공적으로 운영되어 1682년에 당국에서 인수했다), 집배원이 골목 끝에 숨은 작은 아파트까지 찾아가 우편물을 배달하기보다는 커피하우스를 찾는 편이 당연히 수월했다.

실제로 커피하우스는 규격화된 간판으로 눈에 잘 띄어서 동네의 주요 지형지물이 되었다. 지도가 거의, 혹은 전혀 유통되지 않던 때라 주민이나 방문자들이 커피하우스를 보고 위치를 찾았다.

커피하우스는 주요 지형지물이자 우체국이자 배움의 중심지이자 뉴스와 소문을 나누기 위한 회합의 장이자 통화를 유통시키는 기관이므로 당연히 세무 당국의 감시 대상이 되었다. 그리고 정부에서 내적으로 서로 이해가 충돌하는 일이 발생했다. 왕은 커피에 추가 징수한 소비세로 혜택을 보았다. 1660년에 커피 1갤런당 4펜스의 세금을 부과했고, 세금은 왕정복고의 재정 문제를 해결하는 열쇠였다. 그런데 다른 한편으로 하원에서는 커피를 기타 '이국풍 음료'와 함께 묶었고, 1660년에서 1685년까지 재위한 찰스 2세는 커피를 파는 장소에 의심의 눈길을 던졌다. 왕정을 복원한 지 얼마 되지 않은 상황에서 반대파의 의견과 그 의견이 (주로 출판매체와 회합을 통해) 퍼져나가는 것을 불안하게 여기는 건 당연했다. 권리장전이 나오기 한참 전부터 커피하우스는 이미 사람들이 의견을 활발히 주고받던 공간이었고, 1666년에도 커피하우스는 여전히 대화재의 잿더미 속에서 버티며 왕에게 성가신 존재로 남았다.

따라서 찰스 2세는 재무상 클래런던 백작Earl of Clarendon과 커피하우스 규제 방안을 조심스럽게 논의했고, 재무상은 왕의 의견에 적극 찬성했다. 클래런던은 커피하우스가 '정부를 향한 가장 추악한 비방을 허용한다'고 불만을 토로했다. 그는 커피하우스로 첩자를 보내 대화를 감시하자고 제안했고, 열혈 왕정주의자인 로저 레스트랜지Roger L'Estrange가 언론 검열관으로 임명되었다. 공식 검열관이 된 그는 부하 직원들을 데리고 전국을 샅샅이 뒤져서 불법적인 언론을 추적했다. 반대 의견의 기미만 보여도 서적 판매상과 출판업자를 찾아갔고, '커피하우스에서 폭동을 끓인다'고 주장했다.

그 후 몇 년간 찰스 2세는 시사잡지와 잡지가 많이 읽히는 커피하우스를 단속하기 위해 다양한 방법을 시도했다. 급기야 1675년에는 커피하우스를 폐쇄하려 했다. 그해 12월 29일, 찰스 2세는 다음과 같은 '커피하우스 단속령'을 발표했다.

열혈 왕정주의자인 로저 레스트랜지는 '커피하우스에서 폭동을 끓인다'고 주장했다.

근년에 다수의 커피하우스가 우리 왕국에서 성행하면서…… 사악하고 위험한 영향을 양산해왔다. 커피하우스가, 또 그 안에 모인 자들이 온갖 악의적이고 추악한 거짓을 만들어 퍼뜨리면서 국왕 폐하의 왕정을 중상모략하고, 평화롭고 고요한 왕국에서 소란을 일으킨다. 이에 국왕 폐하는 상기의 커피하우스를 (앞으로) 폐쇄하고 억압하는 것이 적절하고 필요한 조치라고 판단하시었다.

커피를 만드는 일과 관련된 모든 허가증이 무효가 되었고, 가정에서도 커피를 만드는 행위가 금지되었다. 찰스 2세는 이왕 이렇게 된 김에 차와 초콜릿과 셔벗까지 불법화했다. '최악의 위험을 감수하고' 새로운 법을 거역하면 '가혹한 처벌'을 받게 되었다.

이 포고령은 '국왕 폐하 만세'라고 끝을 맺었다. 포고령은 공식 기관지인 〈런던 가제트London Gazette〉에 실리고 필사본 소식지로도 배포되었다. 커피하우스에 모인 사람들이 경악하며 포고령을 읽었을 것이다. 벽보가 나붙고, 왕정주의자 교구 목사들이 일요일 예배에서 새 포고령을 인용하여 커피하우스의 사악함에 관해 설교했다.

12월 말의 그날 밤, 찰스 2세는 폭동이 들끓는 거리를 성공적으로 진압했다고 믿고 편히 잠들었을 것이다. 하지만 포고령은 크게 주목받지 못했다. 커피하우스의 단골이자 의회의 의원인 랠프 버니 경Sir Ralph Verney은 이렇게 적었다.

영국인들은 모임을 금지당한 채 오래 견디지 못할 것이므로 법을 어기지 않는 선에서 모일 것이다. 그리고 이런 모임은 과거 어느 때보다 위대하고 꾸준할 것이고…… 차나 커피가 안 된다면 세이지와 베토니와 로즈메리를 마실 것이다. 자연에서 나는 이런 식품은 소비세도 관세도 내지 않으니 이번에 나온 불필요한 금지 조치는 왕의 패배로 돌아갈 것이다.

개인들은 음료를 바꾸고 다른 장소에서 만날 수 있었지만 커피하우스 주인들은 잃을 게 많았다. 이들이 왕에게 탄원하기 위해 모였고, 포고령이 내려온 지 단 7일 만인 1월 6일에 화이트홀에서 대표단이 결성되었다. 이들은 커피하우스에 상당한 자금을 투자했다면서(건물, 재고품, 직원) 얼마나 많은 사람의 생계가 무너질지 모른다고 성토했다.

찰스 2세는 추밀원을 다시 만나 6개월의 유예기간을 선포했다. 포고령은 발표된 지 11일 만에 사실상 폐지되었다. 하지만 찰스 2세는 끝까지 포기하지 않았다. 시시때때로 이런저런 포고령을 내렸다. 그래도 커피하우스의 문은 계속 열려 있었다. 다음 왕인 제임스 2세도 커피하우스에 불만을 품었다. 가령 허가받지 않은 불법 출판물의 유통을 막겠다고 약속하지 않으면 커피하우스 허가증도 내주지 말라고 명령했다. 하지만 제임스 2세가 왕위에서 물러난 후 후계자인 윌리엄과 메리는 커피하우스를 공격하지 않았다(하지만 선동적인 가짜 뉴스로 간주되는 출판물을 금지하는 명령을 발표했다). 그즈음 무혈 명예혁명에 이어 권리장전이 발표되면서 커피하우스는, 특히 대화재 이후 몇 년 사이에 새로 생긴 화려한 커피하우스는 영국의 크고 작은 도시에 확고히 자리잡았다.

하지만 1660년대에는 커피하우스의 성공으로 타격을 입은 여러 경제 집단 사이에서도 불만이 표출되었다. 당시의 한 경제학자는 '커피하우스가 성장하면서 귀리와 맥아, 밀, 기타 지역산 작물의 판매가 크게 방해를 받았다. 농부들은 작물을 팔지 못해 큰 피해를 보고, 지주들은 지대를 받지 못해서 몰락했다'고 말했다.

커피하우스를 집처럼 드나드는 남자들은 불만을 터뜨리는 농부와 성가신 왕에게 (나아가 거리의 오물과 소음에) 문을 걸어 잠갔다. 그러다 훨씬 더 까다로운 상대인 여자들과 직면해야 했다.

남자들은 커피하우스에 드나들면서 교양 있는 공간에서 조국의 미래를 논하고 정신을 맑게 해주는 커피의 도움으로 선명하고 본질적인 토론을 할 수 있다고 믿고, 이런 논리로 집에 있는 부인들도 설득할 수 있을 줄 알았다. 하지만 부인들은 그런 설득에 넘어가지 않았다. 1674년, 숱한 외로운 밤을 보냈을 런던의 부인들이 집단으로 작은 팸플릿을 제작했다. 팸플릿은 새뮤얼 피프스가 종종 드나들던 런던 왕립증권거래소 근처의 설터니스 헤드Sultaness Head 커피하우스 같은 곳의 테이블에 놓였고, 피프스는 남자들의 '클럽'을 폐쇄하려던 왕의 포고령을 보았을 때만큼 경악했다.

팸플릿 1면에 굵직한 대문자로 이렇게 적혀 있었다. '커피에 반대하는 여자들의

청원.'

이어서 '사람을 무미건조하고 쇠약하게 만드는 음료의 남용으로 성생활에 막대한 불편이 초래되었다는 사실을 공개 호소합니다'라고 적혀 있었다. 커피하우스 과부들은 미사여구가 가득한 몇 쪽에 걸친 글에서 커피가 남편들을 '잘난 척이나 해대는 시시한 남자'로 만들었고, 설상가상으로 커피가 남편들을 '프랑스식으로 만들었다'고 호소했다. 커피가 남자들을 발기불능에 (아내가 남편에게 다가가봐야 그저 '변변찮고 쓸모없는 시체'나 안을 수 있을 뿐) 무의미한 존재로 만들어놓았다고 했다. '물웅덩이에 개구리가 잔뜩 모인 꼴로 남자들이 흙탕물 같은 물이나 홀짝거리며 쓸데없는 말을 속닥거립니다. 남자 대여섯 명이 모여서 우리 여자 대여섯 명이 수다를 떠는 것보다 더 지껄입니다.' 남자들이 커피하우스에서 돈을 탕진해서 자식들에게 빵이나 겨우 먹일 수 있을 만큼 가난해졌다고도 했다. 국가의 중대사를 논한다는 주장에 대해서는 '남자들이 중요한 현안으로 열띤 설전을 벌인다고 하지만 고작 홍해가 무슨 색깔인지와 같은 주제'일 거라고 짐작했다. 게다가 커피하우스가 맨정신으로 머무는 공간일지 몰라도 결과적으로 남자들이 술을 더 많이 마시게 되었다고 했다. 여자들의 주장에 따르면, '역행 운동'처럼 술에 취하면 '비틀거리며 술을 깨려고 커피하우스로 돌아갔다가', 다시 술집으로 돌아갔다. 온종일 맨정신으로 버티던 남자들도 집으로 오는 길에 술집에 잠깐 들르고, '우리 불쌍한 여자들은 밤 12시가 되도록 혼자 울적하게 앉아 있고…… 마침내 남자들이 푹 삶은 웨스트팔리아 돼지머리 같은 몰골로 잠자리에 들어온다'.

남자들은 이 팸플릿을 읽고 반박문을 내놓았는데 (「커피에 반대하는 여자들의 청원에 대한 남자들의 답변」), 글솜씨도 재미도 여자들의 절반에도 못 미쳤다. 이 글에서 남자들은 여자들의 팸플릿이 '중상모략'이라면서 커피는 '인체가 걸릴 수 있는 질병을 예방하고 치료하는 데 탁월한 효능'이 있다고 주장했다.

문체가 여자들의 청원문과 비슷해서 일부 역사학자들은 애초에 여자들의 팸플릿도 남자들이 쓴 게 아닌지 의심했다. 왕이 커피하우스에 대한 불만을 조장하려고 청원문을 작성하도록 시킨 것은 아니었을까? 혹은 커피하우스에 드나드는 남자들이 자기네를 조롱하며 한바탕 웃고 즐기기 위해 쓴 풍자는 아니었을까? 실제로 피프

런던의 보험회사 로이드는 로이드 커피하우스에서 출발했고, 연단을 설치하여 경매 가격과 해상의 기상을 통보할 수 있게 했다.

스가 커피하우스에 다닐 무렵 커피하우스에서의 익살스러운 행동에 관한 풍자글과 만화 삽화가 돌았다. 예를 들어 토론이 싸움으로 번지거나 커피를 마시다가 간간이 조금 센 음료를 마시기도 한다는 내용이었다. 문헌의 진위를 의심하는 것은 여자들이 그만큼 재치 있는 글을 쓰지 못했을 거라는 뜻이 아니라 여자들이 별로 신경 쓰지 않았을 거라는 뜻에 가깝다.

그래도 커피하우스는 꾸준히 성장했다. 1700년에 런던에는 인구 1,000명당 커피하우스 하나가 있었다(어느 저자의 지적처럼 현재 뉴욕의 카페 비율보다 무려 40배에 달한다!). 그리고 런던의 보험회사 로이드Lloyd는 로이드 커피하우스에서 유래한 것으로 유명하다. 로이드 커피하우스는 1691년에 장소를 옮기면서 연단을 설치하여 경매 가격과 해상의 기상을 통보할 수 있게 했다.

커피하우스가 초기의 음식점에서 진화하는 사이 음식점도 여전히 건재했다. 음식점은 커피하우스에 드나들지 못하는 계급에서 인기를 끌었지만 편안히 먹고 마실 곳을 찾는 상류계급도 자주 드나들었다. 프랑스의 작가 프랑시스 막시밀리앙 미송Francis Maximilian Misson은 1698년의 저서 『영국을 여행하는 사람의 회고담과 소감Mémoires et observations faites par un voyageur en Angleterre』에서 어느 음식점에 관해 묘사했다.

고기 꼬챙이 네 개가 쌓여 있고, 꼬챙이마다 소고기, 양고기, 송아지고기, 새끼 양고기 같은 푸줏간 고기가 대여섯 덩어리씩 꽂혀 있고, 손님이 원하는 만큼 지방인지 살코기인지, 많이 익혔는지 적게 익혔는지에 따라 잘려서 나오고, 고기 접시 한쪽에는 소금과 겨자소스가 조금 담겨 있고 맥주 한 병과 롤빵까지 한상차림으로 나온다.

모든 유행에 정점이 있듯 18세기 후반에 커피하우스는 서서히 감소하는 추세였는데, 이는 차와 크게 관련되어 있다. 하지만 커피하우스를 클럽처럼 이용하던 신사들은 한 발 더 나아가기로 했다. 자금을 모아 진지한 시설을 만든 것이다. 생각이 비슷한 사람들이 모이는 웅장한 건물로, 런던의 대저택이나 영국 상류층의 웅장한 저택을 본떠서 지은 건물이었다. 여기서는 물론 커피를 마실 수 있을 뿐 아니라 와인과 고급 요리도 즐길 수 있고 여자들의 출입은 철저히 금했다. 여자들의 청원문이 결국 진지한 쾌락의 추구를 가로막지는 못한 것이다. 지금도 메이페어의 세인트 제임스 거리에 이런 클럽이 많이 남아 있다. 일부 시설에서는 여전히 여자들의 출입을 거부하지만 가끔 여자들이 몰래 침입하려 시도하기도 한다. 굳이 그러고 싶진 않겠지만.

6

단두대가 낳은 고급 식당

귀족계급과 그들의 호화로운 치장을 혐오한 로베스피에르는 단두대로 프랑스 상류층의
머리를 효율적이고 신속하게 처리했다. 하지만 그가 미래를 내다보았어도 그의 의도와
무관하게 고급 레스토랑이 그의 유산으로 오래도록 자리잡을 줄은 몰랐을 것이다.

18세기 영국의 커피하우스에는 초기의 중산층이 모였다. 커피하우스는 집에 응접실이 없는 남자들을 위한 살롱과 같은 공간이었다. 교육받고 새로 부를 축적하고 여행을 많이 다니는 남자들, 특히 레반트 지역(소아시아와 고대 시리아의 지중해 연안 지방 - 옮긴이)까지 여행하며 견문을 넓힌 상인들을 위한 곳이었다. 토지를 소유하지 않아 투표권은 없지만(투표권을 얻으려면 아직 1832년의 선거법 개정까지 기다려야 했다) 분명 정치적인 사람들이었다. 그들은 커피하우스에 모여 대화하고 토론하고 팸플릿을 돌려보면서 군주제와 여자들과 대치했다(제5장 참조).

하지만 커피하우스는 공무원과 성공한 무역상과 신흥 부자들만의 전유 공간이 아니었다. 작위가 있는 귀족들이 가끔 눈에 띄기도 하고 출세 지향적인 노동계급이 찾아오기도 했다. 노동계급이라도 빌린 프록코트와 가발로 멋을 내기는 했다.

커피하우스의 분위기는 대체로 화기애애했지만 윌리엄 호가스William Hogarth(영국의 화가이자 판화가 - 옮긴이)의 그림에 등장하는 코벤트 가든의 지저분한 톰 킹 커피하우스의 싸움과 같은 이례적인 분위기도 있었다. 이런 다툼도 지적이고 풍자적이어서 주먹다짐이 아니라 언성을 높였다. 과격한 내용의 팸플릿도 재치 있게 작성되었다.

하지만 영국해협을 건너 프랑스의 도시 중산층은 조금 달랐다. 그들은 부르주아bourgeoisie 계급이었다. 사전에서는 이 단어를 '중산층'으로 번역하지만 정치적인 의미가 다분한 용어다. 어원은 '공민burgher'이다. 중세 시대 상업에 종사하던 이 계급

은 수백 년간 열심히 이익을 추구하다가 18세기 말에 조금 더 활발해졌다. 따라서 영국에 사는 그들의 먼 친척이 커피하우스에서 투사의 재치로 동료를 멸시하고 굴복시킨 후 집으로 가는 길에 옆길로 새서 여관에 들러 술을 퍼마실 때, 프랑스의 부르주아는 분노했다. 아주 많이.

귀족과 소작농 사이에 기반을 잡은 부르주아는 커피나 차, 초콜릿, 셔벗, 잡담보다 더 많은 것을 원했다. 그들은 피투성이의 과격한 혁명을 일으켰다. 낡은 질서를 무너뜨리고 귀족 제도를 타파했다. 그런데 프랑스 혁명의 주역들이 미처 몰랐

로베스피에르는 자기도 모르는 사이에 고급 식당의 시대를 불러왔다.

던, 물론 의도치 않았던 결과가 나왔다. 귀족 제도의 몰락이 고급 식당의 시대를 예고한 것이다. 효율적인 단두대의 가혹한 현실을 극복하는 데 200년 이상 걸렸지만 혁명의 의외의 결과가 있어서 그나마 다행이었다.

커피하우스에서 정치 토론이나 하면서 허송세월할 마음이 없던 프랑스인 중 한 명이 막시밀리앙 로베스피에르Maximilien Robespierre다. 부르주아 계급의 헌신적 구성원이고 법률가이자 정치인이자 혁명가이자 단두대의 열혈 지지자였던 로베스피에르는 1794년 2월 5일에 국민공회에서 연설을 했다. 프랑스 혁명에 의해 새로 구성된 국민공회는 웅장한 (불가능할 정도로 거대한) 살데마신Salle des Machines에서 열렸다. 살데마신은 최대 8,000명을 수용할 수 있는 대형 극장이었다(새로운 체제의 개방성을 표명하듯이). 실크 프록코트와 반바지에 은 버클이 달린 구두까지 갖춰 신은 화려한 차림의 로베스피에르가 일어섰다. 회색 가발은 유행과 시대에 맞는 장식일 뿐 아니라 체제의 맨 꼭대기에 오른 자의 권위를 상징했다. 그는 큰 소리로 일장 연설을 시작했

다. 그는 연설을 들으러(야유하고 조롱하러) 온 좌중이 그의 말을 한마디도 놓치지 않고 들어주길 원했다.

로베스피에르는 혁명의 주역이었다. 혁명은 지식인들의 고민이 점점 깊어지다가 급기야 폭도들의 과격한 행동으로 폭발한 결과였다. 1789년 7월 14일에 1,000여 명의 폭도가 바스티유의 중세 감옥이자 무기고를 습격하면서 혁명이 시작되었다. 로베스피에르는 그로부터 5년 후 훗날 '공포정치'로 알려지는 정치 상황 속에서 국민공회에서 연설한 것이다. 그사이 효율적인 살상 도구인 단두대는 로베스피에르의 강력한 지원으로 1만 7,000여 명의 목을 쉴 새 없이 잘랐다.

로베스피에르는 이날 연설에서 사법적 학살의 정당성을 설파했다. "제가 연설하는 이 순간에 이르기까지 우리는 폭풍우가 내리치는 속에서도 선善을 사랑하고 조국의 요구를 알아채는 마음으로 달려왔지, 정확한 이론과 구체적인 행동 규범을 따르면서 오지는 않았습니다. 우리에게는 그런 것을 계획할 여유도 없었습니다." 그때까지 모두가 앞으로 나아가면서 길을 다져온 사실을 강조한 표현이었다.

그리고 그들이 추구하는 목표는 '평화롭게 자유와 평등을 누리는 것'이라고 말했다. "도덕성이 이기주의를 대신하고…… 합리적 원칙이 독재를 대신하고…… 명예에 대한 사랑이 돈에 대한 사랑을 대신하고…… 재능이 재치를 대신하고, 진실이 화려함을 대신하고…… 한마디로 공화국의 모든 미덕과 기적이 왕국의 악덕을 대신해야 합니다."

로베스피에르는 특히 탐욕스럽고 이기적이고 천박한 귀족들에게 분노했다. '일부 귀족 가문의 가공할 사치'에 분개했고, '인구의 극소수가…… 사회 전체의 운명을 좌우하는 것은' 옳지 않다고 설파했다. 귀족과 그 지지자들은 숙청 대상이었다. 귀족의 머리는 그들의 장신구와 그들의 집과 그들의 가구와 그들의 사치스러운 생활과 그들의 술과 그들의 음식과 함께 모두 단두대와 그 자매품인 정치조직에 의해 잘라서 가루로 만들어야 한다고 했다.

귀족의 호화로운 생활(요리사와 아름다운 그릇과 진귀한 도자기와 유리병으로 고가의 와인을 마시며 여유를 부리는 삶)이 특히 로베스피에르의 심기를 건드렸다. 그는 커피를 마시고 과일을 좋아하고, 어느 역사학자에 의하면 '음식에 신경 쓰지 않는 것처럼 보였다'. 저녁에는 '물을 많이 탄 와인 한 잔만 마셨다'. 평등하고 공정한 사회는 불필요한 사치품을 중시하지 않는다. 로베스피에르는 또 '공화국에 반대하는 모든 독재 세력은 몰락할 것'이라고 단언했다.

18세기 말에 프랑스 귀족은 두드러진 존재였다. 부의 유일한 형태가 토지이던 중세 시대부터 줄곧 그러했다. 이를테면 땅을 소유한 자가 그 땅에서 일하고 그 땅에서 살아가는 모든 사람 위에 군림하며 완전한 권력과 권리를 행사한 것이다.

하지만 중세를 벗어나면서 새로운 기술과 새로운 교역로와 새로운 기회가 생겼다. 손수레가 마차가 되고 조각배가 선박이 되고 무역의 기회가 다른 교환 수단을 낳았다. 사람들은 마을이나 크고 작은 도시를 과감히 박차고 나가 멀리 해외로 모험을 떠나 무역상이 되었다. 누군가는 선박을 소유하거나 건조建造했다. 그들에게는 새로운 포부와 새로운 돈이 있었다. 그들은 프랑스 사회를 둘러보면서 그들의 목적과 상충하는 뿌리 깊은 사회구조를 포착했다.

기존의 봉건제도에서는 귀족과 소작농 사이에 틈이 없었다. 새로운 집단이 끼어들 여지가 전혀 없었다. 게다가 계급제가 공고해서 새로운 집단의 자본주의 산업을 가로막았다. 새로운 집단이 만들고 수입하는 물건은 귀족들이 사용하지만(의복, 음식, 기계) 정작 그들은 그런 물건을 만드는 데 조금도 기여하지 않았다.

하지만 귀족계급은 요지부동이었다. 그들은 토지와 노동자에 대한 권리를 소유했다. 주인/하인의 질서는 결코 무너뜨릴 수 없었다. 새로운 부르주아 계급의 상인과 무역상은 귀족이 진보를 방해하고 새로운 산업 시대를 지연시킨다고 보았다. 프랑스의 역사학자 알베르 소불Albert Soboul은 이렇게 말했다. '혁명의 원동력은 완성기에 이른 부르주아 계급이 기득권을 놓지 않으려고 버티는 타락한 귀족과 충돌하면서 발산된 힘이었다.'

하지만 부르주아 계급의 힘만으로 귀족계급을 끌어내릴 수는 없었다. 지방 소작농과 도시 노동자들을 끌어들여야 했다. 비효율적인 교통망과 함께 1770년대 초에 연이은 밀농사 흉작으로 기근이 이어지면서 그들의 주장에 힘이 실렸다. 소작농들은 빵을 먹고 살았다. 빵이 없으면 굶주려야 했다. 이런 현실은 로베스피에르가 프랑스에 불을 지르는 데 필요한 불쏘시개가 되었다.

1792년에 루이 16세Louis XVI가 체포되어 참수당했다. 아홉 달 후 마리 앙투아네트Marie Antoinette 왕비도 같은 운명에 처했다. 귀족계급이 몰락했고, 그들의 경제적 토대도 무너졌다. 궁전과 대저택에서 귀족의 사치에 봉사한 사람들도 공포의 소용돌이에 휘말렸다. 상류층만 단두대로 끌려간 건 아니었다. 4만 명이 단두대에서 최후를 맞았다.

한 예로 가브리엘 샤를 드와엥Gabriel-Charles Doyen이라는 마리 앙투아네트의 요리사가 있다. 드와엥은 왕비가 단두대로 끌려간 후 일자리를 잃자 여섯 달 후 로베스피에르를 찾아가 항의했다. 일자리를 달라면서 체불임금까지 요구했다. 하지만 그가 기대한 답은 돌아오지 않았다. 오히려 그는 '새로 수립된 정부를 비난하고 공화정의 몰락과 전제주의의 부활을 꿈꾼다'는 비난을 받았다. 그의 요리 기술은 혁명에 필요하지 않으므로 그 역시 처형되었다.

마찬가지로 요리사 외젠 엘레노레 제르베Eugène-Eléonore Gervais는 모시던 귀족이 죽자 같은 집에서 일하던 하인들을 모았다. 그들은 당국에 새로운 고용을 요구했다. 하지만 당장 체포되어 선박 주방에서 9년형을 살아야 했다.

프랑스 전역의 요리사들은 귀족의 저택에서 일하던 집사, 하녀들과 함께 일자리를 잃었다. 로베스피에르가 보기에는 정당한 결과였다. 그러나 시장을 완전히 통제할 수는 없었다. 요리사와 집사들에게는 기술이 있었고, 로베스피에르의 개인 취향과 별개로 프랑스인들은 먹는 것을 좋아했다. 그것도 잘 먹는 것을 좋아했다.

바스티유를 습격한 날(프랑스 혁명을 촉발한 계기가 된 사건) 프랑스에는 약 200만 명의 하인이 있었던 것으로 추산된다. 당시 프랑스 인구가 2,800만 명이었으니 남자든 여자든 열두 명에 한 명꼴로 어느 집안의 하인으로 일한 셈이다.

일할 권리를 박탈당한 사람들은 공공의 영역에서 일자리를 구하려 했다. 지방 저택의 주방에서 일하던 수많은 실업자가 일자리를 찾아 파리로 올라왔다. 그리고 요리의 성격에 일대 혁명이 일어났다. 정치적·사회적 격변의 의도치 않은 결과였다. 귀족의 저택에서 일하던 요리사들이 파리로 올라오면서 레스토랑들이 문을 열었다.

예를 들어 프랑스의 귀족 콩데 공 루이 조제프 드 부르봉Louis Joseph de Bourbon 가문의 주방에서 일하던 로베르(성은 역사의 메아리 속에 사라졌다)라는 사람이 있었다. 그는 부

(파리 북쪽의 샤토 드 샹티이처럼) 버려진 저택에서 일하던 사람들이 파리의 고급 레스토랑과 호텔에서 일자리를 구했다.

르봉 가문의 총괄 요리사로 파리의 대저택과 샹티이의 샤토 드 샹티이에서 요리에 관한 모든 것을 총괄했다. 파리의 오텔 드 콩데Hotel de Condé는 파리 제6구를 거의 다 차지한 대저택이었다. 많은 하인이 여러 채의 건물과 안뜰과 복잡하면서도 깔끔하게 정돈된 정원에서 일했다. 손질이 잘된 산울타리와 장미 정원과 작은 허브 텃밭으로 이루어진 정원은 번잡한 대도시 한복판에서 한적한 안식처가 되어주었다.

로베르는 부르봉 가문의 상급 하인으로서 제복(이 가문의 문장을 반영하는 색상과 단추로 된 의복)을 입었고, 섬세하고 화려한 상류층 문화에 익숙했다. 그는 주방과 식료품 저장실에서도 일하고, 높은 천장에 그림이 그려지고 벽에는 태피스트리와 옛 거장의 그림이 걸려 있는 화려한 방이나 희귀 서적과 더 희귀한 필사본 지도로 가득 찬 서재에서 다른 집안일도 총괄했다. 로베르는 파리에서 북쪽으로 약 50킬로미터 떨어진 샤토 드 샹티이에도 내려가 손님을 치르기 위해 완벽하게 준비했다. 샤토 드 샹티이는 부르봉 가문의 대저택으로, 3층의 직사각형 건물과 2층의 별관이 있고, 두 건물 모두에 청회색 납 지붕이 얹혀 있었다. 이 저택은 혁명 중에 버려져 대부분 파괴되었다.

20년 후 콩데 공이 유배지에서 돌아와 샤토 드 샹티이를 찾아갔다. 남은 것이라곤 허물어지고 먼지 쌓인 빈터, 슬픔의 메아리만 울리는 빈방들뿐이었다. 놀랍게도 늙은 하인 몇이 아직 그 집에 남아 콩데 공의 귀향을 지켜보았다. 19세기 중반의 어느 작가는 '그는 저택에 다시 들어가 흐느꼈다'고 적었다. 콩데 공은 예전에 그 집에서 일하던 늙은 마부와 나무꾼의 아들과 마주쳤다. 나무꾼의 아들은 난처해하면서 어릴 때 아버지와 몰래 들어가 토끼를 사냥하던 숲이 이제 자신의 소유가 되었다면서 콩데 공이라면 얼마든지 숲에 들어와 토끼를 사냥해도 된다고 말했다("저희 아버지가 사냥한 만큼요"). 콩데 공은 토지소유권이 넘어갔다는 소식에 '흥분해서' 이렇게 대꾸했다. "제안은 고맙네만, 친구, 난 내 땅 말고는 누구의 땅에서도 사냥하지 않아." 재산과 지위를 몰수당한 채 20년간 유배를 떠났어도 귀족의 자존심은 잃지 않았다.

로베르가 총괄하던 저택은 복잡했다. 음식과 세탁부터 임금과 저택의 유지와 보수에 이르기까지 하나의 기업처럼 운영되었고, 하인들의 직위도 다양했다. 비서 겸 회계사homme de confiance, 손님과 손님을 모셔올 수단과 저택에서 손님을 맞이하는 과정을 책임지는 하인gens de livrée, 부르봉 가문 사람이 아닌 손님과 배달을 담당하는 문지기portier, 가정부femme de charge, 음식 준비와 접대를 맡은 집사장maître d'hôtel, 와인 저장실과 리넨과 은식기를 관리하는 식사 담당 하인officier이 있었다.

1789년 7월 19일, 콩데 공은 새로운 체제에서 목숨을 부지하지 못할 거라고 판단하고 영국으로 서둘러 도피했다. 같은 해에 로베르는 공급업체와 음식 사업에 관한 지식으로 리슐리외 가에 레스토랑을 열었다. 주방에는 로스트 요리사rôtisseur와 소테 요리사saucier와 페이스트리 요리사pâtissier를 비롯한 요리사들이 일하고, 식당에서는 그가 최대한 모은 과거의 집사와 하인들이 종업원 역할을 흠잡을 데 없이 수행했다. 그들은 레스토랑에 온 손님들, 곧 과격한 혁명가들에게 위압감을 줄까봐 제복도 입지 않았을 것이다.

혁명의 혼돈 속에서 로베르의 레스토랑은 질서정연한 선박처럼 보였다. 그래서 학교를 막 졸업한 어리고 건강한 젊은이들이 로베르의 레스토랑을 찾아와 몇 년간 일하다가 자신의 레스토랑을 차리고 싶어 했다. 사실 19세기에 새로 문을 연 대형 레스토랑이 훌륭히 체계가 잡힌 것은 그리 놀랄 일이 아니었다. 레스토랑 주인들이 귀족 집안에서 여러 대에 걸쳐 내려온 높은 기준에 따라 손님들을 접대했기 때문이다.

이들 레스토랑에는 혁명가 외에 다른 부류도 찾아왔다. 레스토랑 주인에게 친숙한 사람들, 바로 호화로운 대저택에서 그들이 수발을 들던 귀족이었다. 공포가 절정에 이르고 단두대가 날마다 분주히 돌아가던 시기에 재산을 몰수당한 귀족들은 다 해진 꾀죄죄한 옷(실크 조끼와 긴 화이트 셔츠)을 입고 파리의 감옥에 들어앉아 임박한 죽음을 피부로 느꼈을 것이다. 하지만 그들도 먹어야 했기에 배달 음식을 주문했다.

당대 프랑스의 극작가 루이 세바스티앙 메르시에Louis-Sébastien Mercier는 이렇게 적었다. '감옥의 희생자들은 그들의 배 속을 숭배했다. 지상에서 마지막 만찬을 받을 이들을 위해 가장 고급스러운 요리가 쪽문으로 드나드는 장면이 눈에 띄었다.' 경비병들은 굳이 음식의 통로를 막지 않았다. 여기저기서 금 커프스단추가 오갔을 것이다. 메르시에는 이어서 이렇게 적었다. '깊은 지하 감옥에서 레스토랑과 협의하여 양쪽 당사자가 제철 채소와 신선한 과일에 관한 세부 조항이 적힌 계약서에 서명했다.' 물론 감옥으로 배달되는 음식과 함께 보르도 와인이나 이국적인 술, 고급스러운 맛의 파테도 들어갔을 것이다.

한편 페이스트리 요리사들도 민첩하게 움직이며 기회를 놓치지 않았다. 메르시에는 이렇게 적었다. '페이스트리 요리사는 단 음식은 항상 옳다는 것을 알기에 메뉴판을 깊은 지하 감옥으로 내려보냈다.'

이렇게 혁명의 여파로 일할 사람이 시장으로 쏟아져 나와 질서와 재능과 추진력이 더해졌다. 하지만 부르주아들이 귀족의 머리를 자르기로 결정하기 전에도 레스토랑은 있었다.

불랑제Boulanger라는 사람이 1765년에 식당을 열고 레스토랑이라고 불렀다. 이 말은 그가 식당에서 팔던 레스토랑restaurant(프랑스의 옛말로 영양식, 보약, 강장제)에서 나왔고, 그가 수프와 뜨거운 육수를 전문적으로 팔았다는 뜻이다. 그는 기운을 차리게 해주는 부용bouillon(고기나 채소를 끓여 만든 육수로, 맑은 수프나 소스용으로 쓴다 - 옮긴이)뿐 아니라 양의 발을 화이트소스에 끓인 건더기가 있는 요리도 팔았다. 그러자 '트레퇴르traiteur'라는 요식업 독점 길드가 동요했다. 트레퇴르는 고기를 요리해 판매하는 독점권을 가진 길드였다. 불랑제는 부용이 길드의 통제권 밖의 음식이라는 점을 포착했지만 트레퇴르는 불랑제를 의심의 눈으로 감시했다. 그가 문 앞에 내건 간판이 그들을 향한 욕처럼 들렸다. 'Boulanger débite des restaurants divins(불랑제는 신들의 영양식을 판다)'. 그들이 라틴어를 읽을 줄 알았다면 또 하나의 간판을 보고 더 화를 냈을 것이다. 'Venite ad me omnes qui stomacho laboratis et ego vos restauro(굶주린 자들이여, 내게로 오라. 내가 너희에게 양식을 주리라)'.

그러다가 1765년에 양의 발 요리를 메뉴에 올린 뒤 불랑제는 법정으로 불려갔다. 트레퇴르가 보기에 화이트소스로 조리한 양의 발 요리는 스튜 요리의 일종인 라구ragout이므로, 트레퇴르의 관리 영역에 있었기 때문이다. 하지만 법정에서는 불랑제의 요리가 라구가 아니라고 판결했다. 결국 트레퇴르가 패소하여 불랑제의 메뉴는 더 풍성해졌다.

일부 학자들은 이 사례를 레스토랑 발전의 전환점으로 보았다. 말하자면 소규모 상인들이 힘을 잃고 고기와 케이크와 빵 등의 음식에 대한 독점권을 상실한 사건으로 보았다. 아울러 불랑제 사건에 회의적인 시각도 있다. 런던의 역사학자 레베카 L. 스팽Rebecca L. Spang은 당대의 사료를 샅샅이 뒤져보아도 1782년의 『다른 시대 프랑스인들의 사생활The Private Life of the French in Other Times』이라는 책에 실린 자료 이외에는 불랑제의 전설에 관한 기록이 발견되지 않는다고 주장한다. '불랑제의 이야기는 입으로만 전해지면서 걷잡을 수 없이 퍼져나갔다.' 하지만 그 이야기가 구체적이라는 점에서 흥미롭다. 이를테면 불랑제가 법정에서 자기는 노른자를 많이 넣은 소스를 따로 만들기 때문에 여러 재료를 넣고 끓여서 스튜를 만드는 트레퇴르의 영역을 침범하지 않았다고 주장해서 승소했다는 이야기도 있다.

불랑제라는 인물이 프랑스 혁명 전야에 음식 길드의 위력을 무너뜨린 것이 사실이든 아니든, 스팽이 사료에서 찾아내지 못한 프랑스의 전설적인 요리사들의 레스토랑이 존재했다. 보빌리에Beauvilliers, 로베르Robert, 방슬렝Bancelin, 메오Méot, 트와 프레 프로방소Trois Frères Provençaux. 모두 '레스토랑을 경영하는 사람들'로 서서히 트레퇴르를 대체했다. 현대의 프랑스 미식가들은 분개하겠지만 기이하게도 이들은 영국에서 영감을 받았다.

프랑스에서 정치혁명이 일어나는 사이 오래전부터 존재한 또 하나의 유행이 있었다. 영국 패션이다. 프랑스 귀족들은 영국 귀족들의 세련된 드레스 패션 감각을 눈여겨보면서 영국인들이 주점에서 식사하는 것에도 주목했다. 프랑스가 미식 분야를 선도해오긴 했지만 프랑스 혁명 이후 200년간은 런던이 파리를 앞섰다.

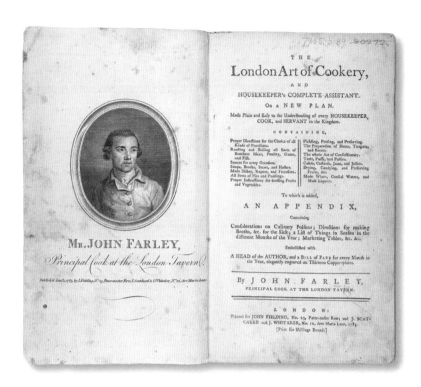

요리사 존 팔리의 『런던의 요리법』에서는 비숍스게이트의
런던 태번에서 파는 요리의 레시피를 소개한다.

영국의 주점tavern(맥주를 파는 선술집과 달리 와인을 마실 수 있는 곳이다)은 세련되고 사교적
으로 앞선 공간이었다. 18세기 중반부터 주점에서 음식을 팔기 시작했고, 여관과 달
리 주점에서는 메뉴를 선택할 수 있었다. (여관에서는 이후에도 계속 소박한 음식을
팔았다. 손님들은 마구간에 말을 묶어놓고 주방에서 내주는 대로 먹었다.)

비숍스게이트의 유명한 런던 태번London Tavern에는 존 팔리John Farley라는 유명
한 요리사가 있었다. 프랜시스 콜링우드Francis Collingwood와 존 울램스John Woollams라
는 두 요리사는 스트랜드의 크라운 앤 앵커 태번Crown & Anchor Tavern에서 요리했다. 리
처드 브릭스Richard Briggs는 플리트 가의 글로브 태번Globe Tavern과 홀번의 화이트 하트
태번White Hart Tavern과 템플 커피하우스Temple Coffee House에서 주방장으로 일했다. 이러
한 사실이 지금까지 알려진 것은 이들이 모두 요리책을 냈기 때문이다. 팔리의 두
툼한 『런던의 요리법The London Art of Cookery』은 1787년에 출간되었다. 이 책은 스튜, 해
시hash(잘게 썬 고기와 채소에 감자를 섞어 볶은 요리 - 옮긴이), 라구, 프리카세fricasse(소테와 스튜의 중

간 정도로, 고기와 채소를 끓인 음식 - 옮긴이), 소스, 수프, 브로스, 채소, 푸딩, 파이, 팬케이크, 프리터의 조리법을 소개했다. 팔리는 끓이고, 고기를 굽고, 빵을 만들고, 튀기고, 절이고, 저장하고, 고기를 롤로 말고, 삶고, 설탕에 졸이는 방법뿐 아니라 와인과 코디얼과 리큐어를 만드는 방법도 소개했다. 팔리는 '왕국의 모든 가정주부와 요리사와 하인'을 위한 필독서가 될 만한 요리책을 내려 했다. 팔리의 책은 지금도 출간된다.

작가 새뮤얼 존슨Samuel Johnson은 런던의 음식점들에 경의를 표하며 (1791년 출간된 전기에서) 이렇게 적었다.

집에서는 훌륭한 여관에서만큼 즐길 수 없다. 집에서 주인은 손님을 즐겁게 해주려고 애쓰고, 손님은 주인의 마음에 들려고 애쓰며, 버릇없는 개 말고는 누구도 남의 집에 가서 제집처럼 편하게 원하는 것을 요구할 수 없다. 그에 반해 주점에서는 이런 걱정에서 놓여난다. 환영받을 거라는 확신이 있고…… 억지로 짜낼 것이 없으므로 좋은 주점이나 여관에서는 큰 행복을 누릴 수 있다.

한편 프랑스의 작가 루이 앙투안 카라치올리Louis-Antoine Caraccioli는 런던을 방문했다가 영국인은 집보다 밖에서 더 잘 먹는다고 감탄했다. '영국인은 이곳에서(주점에서) 친구를 많이 만난다. 이런 게 신사가 살아가는 방식인가?' 결국에는 프랑스인도 똑같이 살게 된다.

프랑스에서 1780년대에 크고 고급스러운 레스토랑 하나가 문을 열었다. 앙투안 보빌리에Antoine Beauvilliers가 리슐리외 가에 낸 이 레스토랑은 (마호가니 테이블, 질 좋은 리넨 식탁보, 크리스털 샹들리에, 송아지 갈비를 유산지로 싸서 구운 요리, 고급 와인 저장고까지 갖춘 곳으로) '라 그랑드 타베른 드 롱드르La Grande Taverne de Londres'라는 간판을 내걸었다.

보빌리에는 식당과 주방 모두에서 일한 초창기의 요리사로 보인다. 당대의 영국 작가 더들리 코스텔로Dudley Costello는 어느 프랑스인과 함께 보빌리에에 관해 이런 얘기를 나누었다. "저 뚱뚱한 몸과 세 겹으로 접힌 턱과 넓적한 얼굴에 즐거운 표정과 커다란 잿빛 눈동자에 반짝이는 빛을 보시라." 보빌리에는 어릴 때 왕궁의 주방

앙투안 보빌리에가 리슐리외 가에 낸 라 그랑드 타베른 드 롱드르에는 질 좋은 리넨과 크리스털 샹들리에와 고급 와인 저장고가 있었다.

에서 시동으로 일하다가 '마리 앙투아네트 왕실의 우상으로 잘나갔고…… 공포시대에 잠시 종적을 감추었다가 애국주의와 요리가 부활하면서 다시금 각광받는 인물'이 되었다.

보빌리에는 혁명 시대에 귀족과 얽힌 사람들까지 감옥에 갇히는 것을 보고 급히 영국으로 망명했다. 사태가 진정되자 프랑스로 돌아온 그는 1814년에 『요리법The Art of Cookery』이라는 책을 썼다. 요리법을 상세하게 소개한 이 책에는 다음과 같은 대목이 있었다. '요리사는 주방에 필요한 모든 요소를 완벽히 알아야 한다. 가령 고기의 질과 나이, 건강한 외양, 가장 좋은 보관 방법 따위를 알아야 한다.' 더불어 요리사는 쉬는 시간을 잘 활용해 주방의 다른 영역도 지원해야 한다고 조언한다. '요리사가 요리책이나 뒤적거리고 있으면 일하는 양도 늘어나고 시간 손실도 막대하다.' 그리고 보빌리에는 직원들을 어떻게 다루어야 하는지도 설명했다. 직원들이 쉬는 시간에 도박과 음주에 빠지지 않도록 이끌어주고 '잘 먹이고 잘 대해줘야 한다'고 조언한다.

프랑스 전역에서, 특히 파리에서 레스토랑이 늘어나면서 거대한 수요를 충족시켰다. 사실 여러 지방의 혁명 세력이 파리로 몰려들었다. 그들은 하숙집에 묵으면서 팔레 루아얄과 리슐리외 가의 나날이 늘어나는 레스토랑에서 식사했다. 그리고 레스토랑에 고향 음식을 해달라면서 직접 메뉴를 가져오거나 제안했을 것이다. 예를 들어 브랑다드 드 모류brandade de morue(대구와 그라탱으로 구성된 소울푸드), 부야베스bouillabaisse(풍성한 생선 스튜) 같은 지방 요리가 있다.

파리에서 가장 큰 레스토랑은 발루아 가의 모퉁이에 있던 메오였던 듯하다. 로베르의 제자가 운영한 이 레스토랑은 1793년에 프랑스의 음식 역사학자 장 폴 아롱Jean-Paul Aron이 '놀라운 야경'이라고 표현한 장관을 연출했다. (그해에 식량 부족으로 국민공회에서 매점매석을 금지하는 법안을 통과시키고 창고와 지하 저장고를 수색하게 했던 터라 더 놀랍다.) 프랑스의 한 역사학자는 1854년에 메오의 장관을 이렇게 묘사했다. '아폴로의 넓은 홀, 루쿨루스(호화로운 연회의 대명사가 된 로마 정치인)도 여유롭게 즐겼을 곳이로구나! 최고급 와인, 새롭고 아름다운 장식, 미식가를 위한 매혹의 땅!' 먼저 손을 씻는 작은 그릇이 나오고 특별한 날에는 '별안간 천장이 열리고 개똥지빠귀들이 나온다'.

파리에 새로운 레스토랑이 생기면서 생존이 아니라 쾌락을 위한 화려한 요리를 선보이는 사이 혁명에 반하는 또 하나의 현상이 나타났다. 부르주아 미식가다. 고급 레스토랑을 옮겨 다니는 사람 중에는 요리사가 아니라 음식 전문가가 있었다. 이들은 맛에 관해 풍부한 지식을 갖추고 식사 예절에 정통한 전문가였다. 누군가는 예술이라고 하고 누군가는 탐욕이라고 표현했다. 공포시대에 숨죽이고 살던 작가이자 가끔 하프 연주자로 활동하는 마담 드 장리Madame de Genlis는 이렇게 적었다. '자코뱅파(혁명 전에 악명 높았던 집단)는 프랑스에서 사유제를 폐지하고 예절과 정중함을 폐기한 자들로, 폭식 문화를 유행시켰다. 당연히 그들에게서 나올 법한 결과였다.'

물론 로베스피에르와 혁명이 바라던 결과는 아니었다. 사실 1795년에 출간된 『공화정의 요리책La Cuisinière Républicaine』에서는 채소의 장점을 가장 중요한 자리에 배치하고, 특히 감자를 중요하게 다루었다. 이 책의 저자들은 이렇게 적었다. '채소의 왕국에서 감자보다 더 건강하고 편리하고 저렴한 작물도 없다.'

로베스피에르가 그의 정치적 업적과 꿈을 희화화한 이 글을 어떻게 생각했는지에 관해서는 기록이 남아 있지 않다. 그가 국민공회에서 연설하고 다섯 달 뒤 독재적인 공포정치는 인기를 잃었고 그는 단두대로 끌려갔다. 특이하게도 사형집행인이 그의 몸을 형틀에 고정시키면서 그의 얼굴을 위로 향하게 했다. 그가 지상에서 본 마지막 풍경은 그가 그토록 아끼던 정교하고 예리한 칼날이 그의 목을 향해 떨어지는 장면이었을 것이다.

혁명의 설계자인 로베스피에르는 사람들에게 신임을 잃었다. 흔히 그렇듯 혁명가가 몰락하는 사이(도덕적으로든 경제적으로든) 다른 누군가가 냉큼 끼어들어 혁명의 열매를 따 먹는다. 알베르 소불은 이렇게 말했다. '역사는 변증법적으로 움직인다. 혁명을 일으킨 부르주아는 혁명의 혜택을 본 부르주아와 같은 사람들이 아니다.' 실제로 장 폴 아롱에 따르면 1795년에 새로운 헌법을 구상하여 다시 작성할 장소를 원하던 혁명가들은 메오의 별실을 택했다. 그들이 귀족의 부도덕함을 맹렬히 비난하는 문서를 작성하는 동안 메오의 호화로운 천장과 프레스코화, 화려한 음식과 고급 와인이 분노를 적절한 수준으로 끌어올렸을 것이다.

따라서 로베스피에르가 단두대에서 목이 잘리고 잊히는 사이 파리의 나날이 늘어가는 고급 레스토랑에서 식사하는 사람들은 그의 성공뿐 아니라 죽음에도 건배를 들 이유가 충분했다.

7

산업혁명이 불러온
음식의 풍경

영국에서 산업혁명이 일어나는 동안(1760~1840년경) 사람들이 집 밖에서 식사를
해결해야 하는 새로운 기회가 열렸다. 외식 문화의 전초전이 되는 이런 분위기에서
레스토랑의 토대가 형성되었다. 그리고 영국 전역의 요리가 서로 뒤섞였다.
집 밖에서 음식과 술을 먹고 마셔야 하는 사람들 중 스코틀랜드의 지질학자
존 맥컬로크가 있었다. 하지만 그는 하일랜드와 웨스턴아일스에서 지리를 조사하고
지도를 제작하면서 그곳의 접대 문화가 석기시대에 가깝다고 생각했다.
지질학자인 그는 어쩌다 보니 음식 평론가가 되었다.

스코틀랜드 퍼스셔 주의 테이스 강에 있는 칼란더 마을에서 긴 하루가 끝났다.
북쪽에는 칼란더 바위산이 있었다. 지질학자 존 맥컬로크John MacCulloch는 이
지역의 지질과 광물을 꼼꼼히 수집하고 분
석하고 기록하고 묘사하면서 1,000피트(약
300미터)라고 적힌 이정표보다 조금 더 올라
갔다.

봄이어도 봄인지 거의 알 수 없었다. 낮
게 깔린 구름과 안개와 부슬비를 뚫고 고사
리가 나는 곳을 조심조심 올라가 자작나무
와 소나무 사이를 지났지만 사람들의 발길
이 닿은 길은 보이지 않았다. 경사가 완만하
기는 해도 길이 아니라 개울에 가까운 길을
따라 기어올랐다. 간간이 쉬면서 발아래를
내려다보고 안개 속에서 무엇인가 보이는

19세기에 어쩌다 보니 음식 평론가가 된 존
맥컬로크.

지 살폈지만 정상에 오를 때까지 아무것도 볼 수 없었다.

어찌어찌하여 두어 시간에 걸쳐 올라온 길을 다시 되짚어 내려가 칼란더 마을에 이르렀다. 잠자리를 제공한다는 여관 두 곳 중 한 곳으로 향했다.

맥컬로크는 지질학자로 살면서 건강해졌다. 오랜 세월 스코틀랜드의 외딴 언덕과 산을 돌아다니고 더욱 외딴 섬에도 들어갔다. 하지만 쉰한 살이 된 그에게 습한 기후와 축축한 땅, 음울한 하늘과 시커먼 산은 서서히 매력을 잃어갔다. 그는 스코틀랜드를 '구름이 잔뜩 끼고 잿빛이고 춥고 음울한 혼돈'의 땅으로 표현했다. 마침내 그는 여관을 발견하고 어서 빨리 들어가 젖은 옷을 벗고 술을 마시고 따뜻한 음식을 먹으면서 몸을 녹이면 좋겠다고 생각했다.

그 여관에 머문 이야기(그곳에서 먹은 음식과 술, 거기서 보낸 밤과 아침에 먹은 음식)가 상세히 기록되어 있다. 맥컬로크는 예리한 암석 전문가일 뿐 아니라(빅토리아 시대의 작가 프레더릭 패그Frederick Fag는 맥컬로크를 '운모雲母, 집유장集油場, 화강암의 대가'라고 표현했다) 스코틀랜드의 하일랜드와 웨스턴아일스 일대를 돌아다니며 경험한 많은 일에 관해 깊이 있는 평론을 썼다. 그는 여행담을 장문의 편지로 적어 친구인 월터 스콧 경Sir Walter Scott에게 보냈다. 편지들은 훗날 서간집으로 출간되어 상세하면서도 감성적인 여행서가 되었다.

맥컬로크가 맥클라티 부인의 여관에 들어서자 부인이 직접 그를 맞으며 페기라는 소녀를 불렀다. "페에에에기." 안주인은 소녀를 부르고 또 불렀다. 마침내 같은 투의 대답이 들렸다. "가요오오오."

"급할 거 없습니다." 맥컬로크가 말했다. 아닌 게 아니라 묵묵히 기다려줘야 할 듯 보였다.

"장작이 젖었으면 웬만큼 말라야 불이 붙어요. 토탄이라도 안 젖었다면요." 그가 말했다. 그는 젖은 옷 그대로 싸늘한 난로 앞에 앉아 저녁상을 기다리며 잉걸불이라도 뒤적여볼까 하고 부지깽이를 찾다가 그냥 우산으로 뒤적였다.

마침 페기가 들어와 불 앞에서 페티코트를 흔들어 불꽃을 피우려 해봤지만 연기만 자욱해졌다.

맥컬로크가 발작하듯 기침하다가 잦아들자 페기가 그를 식탁으로 안내했다. 식탁 앞에서 한참 기다린 끝에 음식이 나왔다. '이윽고 찹chop이라고 부르는 양고기가 나오고 머스터드소스가 나온다. 나이프와 포크가 나오고, 접시와 초와 소금이 식탁에 차려진다.' 그가 후추를 달라고 했지만 '양고기가 다 식었을 때에야' 가져다주었고, 이어서 빵과 위스키가 나왔다. 모든 음식이 만들어지는 대로 식탁에 차려졌는데, 다른 목적도 있었다. '맥클라티 부인의 식탁보에 난 구멍을 감추려는 목적도 있다.'

저녁을 먹고 방이 준비되는 동안 한참 기다렸는데도 방에 가보니 여전히 눅눅했다. 이불이 묵직해서 '몸을 따뜻하게 해주지는 않고 무겁기만 했다'. 한밤중에 추위에 떨다 깨어보니 이불이 바닥에 떨어져 있었다. 이불을 다시 끌어올려 덮으려고 했지만 어둡고 비몽사몽인 와중에 '발로 차고 끌어당기면서' 모든 것이 '이불이건 뭐건 돌이킬 수 없이 뒤엉켰다'.

새벽 5시에 일어나 씻으려 했지만 비누가 보이지 않았고, 면도를 하려고 했으나 거울이 너무나 오래되어 자신의 모습이 뒤틀려 보이는 바람에 면도날에 얼굴을 베였다. 하나 있는 수건이 축축하고 더러워서 커튼으로 얼굴을 닦았다.

아침 식사를 기다리면서 그는 일이 빨라지도록 하려고 주전자를 찾으러 주방으로 갔다. 물론 주방에 가본다고 '속도가 빨라지는 건 아니었다'. 두툼한 주전자가 연기 위에 놓여 있었지만 '불 위에 올라가 있는 게 아니라서 내일이나 되어야 끓을 것 같았다'.

그는 주방을 둘러보았다. 귀리 비스킷 몇 개가 불가의 재투성이 속에 있었고, 청어 한 마리를 언뜻 본 것도 같았다. 바닥에 이부자리가 쌓여 있고 죽은 닭 몇 마리가 있고 돼지고기로 보이는 고깃덩어리가 있고 고양이가 잠들어 있었다. 백파이프 옆에 감자가 가득 든 냄비가 있고 물 양동이가 있고, '잘 보이지 않는 우묵한 구석에서' '벌거숭이 어린애 두엇이' 그를 훔쳐보고 있었다.

그는 마지막에 아침 식사는 '두 시간은 지나야 나올 것 같다'고 적었다. 독자도 '그와 함께 아침 식사를 하고 싶은 생각이 들지 않을' 거라는 말로 급히 마무리했다.

맥클라티 부인의 여관은 더 북쪽의 스토너웨이와 스카이 섬에서 본 장면에 비하면 그나마 발전된 상태였다. 스코틀랜드에서도 인구가 적은 이들 지역에서는 사방 160킬로미터 안에서 '모두가 송아지가 됐든 아기가 됐든 이웃의 출생에 관해 속속들이 꿰고 있고 이웃집 남자가 무슨 일을 하는지, 그 집 안주인이 차를 어떻게 마시는지 다 꿰고 있다'.

스코틀랜드의 로나 섬에서는 모든 것이 훨씬 더 폐쇄적이고 선사시대에 가까웠다. 이 섬은 래스 곶(스코틀랜드 본토의 최북단)에서 북쪽으로 70킬로미터 떨어진 북대서양의 외딴섬이다.

17세기 말에 쥐가 들끓어 인구가 거의 말살되었다가 다시 사람이 살기 시작했다. 다섯 가구가 혈거인의 주거지처럼 (혹독한 바다의 폭풍우에 날아가지 못하도록) 땅을 파고 움막을 짓고 토탄과 밀짚을 섞어 지붕을 얹었다.

이 섬에는 다섯 가구가 살고 있고 집마다 자녀를 여섯 명씩 두었다. 부모와 상관없이 '아이들이 집마다 골고루 분배'된다면서 '아이가 서른 명이 넘으면 남는 아이는 인근의 루이스 섬으로 보내졌다'.

로나 섬 사람들은 보리와 귀리와 감자를 재배하고 감자와 귀리와 우유(섬에 들여온 수유기의 소 한 마리에서 짠 것)와 소금에 절여 말린 생선을 먹었다. 주로 바위틈에서 잡은 생선이고, 날것으로는 먹지 않았다.

맥컬로크는 이 씨족사회의 지도자로 '쾌활한 양반'인 케네스 맥카기Kenneth MacCagie의 집에서 식사 초대를 받았다. 그 집에서 적어도 남편과 아이들은 '뚱뚱했다'. 잘 먹기도 하고 (비슷한 수준의 다른 원시 문화에 비하면) 넉넉한 편이었다. 원하는 만큼 먹고 옷은 많지 않아도 충분히 편안하고 만족하면서 살기 때문인 듯했다.

하지만 여자들은 그렇지 않았다. '아내와 어머니는 하일랜드의 여느 여자들처럼 가련하고 우울했다.'

넉살 좋은 케네스 맥카기는 섬을 찾아온 맥컬로크를 집으로 초대했다. 집 앞에서 '길고 구불구불한 갱도 같은 통로를 지나자 문도 없이 곧장 동굴 내부가 나왔다'. 그 안에는 침실로 쓰이는 자리가 밀짚이 아니라 재로 덮여 있었다. 가운데에서는 '늙은 할머니가' 서서히 타들어가는 토탄 화롯가에 앉아 갓난아기를 돌보았다.

비참한 광경이었다. 맥컬로크는 비장하고 절제된 표현으로 '연구해볼 만한 인간사의 다양성'이라고 적었다. 밖에는 '겨울이 결코 죽지 않는 기후'에 '비와 폭풍'이 끝도 없이 몰아치고, '연기 자욱한 지하 동굴'에는 '여든 넘은 귀머거리 할머니가 있고, 아내와 아이들은 헐벗었으며, 고독하고 출구 없는 감옥 같았다'.

그들은 맥컬로크에게 두툼한 보리빵을 내주었다. 전에 세인트 킬다 섬에서도 같은 빵을 대접받고 '무겁고 입에 안 맞는다'고 적었다. 그는 맛없는 빵을 보면서 바깥의 바람 소리를 듣고는 혼잣말로 투덜거렸다. '지긋지긋한 바람이 불고 바다가 포효하기 시작했군.' 그리고 이렇게 적었다. '몇 시간만 방심해도 완전한 겨울 속에 갇혀버릴지 모를 이곳을 어서 떠나야 했다.' 그래서 그는 적당히 둘러대고 이 지방의 별미를 거절하고 그 집에서 도망치듯 빠져나왔다.

얼마 후 그는 런던의 상류층 구역인 포트먼 광장에 있었다. 근사한 응접실이었다. '스무 명쯤 되는 부인들과 새하얀 모슬린과 깃털, 그 밖에 그 자리에 어울리는 모든 것이 여기저기 흩어져서 온실 속의 꽃처럼 땀을 흘리고 있었다.' 그는 그 광경을 보면서 음침하고 더러운 가축우리 같은 지하 공간, 빅토리아 시대의 다른 누군가는 집이라고 부르던 그 움막을 떠올렸다. 그는 상반된 광경에 대해 이렇게 적었다. '내 마음과 몸이 얼마나 혼란스러웠을지 생각해보라. …… 탄광에서 햇빛으로 나오니 그보다 더 눈부실 수가 없었다.'

몇 년이 지난 1830년대에 로나 섬의 씨족사회는 다시 소멸했다. 아마 할머니가 죽자 케네스도 그만하면 많이 버텼다고 생각했을 것이다. 그 뒤로 로나 섬은 버려진 섬이 되었다. 케네스는 인근의 루이스 섬으로 옮겼을 테고, 양을 치고 농사를 지어주는 대가로 지주에게 1년에 2파운드어치의 옷을 받았을 것이다. 아니면 이 나라 반대편의 크고 작은 도시에서 일어나는 새로운 현상에 관해, 산업혁명으로 세상이 활기를 띤다는 풍문을 듣고 남들처럼 새로운 가능성과 꿈을 찾아 고향을 떠났을지도 모른다.

당시는 서양 문화에서 중요한 전환점이었다. 산업혁명으로 직물 생산이 가내수공업에서 공장으로 옮겨가고 새로운 일자리가 창출되어 사람들이 작은 마을과 소도시를 떠나 멀리까지 이동했다. 더는 시골 들판에서 힘들게 일하지 않고 점심을 먹으러 집에 다녀오지 않아도 되었다.

이전까지 사람들의 삶은 농업과 긴밀히 엮여서 평생 쟁기질하고 씨 뿌리고 수확하며 살았고, 사람들의 생존이 날씨와 지주의 처분에 달려 있었다. 먹거리를 구하는 것이 끊임없는 걱정거리였기에 로나 섬에서는 생선을 소금에 절였다. 언제 또 고기가 잡힐지 모르는 일이었으므로.

하지만 산업혁명으로 대대적인 변화가 일어났다. 영국의 역사학자 엠마 그리핀Emma Griffin은 20만 년 전에 호모 사피엔스가 출현한 이래로 '산업 시대가 오기까지 인간 사회의 어떤 집단에서도 모든 구성원이 공복의 위협에서 확실하고 영구히 보호받지 못했다. 영국에서 산업혁명이 일어나면서 과거 경험의 한계를 크게 벗어난 새로운 삶의 장이 열렸다'고 적었다. 집 밖에서 식사를 해결하는 경험에서 새로운 변화가 뚜렷이 나타났다. 1840년에 이르면 잉글랜드와 웨일스에 호텔과 여관의 주인이 약 1만 5,500명에 달했고, 펍의 주인은 3만 8,000명 가까이 되었고, 선술집 주인은 5,500명에 육박했다.

실제로 19세기에는 영국인의 삶의 방식이 획기적으로 달라졌다. 간단히 말해서 산업혁명 이전에는 집을 기반으로 그 집에 사는 사람들이 멀리 벗어나지 않았다. 지방에서는 사람들이 마을 안팎에서 일거리를 구했고, 경제사가 조엘 모키르Joel Mokyr의 말처럼 가정은 '생산의 기본 단위'였다. 오늘날과는 전혀 다른 세상이었다. 먹을 것을 요리할 뿐 아니라 직접 기르고 재배했다. 다른 물건과 교환했을 수는 있어도 돈을 주고 사는 경우는 드물었다. 집 안에 음식을 보존하고(소금에 절이고 피클로 만들고 말리고⋯⋯) 맥주는 화덕과 양조장을 갖춘 마을의 큰 집에서 다 함께 한꺼번에 만들었을 것이다.

산업혁명으로 가내수공업이 사라지면서 전통적으로 가정에서 일어나는 활동이 다른 곳에서 일어났다. 집에서 멀리 떨어진 곳에서 일자리를 찾으므로 결과적으로 사교 활동도 다른 데서 일어났다(음주에서 유흥까지). 모키르는 이렇게 적었다. '영국의 가정에는 상당한 충격이 가해졌다. 가장 극적인 사건은 가정이 생산 단위에서 소비 단위로 바뀐 것이다.'

가정에서 벗어난 또 하나의 활동은 교육이었다. 노샘프턴셔 남부의 웨스턴과 로이스 위든 같은 마을에서 좋은 예를 찾을 수 있다. 전에는 열성적인 부모가 자녀를 교구 목사관의 교실에 보내거나 여름에는 세인트 메리와 세인트 피터 교회의 벤치가 놓인 베란다로 보냈다. 하지만 1848년에 마을의 새뮤얼 스미스Samuel Smith 목사와

19세기 영국의 금주운동은 공개 처형을 중단하자는 캠페인을 벌이고 교회에 다니고 책을 읽도록 권장했다. 하지만 음주는 계속 가장 인기 있는 여가 활동으로 남았다.

대지주인 헨리 헬리 허친슨Henry Hely Hutchinson 대령이 세인트 로이스 학교를 설립했다. 부자든 가난한 사람이든 누구나 받아주는 학교였다. 이처럼 전국에서 일어난 변화로 문맹률이 낮아졌을 뿐만 아니라 삶에 대한 열망도 높아졌다.

　　노동시간이 서서히 줄어들고 강제성을 띤 은행 휴일이 도입되었다. 여가는 단순히 일에서 벗어나 휴식을 취하는 것이 아니라 그 나름의 의미 있는 시간이 되었고, 여가 활동 자체가 중세에서 근대로 넘어왔다. 변화의 동력은 새로운 도덕주의자 집

단에서 나왔다. 복음주의자와 기독교 사회주의자, 감리교 신자와 금주운동 활동가들이었다. 이들의 활동으로 음주 시간이 제한되고 공개 처형(1868년에 결국 철폐되었다)과 쥐잡기와 황소 골리기 같은 야만적인 오락이 사라졌다. 교회에 다니고 운동하고 책 읽는 문화가 권장되었다. 물론 모두가 유혈이 낭자한 처형 장면이 아니라 좋은 책을 보자는 생각에 동조하지는 않았지만 사회 전반에 변화가 일어났고, 특히 런던 같은 도시에서 변화의 폭이 컸다.

잡지나 신문을 발행하는 산업이 발전하면서 수많은 일자리가 창출되었다. 마찬가지로 (19세기의 새로운 개념인) 호텔이 생기고 음악당과 무엇보다도 레스토랑이

들어섰다. 하지만 경제사 교수 마이클 볼Michael Ball은 이렇게 적었다. '일 이외에 시간이 가장 많이 드는 활동은…… 종교와 관련된 의식이 아니라 음주였다.' 어쨌든 음주는 교수형보다 재미가 덜하지만 독서보다는 훨씬 더 즐거웠다.

진은 19세기에도 여전히 인기가 많았지만 18세기 후반에 규제 조치가 도입되면서 과도하게 마시지 않게 되었다. 진 대신 맥주가 선택받았고, 1800년대 초 잉글랜드와 웨일스에서는 1인당 연간 34갤런(약 128리터)의 맥주를 마셨다. 노동계급은 소득의 3분의 1을 맥주에 탕진했다. 사실 맥주가 물보다 안전한 음료이기도 했고, 술집이 집보다 따뜻하고 안락했다.

19세기 초 영국에서 도시의 펍은 용도가 다양해졌다. 어떤 펍에서는 노동조합과 각종 단체의 회의가 열렸고, 어떤 펍은 노래하는 살롱이었고, 런던의 버로우 하이 스트리트와 피카딜리의 펍처럼 역마차를 위한 매표소와 말을 매어두는 마구간 기능을 하는 펍도 있었다.

역마차 정류장 주변에 호텔도 우후죽순으로 생겨나 런던에서 이용할 수 있는 숙박 시설이 다양해졌다. 당시의 여행 안내서에서는 런던 웨스트엔드(옥스퍼드 스트리트와 코벤트 가든 근처)의 호텔을 다수 소개했다. 또 존 펠텀John Feltham은 1818년에 출간한 『런던의 초상Picture of London』(런던의 오락거리, 우체국, 교회, 감옥, 미술관, 병원 등에 관해 생생히 묘사한 책)에서 호텔 음식의 질을 긍정적으로 평가했다. '세계 어느 도시도 런던만큼 노동자들이 꼭 필요하지만 사소한 삶의 편의를 누리지 못할 것이다. 더욱이 중산층이 이런 편의를 이렇게 많이 누리는 도시는 전혀 없을 것이다.'

육류는 주로 소고기나 양고기나 돼지고기를 소비했다. 펠텀은 '가금류는 부자의 식탁에나 어쩌다 한 번 오르고 생산량에 따라 공급되는 고기라서 대중적으로 소비하기엔 부적절하고 가격이 터무니없이 비쌌다'고 적었다.

프랑스 혁명(제6장 참조)의 여파로 프랑스의 요리사들이 런던의 주방에서 일하면서, 파리 시민이 누리던 호사를 런던 사람들도 누리기 시작했다. 파리처럼 런던의 요리사들도 저택에서 일하다가 일자리를 잃고 나온 개인 요리사였다. 이들의 고객은 프랑스 귀족의 생활양식을 맛보려는 부유한 영국인들이었다. 전직 집사가 손님을 맞이하고 귀족의 요리사가 주방에서 일하는 것은 손님들에게 고급스러운 체험을 제공하는 새롭고 매력적인 조합임이 증명되었다.

예를 들어 알렉상데르 그리용Alexander Grillon이 1802년에 메이페어의 앨버말 스트리트에 문을 연 그리용 호텔이 있다. 그리용은 프랑스에서 도망쳐 나와 영국의 저택에서 일하다가 런던에 호텔을 차렸다. 그의 이력을 보면 영국으로 망명한 루이 18세가 1814년에 프랑스로 돌아가기 전까지 이 호텔을 근거지로 삼은 것이 그리 놀랍지 않다. 이 호텔은 수십 년 뒤까지 계속 운영되면서 『블랙의 안내서Black's Guide』 가운데 '귀족과 외국의 귀빈을 위한 최고급 가족호텔' 편에 들어가 있었다.

산업혁명이 대대적인 변화를 일으키는 사이 부자일수록 더 잘 먹었다. 하지만 펠텀이 본 런던은 장밋빛 유리창으로 본 풍경일 뿐이지 결코 보편적인 현상은 아니었다. 외딴 로나 섬에서만 진보와 성공의 낙수효과가 중력을 거스르는 듯 보인 것은 아니었다. 경제사가 찰스 파인스타인Charles Feinstein이 「영속적 비관주의Pessimism Perpetuated」라는 논문에서 추정하는 현상이기도 했다.

노동계급이 처한 역사적 현실은 낮은 기반에서 출발해 거의 혹은 전혀 발전하지 못한 채 고된 노동을 견뎌야 하는 것이었다. 이후 한 세기 가까이 지나서야 노동계급도 그들이 이룩한 경제 변화의 혜택을 조금이라도 누릴 수 있었다.

실제로 학계에서는 1770년에서 1830년 사이 영국 노동계급의 생활수준에 관해 상당한 논의가 이루어졌다. 일부 기록에 따르면 노동자의 임금이 증가해서 때로 두 배가 되기도 했다. 평균 신장도 커졌는데, 이는 식생활이 개선되고 식단에 단백질 함량이 늘어났음을 말해준다. 그런데 시골 농부가 전형적인 도시인이 되었다고 해서 과연 생활수준이 향상된 것일까?

밀 탈곡기가 발명되는 등의 기술혁신으로 농업 인력이 남아돌았다. 잉여 노동력이 도시와 공장에서 일자리를 구하고 때마침 발전한 철도산업에서 일자리를 찾았다. 도시 생활과 체계적인 노동으로 교육받을 기회가 늘어나면서 사회가 스스로 질서를 잡아가고 아이를 교육하면 더 나은 노동자를 양산할 수 있다는 것을 깨닫는다.

그런데 생활수준은 지역마다 달랐고, 19세기 초의 이상기후로 인해 몇 년간 작황이 좋지 않았다. 전쟁과 국제무역 중단으로 물가가 상승하고 신용경색이 발생하여 사람들의 생활수준에 영향을 미쳤다. 사실 18세기 후반에서 19세기 초로 넘어가는 동안 평화로운 기간보다 전쟁을 치른 기간이 두 배 가까이 길었다.

도시의 '새로운' 가정은 주로 빈민가에 살았다. 임금이 상승한 만큼 가족 규모도 커져서 딸린 식구가 늘어나고 운신의 폭은 점점 좁아졌다. 게다가 고된 육체노동으로 배가 더 고팠다! 실제로 빅토리아 시대 초기의 작가 헨리 펠프스Henry Phelps가 농사를 짓는 어떤 여자에게 들은 말이 정곡을 찌른다. '들에서 일하면 더 많이 먹어요.'

프리드리히 엥겔스Friedrich Engels가 『잉글랜드 노동계급의 실태The Condition of the Working Classes in England』에서 밝힌 내용도 있다. 엥겔스는 소도시와 대도시의 가정에 관해 이렇게 보고한다. '노동자의 거주지는 조악한 계획으로 부실하게 지어져 주거 환경으로서 최악이었다. 환기도 안 되고 눅눅해서 건강에 좋지 않았다.' 그리고 '대다수가 누더기를 걸치고 노동자의 음식은 소화가 잘되지 않아 아이들에게 전혀 적합하지 않다'고 주장했다. 엥겔스는 또한 술 취한 부모가 아이들에게 증류주나 아편을 먹이기도 했다고 적는다. 고된 하루를 마친 '노동자가 피곤하고 지친 채 일터에서 돌아오면 불편하고 눅눅하고 불결하고 불쾌한 집이 기다린다. …… 노동자에게 술은 거의 유일한 즐거움이고 모든 상황이 마치 공모하듯이 노동자에게 술을 마시게 한다'.

모든 연구가 산업혁명 시대에 새로 생긴 공장의 노동 강도가 매우 심했다고 보고하는 것 같다.

부유한 계층은 갈수록 흥미로운 음식과 접대를 즐겼고, 사교 생활에서도 경마나 춤 같은 오락거리가 세련되고 고급스러워지면서 점점 더 활기차졌다. 실제로 사람들은 패션에 열광하여 옷에 돈을 많이 썼다. 드레스를 제작했다. 그것도 많이. 엥겔스는 이렇게 썼다. '부르주아 계급 부인들의 장식품은 노동자의 건강을 갈아 넣어 만든 슬픈 결과물이다.' 19세기 중반 런던의 드레스 제작에 관한 기록에서는 어린 소녀 약 1만 5,000명이 시골을 떠나 공장에서 일했다고 보고한다. 소녀들은 공장에서 먹고 자고 며칠씩 내리 일하고 걸어서 집으로 돌아갔다. 1주일에 100킬로미터 가까이 걷는 경우도 있었다. 하루에 열여덟 시간 정도 일하고 두 시간밖에 자지 못하는

드레스 공장의 어린 소녀들은 하루에 열여덟 시간씩 일했고, '음식은 삼키는 시간을 최소화하기 위해 잘게 잘려 나왔다'.

날도 있었다. 심지어 9일 연속 옷을 벗지도 갈아입지도 않은 사례도 있었다. '불행한 소녀들은 현대판 노예 감시인의 도덕적 채찍이라는 수단으로 관리된다.' 이들이 먹는 음식에 관해서는 '음식은 삼키는 시간을 최소화하기 위해 잘게 잘려 나왔다'.

1833년 의회 보고서에서는 공장에 관해 이렇게 기록한다.

노동자들이 단칸방에서 빨래하고 청소하고 식사하고…… 저녁에 아이들이 공부하는 교실을 낮에는 어른들이 옷을 갈아입고 식사하는 공간으로 쓰기도 한다. 하지만 대개는 빨래하거나 옷을 갈아입거나 요리할 공간이 없다.

공장주는 아무런 규제 없이 노동자에게, 남자든 여자든 아이든 최소한의 음식만 제공했다. 엥겔스는 잉글랜드 중부의 스토크에 있는 한 도자기 공장에서 일하는 아이들을 만나 그들의 사연을 기록했다. "먹을 게 부족해요. 거의 감자에 소금을 친 게 다이고, 고기나 빵은 전혀 나오지 않아요. 학교에도 못 가고 옷도 없어요." 어떤 아이는 이렇게 말했다. "당장 오늘 저녁에 먹을 게 없어요. 집에는 늘 먹을 게 없어요……."

노동자가 (철강산업의 중심지인 스태퍼드셔의 울버햄튼 같은 지역에서) 받은 음식은, 엥겔스에 따르면 '대부분 병들거나 자연사한 짐승의 고기이거나, 부패하거나 살짝 맛이 간 고기이거나, 일찍 죽은 송아지와 이동 중에 질식사한 새끼돼지 고기였다'. 결과는? 노동자들이 자주 배앓이를 하고 병에 걸렸다.

리처드 아크라이트 경Sir Richard Arkwright이 1771년에 더비셔의 크롬퍼드에서 목화솜으로 실을 잣기 위해 세운, 수력발전으로 돌아가는 공장에서는 아동을 많이 고용했다(성인 여자와 남자도 일부 있었다). (일반적으로 여자와 아이들이 남자들보다 고분고분해서 다루기 쉽다고 여겨졌다. 산업혁명 초기에 가내에서 생산할 때는 권위자로 군림하던 남자들은 규율을 지키지 않고 늘 술에 취해 살았다.) 1820년대에는 아크라이트의 아들 리처드가 공장을 물려받아 아버지보다 돈을 훨씬 더 많이 벌었다. 그는 공장 생활과 식사 방식을 기록했다.

노동자들은 하루에 열두 시간씩 일했고, 여름에는 오전 7시, 겨울에는 오전 8시에 일과를 시작했다. 공장의 기계는 저녁 식사가 나올 때까지 쉬지 않고 돌아갔다. '아침 식사는 불규칙했다.' 8시 30분에 종이 울리고 방적기를 돌리는 노동자를 제외한 모두가 30분간 식사를 했다.

식당이라고 부르는 방이 하나 있는데, 여기에는 신사들의(원문 그대로) 주방과 거의 비슷하게 요리용 철판이나 스토브가 있다. 노동자의 어머니나 여동생들이 (대개 가족 전체가 같은 공장에서 일한다.) 이 방으로 아침 식사를 가져온다. 종이 울리자마자 어린 남자아이들이 공장의 방마다 아침 식사를 배달한다.

먼저 오는 사람이 먼저 먹는 식이었다. 노동자들은 담당 작업 구역을 떠날 수 없었고, 아크라이트에 따르면 '쉬러 나가는 사람이 드물어서 다섯 명에 한 명꼴도 안되었다'고 한다. 어떻게 빈속으로 일했는지는 알 수 없지만, 아크라이트가 성공한 걸 보면 그의 공장에서 일하는 노동자들은 기본적인 수준이라도 음식을 충분히 구했던 듯하다.

산업혁명으로 영국 전역에 도로가 뚫리면서 더 많은 사람이 일자리를 찾아 이동했고, 교통과 관련된 사업이 번창했다. 실제로 18세기 중반에 교통 산업이 크게 발전하면서 잉글랜드가 마찻길을 따라 십자형으로 나뉘었다. 최초의 역마차는 1667년에 런던과 바스를 오가는 '날아다니는 기계'라고 광고했다. 두 도시의 여관 벽에 이런 광고가 붙었다.

런던에서 바스로, 혹은 그 사이의 다른 어느 곳으로든 가실 분은 런던 러드게이트힐의 '벨 새비지'와 바스의 '화이트 라이온'으로 오세요. 두 곳 모두에서 매주 월요일과 수요일과 금요일에 역마차를 탈 수 있고, 총 이동 시간은 (주님이 허락하신다면) 사흘이고 새벽 5시에 출발합니다.

여정은 험난하고 주먹구구식으로 만든 도로에는 나뭇가지와 구덩이가 있어서 노상강도만큼이나 위험했다. 한편 1784년에 우편마차가 운영되기 시작했고, 마찻길을 따라 험난한 마차 여행을 견디게 해주는 여관이 하나둘씩 들어섰다. 이런 여관에서 말을 교체하거나 쉬게 할 수 있고, 지친 여행자들은 음식을 먹고 술을 마셨다. 18세기 중반에는 10~15킬로미터마다 여관이 있었다. 그중 여관이 가장 많았던 길은 런던에서 던햄까지 이어진 그레이트 노스 로드(현재의 A1 도로)였다.

가장 분주한 여관은 링컨셔 스탬퍼드의 더 조지The George였다. 여기서 여행을 시작할 때는 일단 표를 사서 대기실 두 곳 중 한 곳에서 기다렸다. 한 곳에는 '런던'이라고 표시되어 있고, 다른 한 곳에는 '요크'라고 표시되어 있었다.

여관에서는 간단한 음식을 제공했고, 물론 메뉴는 선택할 수 없었다. 여관은 특히 1790년과 1840년 사이에 스코틀랜드, 그중에서도 특히 하일랜드와 여러 섬에서 크게 성장했다. 이들 지역을 찾는 여행자가 크게 늘어났고, 여행자는 대부분 제임스 보스웰James Boswell의 작품과 같은 당대의 소설이나 제임스 맥퍼슨James Macpherson의 시에 나오는 스코틀랜드 야생의 자연을 구경하러 오는 사람들이었다. 이들 작가는 이곳의 풍경을 낭만적으로 그렸다(끝없는 대양, 광대하고 음울한 하늘, 거대한 산). 윌리엄 워즈 워스William Wordsworth의 여동생 도로시 워즈워스Dorothy Wordsworth는 하일랜드를 여행하면서 으스스한 안개, 폭풍우가 휘몰아치는 곳, 쓸쓸한 오두막, 유령이 나올 것 같은 폐허, 어둡고 아득히 먼 곳으로 펼쳐지는 대지에 관해 썼다. 여행객은 이런 작가들의

1800년대 초 낭만적인 스코틀랜드 하일랜드는 여행자에게 광대하고 음울한 풍경과 험준한 산과 끊임없는 악천후, 그리고 형편없는 음식을 제공했다.

발자취를 따라가고 (혹은 전쟁 중인 대륙으로부터 최대한 멀리 떨어진 곳으로 여행하고) 싶어 했고, 새로 생긴 여관들이 여행객의 욕구를 충족시켜주었다.

캐나다의 학자 테레사 맥케이Theresa Mackay에 따르면 여관 주인은 대부분 여자였다. 맥케이는 여관을 운영한 60여 명에 관한 기록을 찾아서 그들 중 다수가 독신이거나 과부였다는 사실을 발견했다. 이들 중 한 명인 맥클라티 부인이 바로 존 맥컬로크가 음울한 밤을 보낸 어수선한 여관의 주인이었다.

맥컬로크는 여행 중에 목격한 다채로운 삶과 풍경에 관해 독특하고 예리한 통찰을 제시했다. 그가 친구 월터 스콧 경에게 보낸 편지마다 그의 빛나는 산문이 남아 있다. 그는 가난한 사람들의 불편한 현실과 새로운 기계 시대에 존재하는(영속되는 듯

보이는) 거대한 불평등을 목격하고 직접 경험했다. 하지만 그는 새로운 진보를 비웃을 만큼 외골수는 아니었다.

사실 그가 런던에서 남쪽 지방으로 내려가보았다면 그곳에 들어선 파리의 주방에 놀랐을 것이다. 특히 마리 앙투안 카렘Marie-Antoine Carême이라는 사람의 영역 안에서는……

8

프랑스 요리를 중세에서
현대로 가져오다

프랑스 혁명의 기억이 아득해지고 귀족들이 파리로 돌아오고 신흥 부자들이
돈을 뿌리고 싶어 하면서 파리의 고급 레스토랑은 전례 없는 인기를 누렸다.

앞에서 보았듯이 18세기에는 외식 인구가 급격히 증가했다. 하지만 주로 현실적인 이유에서의 외식이었으므로 '집을 떠나 있을 때 먹는 것'에 지나지 않았다. 필요에 의한 행위였다. 물론 이렇게 식사하면서도 즐거움을 누릴 수는 있지만 즐거움이 주된 목적은 아니었다. 따라서 집 밖에서 먹는 음식이 집 안에서 먹는 음식과 별반 다르지 않았다. 수프 한 그릇, 후추와 겨자를 친 양고기 한 조각, 빵으로 구성된 (맥주나 와인이나 위스키를 곁들여 마시는) 한 끼 식사가 배를 채워주고 푸근하게 위로해주었다.

메뉴는 선택할 수 없었다. 프랑스에서 여관은 국가의 통제를 받았으므로 당국에서 허가증을 받아 특정 재료를 특정 음식 공급업자에게서 받아야 했다. 이를테면 전능한 길드의 통제를 받는 페이스트리 빵집과 정육점에서 재료를 받아야 했다.

수프를 만들어 팔던 불랑제는 길드의 권위에 도전하면서(제6장 참조) 자기도 모르는 사이에 근대적인 음식 서비스의 길을 닦았다. 프랑스 혁명 시대에 저택의 요리사들이 공적 영역으로 나오면서 외식 문화에 새로이 창의성과 기교를 불어넣었다. 혁명이 레스토랑이라는 개념을 만들지는 않았지만 열기를 불어넣은 것은 사실이다. 1789년에 파리에는 레스토랑이 50개 정도였다. 10년 뒤 500개로 늘어났다.

1820년대에 혁명의 통제에서 벗어나고 귀족들도 돌아와 재산을 회수하고 왕가도 돌아오면서 파리는 다시 유행을 선도하는 도시가 되었다. 나폴레옹이 몰락하고 부르봉 왕가가 복귀하면서 평화 시대가 다시 찾아왔다. 혁명 이후 프랑스에는 평등

주의가 강해졌다. 중산층이 성장하고 성공한 상인들이 과거에는 귀족들만 소유하던 대저택을 사들였으며, 사람들에게 돈이 넘쳐났다. 지붕 덮인 아케이드에 사치품 매장이 들어서서 위험하고 불결한 비포장도로로부터 존엄성을 보호해주었다. 사치품 매장에서는 보석과 모피와 그림을 팔았다. 헤어살롱이 있고, 물론 레스토랑이 있었다.

수많은 레스토랑이 귀족의 저택에서 일하던 한 요리사에게서 영감을 얻었다. 프랑스 요리를 체계적으로 정리하고 프랑스 요리를 미식으로 발전시켰으며 현재까지도 요리사들에게 영향을 미치는 사람이다.

파리의 마리 앙투안 카렘은 요리를 중세 시대에서 끌어냈다.

그의 이름은 마리 앙투안 카렘이다. 1784년에 태어난 그는 19세기 초 요리계의 가장 중요한 인물이 되었다. 그가 결혼식 요리를 의뢰받아 설탕과 얼음으로 놀랄 만큼 건축학적인 조각을 제작하여 음식을 예술의 경지로 끌어올려서만이 아니라 가정식과 전문 요리를 구분했기 때문이다. 미국의 요리사이자 요리 강사이며 음식 작가인 웨인 기슬렌Wayne Gisslen은 1999년에 이렇게 평했다. '요리법을 창조하고 기록한 카렘의 실질적이고 이론적인 작업 덕분에…… 요리가 중세에서 현대로 넘어왔다.'

18세기 말에 스토브가 출현하면서 요리사들이 그전에는 불가능하던 방식으로 불을 조절할 수 있게 되었다. 상업적인 음식점의 주방에도 새로운 질서가 잡혔다. 기슬렌의 설명에 따르면 주방이 세 구역으로 나뉘었다. 로티쇠르rôtisseur가 로티세리(고기를 쇠꼬챙이에 끼워서 돌려가며 굽는 기구 - 옮긴이)를 담당하고, 파티시에pâtissier가 화덕을 책임지고, 퀴지니에cuisinier가 스토브를 담당했다.

카렘은 여기에 절차와 질서를 부여했다. 그리고 빛을 더했다. 중세 이후로 화려한 귀족의 요리에서는 복잡성과 규모가 중요했다. 크면 클수록 좋았다. 하지만 카렘은 뒤에서 아무리 복잡하게 요리해도 단순하게 차려내는 방식을 좋아했다. 그의 소스는 부실한 재료를 감추기 위한 것이 아니라 좋은 재료의 맛을 더 살리기 위한 것이었다.

카렘은 사실 레스토랑 주방을 직접 운영한 적은 없지만 오늘날에도 그가 처음 만든 요리사 모자와 소스의 분류법과 제조법에서 그의 영향을 발견할 수 있다. 게다가 그는 음식을 식탁에 차리는 순서를 개선하는 데도 일조했다. 모든 음식을 한꺼번에 차려내는 방식(프랑스식 상차림)에서 메뉴에 표시된 코스에 맞춰 요리를 차려내는 방식(러시아식 상차림)으로 바꾸었다. 그리고 그는 150년 이상 레스토랑 서비스의 경전으로 남은 책을 여러 권 썼다.

카렘은 자신의 재능을 믿고 프랑스 요리의 우수성을 확신했으며 미래의 그 지위를 장담했다. 그는 『최고급 파리 페이스트리 요리사와 제과점The Royal Parisian Pastrycook and Confectioner』이라는 기념비적인 책을 썼고, 『프랑스 요리의 기술L'Art de la Cuisine Française』이라는 책에서는 프랑스 요리를 완성해주는 요소를 구체적으로 다루었다. 이 책에는 그의 사후에 많은 내용이 추가되었다. 그가 소개하는 요리에 관한 자료는 획기적이고 역사적이었다.

그는 당당히 이렇게 적었다. '이 책은…… 완전히 새롭다. 이 책은 우리 조국의 요리에 빛을 더해줄 것이다. 그래서 프랑스의 요리는 오래도록, 마땅히 타국의 사람들에게 감탄을 자아낼 것이다.' 프랑스의 요리는 '항상 프랑스 귀족들에게 그 가치를 인정받고 격려받았다. 그분들은 섬세한 입맛을 가지고 진정으로 고급스러운 풍미와 훌륭한 요리를 이해한다. 우리의 현대적인 요리는 진정으로 아름다운 모든 요리의 모범이 되었다'. 훌륭한 요리의 진원지는 그의 주방이었다. 그는 자신만만하게 이렇게 결론지었다. '19세기 프랑스의 요리법은 미래에 귀감이 될 것이다.'

카렘의 책은 전문가용이라고 표방한 점에서 급진적이었다. 제목에 '기술art'이라는 말을 넣었고, 일부 내용은 그야말로 '건축 프로젝트'였다. 카렘이 생각하는 현대적인 요리는 복잡하고 도전적이라서 결코 소심한 사람들을 위한 것이 아니었다. 요리는 성실하고 시간이 많이 들어가고 진지한 작업이었다. 그래도 요리는 사람들에게 감탄과 경이와 기쁨을 주었다.

한편 카렘과 동시대의 영국에는 일라이저 액턴Eliza Acton 같은 요리사들이 있었다. 액턴의 책『현대 요리의 모든 것Modern Cookery in All Its Branches』은 가정식 중심이었다. 액턴 부인은 소기름에 관해 가르쳐주는 반면에 카렘은 브리오슈 만드는 법을 소개했다. 액턴은 '삶은 비둘기' 조리법을 소개했고, 카렘은 '트러플을 곁들인 비둘기 파이'를 소개했다. 고급 요리의 최전선에서 영국인이 프랑스를 따라잡으려면 아직 멀었다.

카렘이 과거의 요리사들(그리고 미래의 수많은 요리사)과 다른 또 하나의 특징은 그가 전통에 따라 요리하는 것이 아니라 최고로 좋은 요리를 만드는 법을 개발했다는 점이다. 그래서 그가 당당히 자신의 책이 새롭다고 말할 수 있었던 것이다. 그가 따르던 유일한 전통은 프랑스인의 미각은 타의 추종을 불허한다는 믿음이었다. 그는 자신이 요리를 해주는 상대가 부자이고 주로 귀족이라는 사실에 부끄러움을 느끼지 않았다. 사실 그가 요리사로서 전성기를 보낸 시절에는 프랑스 혁명이 과거지사가 되어서 다행이라고 생각했을 것이다. 그가 자신만만하게 만든 요리를 먹어주는 사

카렘의 요리책은 전문가용이고, 그의 요리법과 아이디어는 소심한 사람들에게 어울리지 않았다.

Dinner SERVED AT The Royal Pavilion AT Brighton

To HIS ROYAL HIGHNESS THE PRINCE REGENT and GRAND DUKE NICOLAS OF RUSSIA
By Chef Antonin Carême on 18th January 1817

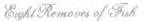

Eight Soups

Chicken and mixed vegetables
Clear consommé
Soup of mutton with capers
Rice soup with carrot
Curried chicken soup
Consommé with chicken quenelles
Celery soup – fowl consommé

Eight Removes of Fish

Perch in hollandaise sauce
Salmon trout served with sponges
Cod in mornay sauce
Pike garnished with its roes
Breaded sole with truffle garnish
Turbot in shrimp sauce
Fried whiting with diced vegetables
The head of a great sturgeon in Champagne

Forty Entrées
served around the Fish

Spring chickens
Glazed veal with chicory
Tart of thrushes au gratin
Chicken à la Chevry
Young rabbit cutlet
Quenelles of young fowl in cockscomb and mushroom sauce
Quail with diced vegetables
Jellied partridge with mayonnaise
Sliced tongue with cabbage and chestnuts
Diced chicken in ham and mushroom sauce
Fillets of game fowl in white sauce
Sliced duck in bitter orange sauce
Salmon steaks in Montpelier butter
Mousse of game fowl with cream and truffles
Fillet of lamb garnished with kidneys and sweetbreads
Rabbit pie on a bed of laurel
Spring chicken in creamed mushroom sauce
Rice casserole with truffle and foie gras
Braised ducklings with lettuce
Sautéed pheasant in foie gras sauce
Supremes of pheasant in white sauce
A crown fashioned of chicken on tomato sauce
Timbale of pasta with boiled egg and asparagus
Escalope of venison with fried onions and tomatoes
Stuffed partridges in tomato sauce
Spit-roasted woodcock
Chicken in aspic
Fillets of sole in warmed aspic
Fried veal brains with a parmesan crust
Escalopes of grouse in game sauce
Pheasant sausage with braised lettuce and mushrooms
Glazed small fowl with cucumbers
Chicken salad with onions
Cushion of ham on a bed of spinach
Risotto of chicken wings and white truffle
Pigeons in crayfish butter
Chicken in a gypsy style
Pastry nests in white sauce
Mutton chops with creamed potatoes
Poached chicken in aspic glaze

Platters after the Fish

Chicken vol-au-vent
Terrine of larks
Custard rissoles
Ducklings Luxembourg
Battered fried fish in tomato sauce

Eight Great Pieces

Marinaded haunch of boar
Pullets with diced vegetables
Fillets of beef with horseradish, ham and Madeira
Pheasant in truffle and wine sauce
A turkey, garnished with kidney, sweetbreads and vegetables
Loin of veal with truffle, foie gras and pickled tongue
Parrtridges encased in pastry with glazed roots
Roast beef and sliced mutton

Eight Centrepieces Patisserie

ARCHITECTURES IN SPUN SUGAR, FONDANT AND MARZIPAN

An Italian pavilion
A Swiss hermitage
Great Parisian meringue
Tower of caramelised profiteroles with pistachios
A Welsh hermitage
The Royal Pavilion, rendered in pastry
A great nougat in the French style
Tower of profiteroles with aniseed

Eight Roasts

Woodcock larded with bacon
Turkey
Spiced pheasants
Chicken with watercress
Teal dressed with lemons
Chicken with truffle tartlets
Grouse
Quails larded with bacon

Thirty two Desserts and
Savoury Entrements

Stuffed cucumber in white sauce
Conserve of gooseberries
Greek raisin waffles
Buttered spinach
A pyramid of lobsters with fried parsley
Apricot and almond tartlets
Upside-down lemon jelly
Scrambled egg with truffle shavings
Turnips in tarragon sauce
Apple and rum pudding
Spun sugar diadems
Choux pastry flowers
Truffles in warm linen
Chicken, chicory and hazelnut salad
Maraschino jelly with whipped cream

Mushroom tart
Sardines with tomato and onions
Conserve of strawberries
Pyramid of shrimp
Upside-down cakes with caramel glaze
Salsify salad
Dauphine cream cake
Apricot blancmange
Lettuce in ham liquor
Grilled mushrooms with sherry
Pancakes with Chantilly cream
Almond loaf
Sautéed potatoes with parsley
Almond cakes
Rose ice cream
Orange liqueur jelly
Braised celery

Twelve Great Rounds

Four apple soufflés
Four vanilla soufflés
Four fondues

Afterword

The Prince Regent gave this extraordinary dinner to symbolise British supremacy in Europe, regarding the defeat of Napoleon as a personal triumph. He ascended to the throne as King George IV in 1820, but his lavish dining habits and excessive drinking led to morbid obesity, and he was crippled by gout. Having once remarked to Carême, "You will kill me with a surfeit of food", he died in 1830 of 'fat on the heart'.

Chef Antonin Carême, 'King of Cooks and Cook of Kings' was the greatest chef of his, and some would say all, time. He left the Prince's service later in 1817. Though he was to work for the Tsar and the fabulously wealthy Rothschilds, this dinner at the Royal Pavilion was the service of his career. He died in 1833, it is thought of carbon-monoxide poisoning – from years of cooking over charcoal in the great kitchens of Europe.

In 1825 Grand Duke Nicolas, the Prince Regent's honoured guest, became Tsar Nicolas I. A reactionary and autocrat, he was dedicated to the maintenance of a Russian Empire under the Tsars. He died, possibly by his own hand, of poisoning in 1855 - as Russia slipped towards defeat in the Crimean War.

람들은 더 이상 단두대의 위협을 받지 않았다. 하지만 많은 요리사처럼 그의 성장배경은 그의 요리를 맛보는 운 좋은 사람들과 극명하게 달랐다.

그는 열여섯 명의 자식 중 한 명으로 태어났고, 아버지는 술을 많이 마시는 노동자이고 어머니에 관해서는 알려진 것이 거의 없다. 그는 여덟 살에 아버지 손에 이끌려 파리의 거리로 나왔다. 아버지는 아들이 가난한 집을 떠나면 더 좋은 기회를 얻을 거라고 (결과적으로는 옳게) 판단했을 것이다.

처음에 카렘은 파리의 어느 관문 근처에 있는 (여행자들이 주로 가는) 허름한 음식점에 들어가 일하고 숙식을 해결하면서 6년간 견습 생활을 했다. 열다섯 살이 되자 그는 파리의 세련된 번화가에 자리잡은 최고의 페이스트리 요리사 실뱅 바이이Sylvain Bailly의 빵집에서 일자리를 구했다. 바이이 밑에서 일하면서 눈부시게 성장했다. 그는 이 빵집에서 다양한 페이스트리를 실험하며 바이이에게 강렬한 인상을 심어주었다. 바이이는 카렘에게 근처의 (다소 웅장한) 국립도서관에서 읽고 쓰면서 시간을 보내라고 조언했다. (이 도서관은 혁명기에 장서를 늘렸다. 귀족들의 저택에서 책을 몰수해 도서관에 보관했기 때문이다.)

결국 카렘이 고대 그리스의 폐허나 프랑스의 유명 건축물을 본떠서 만든 화려한 과자류가 나폴레옹의 눈에 띄었다. 카렘은 1810년에 나폴레옹과 오스트리아 마리 루이제Marie-Louise의 결혼식을 장식하는 웨딩 케이크를 제작했다.

카렘은 섭정 왕자 조지 4세George IV와 알렉산드르 1세Alexander I를 위한 만찬을 의뢰받았다. 1817년 1월 18일에 브라이튼 파비리온에서 조지 4세가 러시아 대공의 방문을 환영하는 자리에서 120가지 요리의 향연이 펼쳐졌다.

카렘은 큰돈을 벌고 후세를 위해 책을 여러 권 써서 그의 가장 유명한 작품의 설계도를 실었다. 그리고 기본 소스를 네 가지(베샤멜, 블루테, 에스파뇰, 알망드)로 분류하고 요리 연출의 중요성을 확신했다. '나는 질서와 맛을 원한다. 요리를 잘 차려내면 내 눈에는 100퍼센트 더 좋아 보인다.'

오랜 세월 인간은 필요에 의해서만 음식을 먹어서 (훌륭한 풍미와 식감을 주는

카렘은 조지 4세와 러시아의 차르 알렉산드르 1세를 위한 만찬에서 120가지의 화려한 요리를 선보이며 요리 역사에서 기념비적 업적을 남겼다.

데도 불구하고) 외양에 그처럼 신경 쓰는 호사를 누릴 수 없었다. 하지만 카렘이 이것을 완전히 바꿔놓았다. 게다가 그는 무대 중앙에 오르는 데 두려움이 없었는지, 그가 창조한 요리의 삽화와 함께 자신의 모습을 책에 그려 넣었다. 그는 현재까지도 총괄 요리사가 입는 복장[두 줄 단추의 흰색 요리사 재킷과 길쭉한 흰색 모자(토크)]을 착용하고 있다.

카렘은 1834년 쉰 살의 나이에 폐병으로 사망했다(평생 통풍이 잘 안 되는 주방에서 일한 탓이었다). 그리고 이제 우리는 확실하게 그를 최초의 현대 유명 요리사라고 볼 수 있다. 20세기 초의 프랑스 시인 로랑 탈라드Laurent Tailhade는 그가 '천재성의 불꽃과 고기를 굽는 불구덩이의 숯에 타버렸다'고 노래했다.

하지만 파리에 유명한 요리사로 카렘만 있는 것은 아니었다. 그가 개인 요리사로서 유럽의 왕궁과 대저택의 굳게 닫힌 문 안에서 인정받는 사이 파리에는 레스토랑의 열기가 뜨거웠다.

결정적 순간은 1827년이었다. 갈리냐니Galignani의 『새로운 파리 안내서New Paris Guide』 15쇄가 출간되면서 파리에 좋은 레스토랑이 급증할 것임을 예고했다. ('프랑스 대도시를 함께 여행하는 이방인의 동반자Stranger's Companion Through the French Metropolis'라는 제목이 붙기도 한 이 책은 지금도 파리 리볼리 가에 있는 서점을 운영하던 이탈리아인 형제가 출판했다.) 프랑스의 수도 파리를 여행할 만큼 부유하고 여유로운 사람들을 위한 책이었다. (당시는 여행하기 1주일 전에 런던의 포틀랜드 플레이스 50번지에 있는 프랑스 대사관에 들러 여권을 신청할 수 있었다. 그리고 이튿날 대사가 직접 서명한 여권을 찾으러 갔다.)

이 안내서는 파리에서 '미식가가 같은 돈으로 런던보다 훨씬 더 호화롭게 식사를 즐길 수 있다'고 소개한다. 저자는 카페의 수에도 감탄했다. 파리의 거리에는 카페가 '즐비하다'면서 '어느 도시에서도 이와 비슷한 광경을 만날 수 없다'고 적었다. 사실 저자는 카페가 모두 2,000개 정도라고 추정하면서 '파리지앵도, 이방인도 거의 온종일 카페에서 빈둥거린다'고 적었다. 카페에서는 또한 영국과 프랑스의 중요한 차이점을 발견할 수 있었다. '파리에서는 모든 계급이 한데 섞이고 이방인들이 서로 말을 건네며 어떤 이는 도미노 게임을 하고 어떤 이는 신문과 잡지를 읽는다.'

대다수의 카페에서는 근사하게 차려입은 여자를 입구의 잘 보이는 자리에 앉혀 카페 전체를 감독하고 운영하도록 했다. 카페에 들어선 손님이 모자를 벗고 그 여자에게 인사하지 않으면 신성모독과도 같았을 것이다. '우아한 차림에 보석으로 치장한 여자가 약간 높은 자리에 앉아 있다. 그 여자는 멋쟁이 남자들의 과도한 칭찬과 음탕한 시선 속에서 서빙을 지시하고 계산을 해준다.'

같은 시대에 런던의 레스토랑과 커피하우스에서는 대체로 칸막이로 자리를 나누도록 좌석을 설계한 데 반해, 파리의 레스토랑과 카페는 열린 공간에 테이블과 램프와 조각상을 배치하고 테이블 위에 꽃병을 올려놓고 곳곳에 거울을 붙였다. (말소리와 웃음소리가 뒤섞여) 소음이 심했다. 하지만 『새로운 파리 안내서』에서는 프랑스 혁명의 기억이 희미하게나마 남아 있다는 점에 유념하여 방문객들에게 이렇게 경고했다. '이런 장소에 자주 다닐 때는 정치에 관한 화제를 피하는 것이 좋습니다.'

런던은 레스토랑에서 다양한 요리를 선택할 기회를 주지 않는다는 점에서 한참 뒤처졌던 듯하다. 이 안내서는 파리의 새로움에 관해 '레스토랑에서 주로 알 라 카르트라는, 단품 메뉴의 가격이 적힌 차림표를 주고 어떤 차림표에는 300가지 이상의 요리가 적혀 있다'고 설명했다. 와인은 '뱅 오디네어Vin Ordinaire (보통 와인 - 옮긴이)'라는, 고가의 와인만큼 좋은 와인을 추천해주었다. 대체로 '파리에서는 사치와 절약이 적절히 섞인 듯' 보였다.

고급 레스토랑에서 식사를 하는 데는 2프랑 정도 들었다. 정해진 가격의 메뉴 (빵, 수프, 세 가지 주요리 중 하나, 디저트와 와인으로 구성된 식사)를 제공하는 소박한 레스토랑에서는 22수(1프랑 정도)가 들었다. 지금의 화폐 가치로 환산하면 10파운드 정도이니, 역시 사치와 절약이 적절히 결합한 수준이다.

작가 프랜시스 코글랜Francis Coghlan이 1830년에 쓴 『프랑스 안내서A Guide to France』도 파리의 저렴한 레스토랑을 많이 소개하지만 독자에게는 이런 레스토랑을 피하라고 조언한다. '파리에는 네 가지의 요리와 와인 반병과 디저트와 빵을 30수에 파는 가게가 많지만 조금이라도 청결을 따지는 사람이라면 이런 불결한 곳은 피해야 한다.'

갈리냐니는 레스토랑이 카페만큼 많다고 적으면서도 특별히 열여섯 개만 열거했다. 그가 선정한 최고의 레스토랑들인데, 그중 하나가 팔레 루아얄에 위치한 브아시에Boissier다.

루이 브아시에Louis Boissier의 이 레스토랑은 웅장하고 화려한 옛 궁전에 있었다. 현재도 르 그랑 베푸Le Grand Véfour(브아시에의 전임자 이름)라는 이름으로 운영된다. 원래 1784년에 문을 연 레스토랑을 1823년에 브아시에가 사들인 것이다. 이 레스토랑은 『새로운 파리 안내서』에서 '파리지앵 유흥의 중심지'가 되었다고 소개한 아케이드 에 있었다. 아케이드에는 고급 매장과 고급 도박장이 있고, 새로 부를 이룬 상인들이 이곳에 와서 주사위 놀이와 카드 게임과 룰렛 게임을 했다. 그런데 팔레 루아얄에는 또 하나의 특징이 있었다. 이 안내서는 다음과 같은 비밀을 털어놓았다. '쾌락과 악 덕, 즐거움과 타락의 완벽한 예…… 동물적 쾌락만을 위해 사는 사람들이…… 한평 생 만족스럽게 살 수 있는 곳이다.'

브아시에의 레스토랑은 한 폭의 화려한 그림이었다. 회반죽으로 우아하게 장 식된 천장에는 프레스코화로 화관을 쓴 여자들과 장미꽃이 그려져 있고, 벽은 금박 을 입힌 거울로 덮여 있었다. 음식도 초호화판이었다. 트러플을 얹은 마렝고 오 푸 레Marengo au poulet(1800년 나폴레옹의 승리를 축하하는 닭튀김) 같은 메뉴가 있고, 간단한 식사 메뉴로는 코틀레트 드 무통côtelettes de mouton(양갈비)이나 멀랑merlan(대구) 같은 요리가 있었다.

카렘의 줄줄이 이어지는 예술 작품과도 같은 화려한 페이스트리 디저트는 아직 사적인 자리에서만 나왔다. 하지만 레스토랑에서도 비스킷과 마카롱과 머랭과 이국 적인 과일뿐 아니라 구즈베리와 (파리 남쪽) 퐁텐블로에서 나는 포도와 (파리 북쪽) 사르셀의 온실에서 나는 파인애플이 나왔다.

파리 제2구의 몽토르게이 가와 그레네타 가 길목에는 또 하나의 고급 레스토랑 이 있었다. 요리사 보렐이 차린 오 로셰 드 캉칼Au Rocher de Cancale은 굴과 해산물 전문 레스토랑으로 지금도 성업 중이다. 몇십 년 후 런던의 〈하퍼스 매거진Harper's Magazine〉 에서는 보렐을 '주방의 위대한 인물'이라고 칭송하면서도 그가 '현숙한 여자가 아니 라 예쁜 여자를 아내로 맞았고…… (그의 아내는) 보렐이 번 돈보다 더 많이 썼다'고 소개했다. 결국 그는 파산했고, 그의 아내는 '러시아에서 온 방랑자와 도망쳤다'고 소개했다.

파리 제2구의 요리사 보렐의 레스토랑에서는 굴과 해산물을 팔았다. 19세기 파리의 레스토랑 중 현재까지 운영되는 몇 곳 가운데 하나다.

몇 년 후 어느 러시아인이 유명한 요리사 보렐과 그의 레스토랑을 찾아 파리로 왔다. 그는 보렐의 레스토랑이 문을 닫았다는 소식을 듣고 파리의 레스토랑들을 찾아다니며 보렐에 관해 수소문한 끝에 카페 드 파리의 웨이터에게서 보렐이 허름한 동네에 살고 있다는 말을 들었다. 결국 그는 보렐을 찾아내어 돈과 옷을 주고 함께 러시아로 가자고 설득했다. 그리고 러시아 상트페테르부르크로 가서 한 레스토랑의 주방에 보렐을 고용했다.

보렐은 다시 재산을 불리며 새로운 도시에서 요리계의 스타로 떠올랐다. 그는 자신을 후원해준 사람의 배경에 관해서는 아무것도 몰랐다. 그러던 어느 날 후원자의 집에 갔다가 그가 없어서 그 집의 가정부와 이야기를 나누었다. 가정부는 보렐에게 그 집 주인이 예전에 파리에 갔다가 프랑스 여자를 데려왔는데, 당시 파리의 유명한 요리사와 결혼한 여자였다고……

보렐은 그 집에 더 머물며 결국 그 러시아인과 그의 아내를 만났다. 하지만 두 사람은 불륜 관계를 정리한 뒤였다. 그 러시아인은 이미 〈하퍼스 매거진〉 편집자의 말로는) '그녀의 한창 시절의 젊음이 사라졌다'고 느끼고 그녀와 헤어진 뒤 새로운 정부情婦를 얻었다. 보렐은 전 부인과 재결합했고, 그녀는 다시 나쁜 평판을 들을까 두려워 남편의 돈을 훨씬 덜 헤프게 썼다!

『새로운 파리 안내서』에서 소개하는 또 하나의 레스토랑으로 팔레 루아얄 건너편 뇌브 데 프티샹 거리의 그리뇽Grignon's이 있다. '오십 고개를 넘은 남자'라는 필명의 작가는 1860년의 〈도시와 국가에 관한 프레이저 매거진Fraser's Magazine for Town and Country〉에서 40여 년을 거슬러 올라가 1820년의 기억을 더듬으며 '그리뇽은…… 파리에서 손님으로 가장 북적이는 레스토랑이었다'고 적었다. 이 레스토랑에서는 4프랑 정도에 서너 가지의 요리와 마콩 와인 한 병으로 근사한 식사를 즐길 수 있었다. 그는 오래된 영수증도 보관했다. 영수증에는 페르드로 루즈 파르시 오 트러플(송로버섯으로 속을 채운 붉은 자고새)과 구운 멧도요와 솔 오 뱅 드 샴페인(샴페인 소스를 곁들인 서대기), 그리고 클로 부조Clos Vougeot 한 병으로 구성된 식사 내역이 적혀 있다. 클로 부조는 12세기에 수도승이 만든 부르고뉴의 포도밭에서 생산된 와인이다. 이 포도밭의 와인은 피노 누아 포도로 만든 레드와인이다. 따라서 그가 육류가 아니라 생선 요리에 어울리는 와인을 고른다면 같은 성에서 나는 화이트와인인 부르고뉴 샤르도네가 더 잘 어울렸을 것이다.

그 밖에 당시의 훌륭한 레스토랑으로 1820년대 말에 작곡가 엑토르 베를리오즈Hector Berlioz가 자주 가던 리슐리외 가 100번지의 르마르델레Lemardelay가 있었다. 소설가 오노레 드 발자크Honoré de Balzac는 샤틀레 광장의 요리사 마르탱이 운영하는 보키 테트Veau qui Tete라는 레스토랑의 단골이었다.

이 안내서는 영국인이 운영하는 레스토랑 두 곳도 소개한다. 비비엥 가의 던스Dunn's, 르펠시에 가의 틸브룩스Tilbrook's였다. 『프랑스 안내서』에서는 틸브룩스에서 '영국식 요리'를 판다고 설명했다. 그 이상의 내용은 없어서 어떤 레스토랑이었는지 추측해볼 뿐이지만 파리에서 만날 수 있는 최고급 레스토랑 목록에 들어간 것만으로도 영광이다. 물론 파리의 화려하고 복잡한 메뉴에 질린 영국인 여행자들에게 위안을 주는 레스토랑이었을 것이다. 실제로 파리의 어떤 요리는 영국인들이 꺼렸던 듯하다. 그래서인지 『새로운 파리 안내서』에서는 프랑스의 특정 식습관, 이를테면 개구리를 먹는 문화를 옹호하려 했다.

영국에는 개구리를 먹는 프랑스의 문화에 대한 부당한 편견이 여전히 퍼져 있다. 영국인들은 개구리를 먹는 것을 가난과 비참의 상징으로 여기기 때문이다. 사실 프랑스에서는 개구리로 만든 프리카세를 먹는 것이고, 요리용 개구리는 정해진 방식으로 살을 찌운 특별한 종류이고 요리에는 넓적다리만 쓰므로 작은 접시 하나에 개구리가 여러 마리 들어간다. 맛있기로 정평이 난 고급 요리로, 터무니없이 비싼 가격 때문에 여간해서는 맛보지도 못한다.

하지만 영국 작가들이 파리 레스토랑의 화려한 면을 칭송하고 파리의 요리가 왜 독보적인지 구구절절이 설명하지 않아도 파리의 레스토랑은 세계에서 압도적으로 우수했다. 1820년대가 끝나갈 무렵 20대 후반의 미국인 여자가 매사추세츠 주의 고향에서 프랑스와 스페인으로 여행을 떠났다. 그녀는 여행 내내 아버지에게 편지를 보냈고, 그 편지가 묶여서 한 권의 책으로 출간되었다.

캐롤린 엘리자베스 와일드 쿠싱Caroline Elizabeth Wilde Cushing이라는 이름의 그녀는 모험심이 강하고 독립적이지만 고향의 부모를 그리워하며 '광대한 대양이 우리를 갈라놓았다'고 안타까워했다. 그녀는 여행에서 더 현명해져서 돌아왔다. 그리고 앞으로 여자들이 더 제대로 대접받아야 하고 사회적 제약으로 인해 사업과 공적인 삶을 회피해서는 안 된다고 보았다. 특히 파리에서 만난 '대규모 상업 시설이나 대형 호텔에서 적극적이고 주도적으로 명령하는 역할'을 맡은 여자들에게 감명을 받았다. 그 여자들은 '남편이 병들거나 남편이 없거나 세상을 떠나면 남편의 사업을 물려받아 완벽하게 운영할 수 있었다'.

그중에 몇 명은 레스토랑에서 만났다. 호텔처럼 여자들이 운영하는 레스토랑도 많아 보였다. 고급 레스토랑 입구의 높은 의자에 앉은 여자들도 보았다. '그 여자는 레스토랑 전체를 총괄하고 식사를 마친 손님에게 돈을 받고, 과일을 가져다주기도 한다. 옆에 있는 널찍한 테이블에 과일을 차려서 아주 근사한 쇼처럼 보이게 한다.' 하지만 쿠싱은 이렇게 인정하기도 했다. '그런 여자는 대개 살롱의 장식품처럼 손님

을 끌어들이기 위해 미모로 뽑힌다.'

쿠싱은 레스토랑에서 여자들이 함께 모여 식사하는 독특한 장면뿐만 아니라 신사가 혼자 식사하는 장면도 보고 부부가 점심과 저녁을 먹는 장면도 보았다. 나아가 파리의 레스토랑은 미국의 고향에서는 듣도 보도 못한 방식으로 운영된다고 소개한다. 바로 기능과 쾌락이 결합된 방식이다. 파리의 레스토랑은 요리사나 주인이 편할 때만 영업하는 것도 아니고 그 어느 곳보다도 많은 음식을 제공한다고 했다.

쿠싱이 가본 모든 레스토랑에서는 수프로 식사를 시작하고('프랑스의 식사에 반드시 들어가는 시작 단계'), 이어서 (아무리 허름한 레스토랑이라도) '세 가지의 요리와 함께 와인, 과일, 빵이 나오고, 그리고 작은 잔에 커피가 나오고, 커피에 우유는 넣지 않아도 설탕은 양껏 넣어서 식사를 마무리한다'. 쿠싱이 팔레 루아얄에서 가본 레스토랑에서는 '최고급 미식을 완성하는 프랑스의 화려한 요리를 제공한다'. 레스토랑마다 손님이 가득 들어차서 쿠싱은 이내 '예고 없이도 좋은 식사를 할 수 있는 것이 얼마나 편리한지' 깨달았다.

파리의 레스토랑은 새로운 근대성을 보여주었다. 파리에서 레스토랑이 번창하던 시기는 피로 얼룩진 혁명이 발발한 지 몇십 년이 지난 후라 편안한 분위기, 개방적이고 접근하기 쉽고 민주적인 분위기가 자리잡힌 때였다. 쿠싱은 '사람들이 파리에서 선보이는 모든 것을 쉽게 접할 수 있었다'고 적었다. 전시회와 공공 기관과 사설 기관은 '특히 이방인에게 입장료가 무료였다. …… 어느 도시에서든 연구를 위해서나 즐거움을 위해서나 파리만큼의 혜택을 누릴 수 없었다. 파리만큼 접근성이 용이한 곳도 없었다'.

캐롤린 쿠싱은 고향으로 돌아온 지 2년 만에 서른 살의 젊은 나이로 세상을 떠났다. 몇 달 뒤 쿠싱의 편지가 묶여서 출간되었다. 지금도 그녀의 편지를 읽으면 레스토랑이 번창하고 외식이 즐거움이 되었던 시대의 파리를 엿볼 수 있다. 무엇보다도 레스토랑이 미술관이나 박물관, 건축물, 그림, 음악만큼 문화의 중요한 요소가 되었다는 사실을 확인할 수 있다.

재능 있는 개인 몇 사람이 훌륭한 식사 문화를 만들어낼 수는 없었다. 개방적이고 자유로운 정신이 필요했다. 20세기로 넘어갈 무렵의 공산주의만큼 음식 문화를 파괴한 것도 없었다. 반대로 부유한 귀족이 지배하는 사회만큼 사회의 발전을 저해한 것도 없었다. 경제가 발전하고 번창하려면 새로운 돈이 필요하다. 고급 레스토랑에서 돈을 마구 뿌리는 천박한 상인들 말이다.

1820년대의 파리는 지구상에서 최고급 레스토랑을 가장 많이 보유한 도시로 명성을 쌓았고, 이후 100년 넘게 다른 어느 곳도 그 왕좌를 넘보지 못했다. 영국해협 너머로 새로운 빅토리아 시대를 보내던 영국인들은 진정 파리의 맞수가 되지 못했다. 신분 상승을 꿈꾸는 젊은이들이 음식을 화제로 올리지 않던 시대였다. 푸딩을 먹는 즐거움을 표현하는 것조차 죄악시했고, 외식은 디킨스의 소설에나 나오는 음울한 현실이었다.

그럼에도 불구하고 멋진 예외가 있었으니…….

9

클럽의 탄생과
독보적인 주방

빅토리아 여왕의 장기 집권이 시작될 즈음,
영국에서는 문화부터 산업에 이르기까지 대대적인 변화가 일어났다.
빅토리아 시대의 정신이 레스토랑에서 표현되지는 않았지만
훗날 외식 문화에 중대한 영향을 미치는 또 하나의 시설이 출현했다.
바로 클럽이다. 귀족과 노동자를 위한 시설.

빅토리아 시대에는 잉글랜드 전역에서 거대한 변화가 일어났다. 하지만 빅토리아 여왕이 왕위에 오른 1837년 6월 20일에 변화가 시작된 것도 아니고 여왕이 서거한 1901년 1월 22일에 끝난 것도 아니었다.

변화는 산업혁명의 영향으로 촉발되고 그 영향을 내포했다. 정치 개혁이 일어났다. 평화와 번영이 도래했다. 지독한 빈곤도 있었다. 레스토랑과 음식의 발전 뒤에는 복잡한 배경이 얽혀 있다. 1800년과 20세기 초 사이에 많은 일이 일어났다.

스포츠가 성문화되었다. 럭비와 크리켓과 크로케의 규칙이 공표되었다. 철도가 놓이고 증기선이 건조되었다. 마취약의 발명으로 의학이 변화했다. 사진이 예술 형식에서 신문 취재 업계의 한 직업으로 변해가는 사이 〈텔레그래프Telegraph〉와 〈(맨체스터) 가디언(Manchester) Guardian〉 같은 신문사가 설립되었다. 개혁법Reform Act에 의해 민주주의의 시민권이 확장되었다. 서커스가 대유행하고 악단과 연주단도 인기를 끌었다. 미국과 오스트레일리아에서 통조림 고기가 수입되었다. 유용한 통조림 따개도 발명되었다. 치즈 공장이 문을 열고, 수에즈 운하가 뚫리면서 인도와 아시아에서 영국으로 들어오는 상선이 점점 빨라졌다. 냉동 기술의 발전으로 상선에서 음식을 보존할 수 있었다. 카나리아 제도에서 바나나가 들어왔다. 무료 급식소에서 빈민에게 음식을 배급하기 시작했다. 음식, 음료, 약물 불순물 금지법The Adulteration of Food and Drink and Drugs Act에 의해 보건과 안전이 강화되었다. 1902년에는 도시상수도위원회Metropolitan Water Board가 설치되어 런던 전역에 물을 공급했다.

영국은 느리지만 확실하게 농업국가에서 산업국가로 옮겨갔다. 영국의 음식 역사학자 콜린 스펜서Colin Spencer는 놀라운 통계치를 제시했다. 1800년에는 인구의 80퍼센트가 농촌과 소도시에 살았지만 1900년에는 이 수치가 역전되었다. 말하자면 인구의 80퍼센트가 주요 도시와 대도시에 거주한 것이다. 남성의 12퍼센트만 농업에 종사했다.

이러한 변화는 음식의 세계에 지대한 영향을 미쳤다. 산업혁명 이전의 농업시대에는 토지를 소유한 사람이 극소수였지만 누구나 땅에 접근할 수 있었다. 앞서 보았듯이(제7장 참조) 농업시대에는 농부들이 집 근처에서 생활하며 채소를 기르고 수확하고 초과량을 보존하는 등 땅으로 생계를 유지했다. 가축을 기르고 돼지를 치고 소시지와 햄을 만들어 가족이나 이웃과 나눠 먹었다. 양배추와 당근과 순무와 오이와 완두콩을 먹었다. 닭은 먹지 않았다. 가난한 사람이든 부자든 누구나 집에서 비슷하게 먹고 살았다. 식단이 다채롭고 단백질이 풍부했다. 안드레아 브룸필드Andrea Broomfield는 『빅토리아 시대 영국의 음식과 요리Food and Cooking in Victorian England』라는 책에 이렇게 썼다.

영국 사람들은 계급이나 혈통과 상관없이 구운 소고기나 양고기 꼬치에 갈색 그레이비소스와 양념을 바르고 말린 과일을 잔뜩 넣어 삶은 자두 푸딩을 먹었을 것이다. 식사를 하면서 에일로 목을 축였을 것이다.

도시로의 이주가 자발적인 선택만은 아니었다. 농촌에 살던 사람들은 생계 수단을 공장에 빼앗긴 현실에 직면해야 했다. 가내수공업이던 방적 산업은 기계로 실을 빠르게 생산할 수 있게 되자 사양길에 접어들었다. 맨체스터나 버밍엄 같은 도시에서 일자리를 구했더라도(버밍엄의 인구는 1800년에서 1850년 사이에 다섯 배나 증가했다) 도시의 공장에서는 농촌처럼 꾸준히 파종하고 수확하고 보존하기 위한 인력이 필요하지 않으므로 고용이 보장되지 않았다.

도시에서는 공간이 부족해서 가족이 지내는 방이 작아진데다 음식을 요리하고 보존하기 위한 도구를 보관할 자리조차 없었다. 버터를 만드는 기계나 염장육을 보관하는 나무통을 넣을 공간이 없었다. 따라서 식단이 부실해졌다. 감자와 묽게 우린 홍차로 겨우 연명하는 사람이 많았던 듯하다.

노동자들이 사는 빈민가의 집들은 비좁고 답답했다. 침대 하나에서 다 같이 자고 느긋하게 쉴 공간이 거의 없었다. 적어도 고된 노동을 마친 뒤 돌아가고 싶은 편안한 집이 아니었다. 미혼 남자들은 하숙집에서 눈이나 겨우 붙일 뿐이었다.

따라서 남자들이 일을 마치고 여관이나 새로 생긴 클럽에 모이는 것도 놀랍지 않았다. 클럽은 비슷한 생각을 가진 노동자들을 위한 장소였다. 그들이 각자의 인생관과 맞는 곳에서 모일 수 있으면 자존감과 품위와 유머 감각이 향상될 터였다. 펍과 달리 클럽은 주인의 수익을 위한 시설이 아니고 천둥벌거숭이 아이들과 잔소리를 퍼붓는 아내에게서 잠시나마 벗어날 수 있는 곳이었다.

최초의 노동자 클럽으로 알려진 시설은 1850년에 현재 그레이터맨체스터의 스토크포트의 한 지역인 레디시에서 출발했다. 산업혁명 시대에 급속도로 발전한 지역이다. 면직 공장에 노동자가 필요했고, 테라스 하우스(비슷하게 생긴 집이 연이어 늘어선 형태 - 옮긴이)가 도시 전체에 들어서 노동자와 그 가족을 수용했다.

레디시 노동자 클럽은 남자들이 공장에서 퇴근한 뒤 편하게 어울리며 쉬는 곳이었다. 이 클럽은 원래 이 지역의 공장 주인인 로버트 하이드 그레그Robert Hyde Greg가 기계공을 위한 공간으로 만든 곳이었다. 그는 1834년에 아버지 새뮤얼 그레그가 세상을 떠난 후 사업을 물려받았다. 1831년에 공장이 다섯 개이고 종업원이 2,000명이고 연간 1,800톤의 목화를 면직물로 생산한 성공적인 사업체였다. 그레그는 이후 20년에 걸쳐 사업 규모를 두 배로 키웠다. 그는 무례하고 툭하면 시비를 거는 사람으로 악명 높았지만 아동노동을 근절하기 위해 싸우고 그의 공장에서 일하는 노동자들을 교육하고 교회에 나가도록 이끌었다.

그가 만든 클럽은 도서관도 갖추었고, 얼마 후부터는 기계공뿐 아니라 다양한 노동자를 받아들였다. 클럽은 그레그의 공장 안에 있었고, 노동자에게 집에서 누리지 못하는 안락함과 온기를 제공했다.

이후 전국에 유사한 클럽이 생겨났다. 그중 다수가 산업혁명의 발전소가 되었던 북부의 크고 작은 도시에 있었지만 실제로 클럽이 일찍부터 성장한 곳은 미들랜드와 런던 인근 지역이었다.

허트포드셔에서 1855년에, 첼트넘에서 1849년에, 월섬스토와 코벤트리에서 1860년에 노동자 클럽이 생겼다. 같은 시기에 노샘프턴셔의 여러 소도시에서도 클럽이 문을 열어 성행했다. 체셔에서 1875년에, 그레이터맨체스터의 고들리에서 1872년에, 로치데일에서는 1877년에 클럽이 문을 열었다. 그리고 북쪽으로 노섬벌랜드와 스코틀랜드에서 1880년대에 클럽이 문을 열었다. 1868년에는 노동자 클럽이 약 72개였다. 1901년에는 1,000개가 넘었다.

클럽에서는 음식을 중요하게 여기지 않았지만 식사를 제공하는 클럽도 많았다. 하지만 주방을 제대로 갖춘 곳이 거의 없었고, 일부 클럽에서는 여행자 음식 공급업체를 이용했다.

그중 20세기 초에 밥 러들램Bob Ludlam의 음식 공급업체는 런던 전역에 서비스를 제공하고 노동자 클럽의 정기간행물에 광고를 실었다. 러들램이 1911년에 낸 광고는 '최고급 식사, 차, 만찬 등을 모두의 주머니 사정에 맞게' 제공한다고 약속했다. 일부 클럽에서는 노동자들에게 시민농원에서 먹거리를 직접 재배하고 클럽에서 나누도록 권장했다.

물론 노동자 클럽은 이용자가 직접 설립하거나 자금을 대어 만든 곳이 아니었다. 그레그가 만든 레디시의 클럽처럼 많은 클럽이 노동자들이 일하는 회사의 소유주가 만든 곳이었다. 클럽은 펍처럼 자유로운 공간이 아니었고, 결정적인 차이점 하나가 있었다. 클럽에서는 술을 팔지 않았다.

그렇다면 이처럼 깨끗하고 널찍한 환경이 널리 퍼져나간 것은 알고 보면 교묘히 조작된 사회공학의 한 형태가 아니었을까? 어쨌든 어느 산업의 노동자든 꽤 오랫동안 음주 습관으로 악명이 높았다. 이런 오명을 얻은 근거가 있든 없든, 그러니까 노동자들이 정말로 주중에 봉급이 허락하는 한에서 술을 퍼마시다가 금요일 밤에 봉급 봉투를 받으면 정신이 나가든 아니든, 빅토리아 시대에 많은 사람이 문제로 여기고 문제를 해결하기 위해 행동에 나서기로 한 것은 사실이었다. 그중에 런던 출신의 헨리 설리Henry Sully가 있었다. 그는 철도사업으로 성공한 후 유니테리언 교회의 목사가 되었고 노동계급의 진보에 대해 확고한 신념을 가졌다. 하지만 골칫거리가 하나 있었다. '비참하고도 불명예스럽게 술집에 얽매인 (노동자들의) 상태'였다.

영국 전역에 클럽이 생기자 설리는 마침내 행동에 나서기로 했다. 그래서 1862년에 노동자 클럽과 회관 조합Working Men's Club and Institute Union이라는 단체를 결성했다. 런던 스트랜드에 사무실을 열고 귀족과 하원 의원들의 지원을 받았다. 그리고 대의명분을 내세워 회원들을 결집했다. 그의 명분은 클럽의 사회적 이상과 회관의 교육적 요소를 결합하는 데 있었다. 나아가 계획과 이상을 소개하는 책자까지 만들어 배포함으로써 사람들의 관심과 자금을 끌어모았다.

그의 목표는 한마디로 노동자들이 '술에서 벗어나 오락과 다과를 매개로 대화와 일과 정신 함양을 위해 만나게 해주는' 데 있었다. 그는 '이 나라 노동계급의 성격과 조건을 개선하기 위한 온갖 노력에도 불구하고 노동자들 사이에 여전히 팽배한 폭음, 무지, 낭비벽, 종교에 대한 무관심이 개탄스러울 정도다'라고 말했다.

설리는 절제운동temperance movement(그즈음 금주를 장려하는 데 확고히 입지를 굳힌 운동이다)이 이뤄낸 바람직한 결과를 높이 사면서도 이렇게 지적했다. '절제운동으로 음주벽에서 구제된 사람들이 금주를 지속하지 못하는 경우가 많다. 그들이 술집에서 보내던 시간에 새롭게 할 일을 제시하지 못한 탓이다.' 설리는 일과 관련된 모임을 펍에서 가질 때는 술을 마시지 않는다고 해도 모임이 끝난 후 '특히 청년들은' 다들 카운터로 가서 술을 주문한다고 덧붙였다.

설리는 클럽의 정관에 교육 이념을 넣도록 권장했다. 한쪽에서는 카드놀이나 도미노 게임이나 크리비지(카드 게임의 일종 - 옮긴이)를 하고, 다른 쪽에서는 클럽에 비치된(노동자들이 다른 데서는 구하기 힘든) 신문과 잡지를 보고, 또 글을 깨우치기 위한 수업에 참여할 수도 있었다. 일반적으로 클럽에는 다과를 위한 공간이 있고, 당구대가 놓인 방도 있고, 도서관도 있고, 무대가 설치된 중앙 강당에서는 토론과 강연을 진행할 수 있었다.

기록에 의하면 클럽에서 퍼져나간 연설이 있었다. 유니버시티 칼리지의 J. T. A. 헤인즈J. T. A. Haines의 「종교개혁」이라는 연설과 올 소울스 칼리지의 워커 목사E. M.

Walker의 「농민 동업」이라는 연설이었다.

설리가 대의명분을 내세운 첫해에는 열세 개의 클럽이 새로 생겼고 다른 열세 개(그레그의 기계공 클럽처럼)가 연합했다. 이후 2년에 걸쳐 설리의 후원으로 전국에 클럽 300개가 생겼다.

그런데 설리의 정관에 위원회의 50퍼센트가 노동자로 구성되어야 한다고 명시되긴 했지만 클럽 회원과 후원자들 사이에서는 설리의 영향력이 다소 지나치다는 정서가 팽배했다. 실제로 클럽 후원자인 스코틀랜드의 귀족 로즈버리 경Lord Rosebery 은 노동자는 '그들 자신의 노력으로 성장하는 존재이지, 남이 가르치고 양육하고 얼러줘야 할 대상이 아니다'라고 말했다. 스카버러 노동자 클럽의 한 벽돌공은 후원자들에게 반발하여 노동자로만 구성된 새로운 위원회를 만들었다. 그는 새 위원회에서 '후원자들 사이에서는 노동계급에 지나치게 과시하려 드는 정서가 있다'고 연설했다. 그리고 이런 정서가 클럽들 사이에 퍼져나갔다. 그로부터 100년 후 역사학자 존 테일러John Taylor는 1860년대에는 '후원자들에 대한 저항이 팽배했다'고 적었다.

클럽들은 위원회에서 회원이 아닌 구성원을 쫓아내고 투표를 통해 후원자를 모두 해고하는 쪽으로 움직였다. 물론 클럽을 운영하려면 자금이 필요했다. 그때까지는 공장 주인이나 상류층 후원자들이 자금을 댔다. 따라서 회원들은 두 가지를 시행했다. 감당할 수 있는 수준의 소액으로 회비를 걷는 제도를 도입하고, 또 클럽에서 자체적으로 자금을 마련하기도 했다. 술을 파는 방식으로.

계산이 빠른 회원들은 그들이 곧 클럽이므로 수익을 따로 내지 않고 맥주를 팔수 있으니 펍보다 저렴하게 맥주를 공급해서 회원을 더 끌어모을 수 있다고 판단했다. 로즈버리 경은 이런 명분을 지지하면서 클럽은 '술 소비에 대한 성가시고 유아적인 제약에서 자유로워야 한다'고 주장했다.

설리를 공격한 후원자는 또 있었다. 스탠리 경Lord Stanley은 〈타임스The Times〉에 기고한 글에서 설리의 오만하고 유니테리언적 간섭을 지적했다. 노동자들은 소셜 클럽이 '위장된 학교가 아니기를' 바란다고도 적었다. 한편 리틀턴 경Lord Lyttelton은 〈새터데이 리뷰Saturday Review〉에 비난의 편지를 실었다. 설리와 그의 사람들이 할 수 있는 최선은 '클럽에서 완전히, 영원히 손을 떼고 기계공들이 직접 운영하게 놔두는'

것이고 그동안 설리가 클럽과 회원들 위에서 '군림했다'고 지적했다.

1868년 7월에 설리는 차분히 앉아 (분노에 찬) 장문의 성명서를 작성하면서 그의 소중한 클럽 조직에 관해 떠도는 허위 사실을 바로잡으려 했다. 제목은 '노동자 클럽과 회관에 관한 진실과 거짓'이었다. 설리는 우선 그와 그의 사람들이 클럽 회원들을 가르치려 한다는 비난에 반박했다. '우리는 특히 노동자들이 스스로, 그들 자신을 위한 클럽을 만들어나가도록 이끌어주는 데 목표를 두었다.' 그리고 심사가 뒤틀린 듯 이렇게 덧붙였다. '우리는 그저 노동자들이 스스로 해나가도록 도와주고 싶을 뿐이지, 노동자들을 대신해서 해주려던 게 아니었다.' 그리고 언론에 실린 공격에 격분했다. '〈타임스〉의 스탠리 경과 〈새터데이 리뷰〉는 정확한 정보를 제공할 만큼…… 제대로 된 능력을 갖추지 못했다.'

설리는 클럽에 가입한 사람들은 그를 필요로 한다면서 이렇게 주장했다. '노동자들은 중산층의 도움 없이는(거듭 말하지만 돈 문제만이 아니다) 클럽을 설립하거나 운영할 수 없다.' 그리고 노동자들에게 그의 도움이 필요한 이유는 다른 노동자들이 편이 아니라 클럽에서 만나는 것을 비웃고 그 방법을 권하는 사람들을 조롱하면서 저항하기 때문이라고 했다.

클럽에서 제공하는 이성적인 즐거움과 조용한 사교 활동을 좋아하지 않고 자기보다 고상하고 정돈된 취향을 가진 사람들을 비아냥거리는 노동자는 언제나 존재한다. 그리고 조롱당하는 것만큼 영국의 노동자가 두려워하는 것도 없다.

그리고 노동자들은 '동료들을 문명화된 길로 이끌어주려 할 때 괴롭힘을 당하느니' 차라리 전쟁터에 나가서 죽는 게 낫다고 생각할 거라고 지적했다. 따라서 설리처럼 '공공의 정신과 사회적으로 좋은 위치'에 있는 사람들이 도와줘야 클럽의 회원들이 조롱과 경제적 어려움과 복잡한 행정을 헤쳐 나갈 수 있다는 것이다. 나아가 그가 회원들과 함께 있어야 다들 조롱을 멈추고 정중하게 행동한다고 덧붙였다. 심지어 어떤 사람은 그에게 이렇게 말했다고도 했다. "저기요, 설리 선생님, 저희는 신사분이 같이 있을 때는 서로에게 더 정중해집니다."

설리는 리틀턴이 〈새터데이 리뷰〉에 기고한 비난에 관해서는 일고의 가치도 없다고 격분하면서 '차라리 군대가 장교 없이 전쟁에서 승리할 수 있을 거라고 기대하는 편이 나을 것'이라고 일갈했다.

설리는 결론에서 그가 '노동자들에게 길목이나 술집의 대안을 제안한' 점을 자부했다. 하지만 설리가 격분하는 진짜 이유는 공격이 엄청나게 쏟아진 탓도 있지만 그 공격이 그와 같은 부유한 중산층이 아니라 귀족(그가 경멸하는 상류층)에게서 나왔다는 점 때문인 듯도 하다. 설리는 귀족들이 또 하나의 시설, 그 자신도 환영받지 못하는 시설인 신사 클럽에 모여 그에 대한 공격을 주도한 것으로 보았다.

노동자 클럽의 성장은 영국에만 있는 독특한 신사 클럽의 확산을 반영한 것이다. 신사 클럽은 18세기 말의 커피하우스 문화(제5장 참조)에서 출발했다. 그리고 신사 클럽에는 노동자 클럽처럼 당구대와 책장과 음식이 있었다. 무엇보다도 (부끄러울 것 없이) 술이 있었다. 아주 많이.

너그러운 후원자들 덕에 노동자 클럽은 꽤 근사한 건물에 있었다. 오늘날 전형적인 '빅토리아식'으로 분류되는 건축물로, 주로 고딕 부흥 양식으로 새로 지어진 붉은 벽돌 건물 안에 있었다. 신사 클럽은 당연히 훨씬 더 웅장했다. 실제로 대다수의 신사 클럽은 회원들이 전원에 소유한 웅장한 대저택을 본떠서 지어졌다.

커피하우스의 고객층이 넓어지면서 신사들은 그들을 동경하여(때로는 그들의 대화를 엿들으면서) 주위에서 기웃거리는 사람들을 발견하고 다소 불편하게 여겼다. 일부 커피하우스는 클럽과 같은 분위기이지만 공식적인 입장 제한이 없었다. 신사들은 사업을 위해서든 사교를 위해서든 런던에 머물러야 했기에 그들의 취향에 어울리는 장소(집에 있는 도서관과 서재와 식당 분위기가 나는 방)를 원했다. 그래서 신사 클럽은 비슷한 양식으로 지어지고 비슷한 가구로 장식되었고, 클럽에서 일하는 사람들도 대저택의 집사나 하인처럼 복장을 갖추었다. 게다가 신사들이 부인에게서 벗어난 자신만의 도서관과 서재를 원했기에 런던의 클럽에서는 여자들의 출입이 금지되었다. 여자들이 클럽에 들어가려 했다면 물리적으로 가로막혔을 것이다.

신사 클럽은 17세기에도 일부 존재했지만 19세기 후반에 빠르게 증가했다. 1850년의 『영국 연감 The British Almanac』에는 32개의 신사 클럽이 등재되었다(30개는 런던의 웨스트엔드에 있었고, 주로 폴몰 가를 따라 세인트 제임스 거리까지 늘어서 있었다). 1910년에는 81개로 늘어났다.

(현재까지 남아 있는) 가장 오래된 신사 클럽은 화이트 클럽White's이다. 런던 클럽 역사학자인 에이미 밀른 스미스Amy Milne-Smith에 따르면 '화이트 클럽은 클럽 거리의 원형原型'이었다. 화이트는 프란체스코 비안코Francesco Bianco라는 이탈리아인이 1693년에 메이페어의 커즌 거리에서 약간 벗어난 자리에 문을 연 초콜릿(커피가 아니라) 하우스 안에서 출발했다. 비안코는 좀 더 부드럽고 영국적인 의미의 이름을 붙이면 손님이 더 많이 올 거라고 판단했다. 그래서 화이트 부인의 초콜릿 하우스Mrs. White's Chocolate House라는 이름을 붙였다.

한 무리의 남자들이 화이트 클럽에 자주 모여 도박을 했다. 그들은 다른 커피하우스에서도 그랬듯이 다른 손님들과 따로 떨어져서 서로 믿고 돈을 빌려줄 수 있는 사람들끼리 도박을 하고 싶었다. 화이트의 기록에는 이 남자들이 1697년에 그들끼리 클럽을 결성했다고 적혀 있다. 밀른 스미스는 이렇게 밝혔다. '화이트에 클럽이 생겼고 오랫동안 초콜릿 하우스 안에 있다가 전체를 차지했다. 다른 커피하우스와 주점에서도 같은 상황이 벌어졌다.'

화이트 클럽은 약 90년 후 자극적인 일을 좋아하는 귀족 회원들을 위한 도박장으로 명성을 얻으면서 세인트 제임스 거리의 팔라디오 양식으로 개조한 건물로 자리를 옮겼다. 천장이 높고 진홍색 벽지에 왕가의 초상화가 걸려 있는 이 공간은 커피룸Coffee Room으로 불렸다.

화이트 클럽은 토리당의 비공식 본부가 되었고 친구 간의 조심스럽고 은밀한 장소가 되었다. 화이트 클럽 위원회에서는 이 클럽에 가입하고 싶어 하는 사람이나 사업 목적으로 클럽을 이용하려는 회원들을 백안시했고, 이것은 이 클럽이 지금까지도 중시하는 가치관이다.

클럽이 더 늘어나면서 남자들은 사생활과 호젓한 공간을 추구하고 각자가 속한 클럽에 동화되기 시작했다. '클럽맨(클럽 회원)'은 '젠틀맨(신사)'의 새로운 이름이 되었다. 클럽이 생기면서 전원에 저택을 소유하지 못한 상류층 회원들이 런던에서 그와 비슷한 공간에 머물 수 있게 되었다. 런던 곳곳에서 클럽이 문을 열었고(부들

런던 세인트 제임스 거리에 위치한 화이트 클럽은 메이페어의 초콜릿 하우스에서 출발해 커피하우스의 손님들과 섞이고 싶지 않던 귀족들에게 그들만의 안식처가 되었다.

스Boodle's와 브룩스Brooks's 같은 장소), 이후 19세기에는 리폼 클럽Reform Club, 트래블러스 클럽Travellers Club, 애서니엄 클럽Athenaeum Club이 생기면서 대영제국 전체로 클럽이 퍼져나갔다.

대영제국의 장교들은 19세기 후반에 방갈로르나 봄베이 등지에 하나둘씩 문을 열기 시작한 클럽 안에서 현지의 뜨거운 날씨와 흙먼지를 피해 편안하고 익숙한 고국의 분위기를 만끽할 수 있었다. 그들은 성가신 현지인들을 피해 자신들만의 안식처에서 술잔을 기울이며 마음의 전열을 가다듬을 수 있었다. 이와 같이 특권을 강화하는 장치는 대영제국 통치 방식의 근간이 되었다. 런던 세인트 제임스 거리 한복판의 특권층 클럽에서 대영제국 전체로 뻗어나간 정신이었다. 신사 클럽의 지배구조는 그들이 위치한 런던 구역(빅토리아 여왕이 사는 버킹엄 궁전에서 고작 몇백 미터 떨어진 구역)이 부와 영향력의 중심이라는 것을 상징했다. 그리고 당시 대영제국이 지배한 영토를 생각하면 사실상 세계의 중심이라고도 말할 수 있었다.

하지만 모두가 클럽에 감동한 것은 아니었다. 수십 년이 지난 후 에드워드 루카스Edward Lucas는 『런던의 방랑자A Wanderer in London』라는 책에서 어느 비 오는 날 폴몰 가에서 거닐던 기록을 남겼다. 켄트의 가난한 퀘이커교도 집안에서 태어난 그는 1905년에 양옆으로 거대하고 근엄한 건물이 늘어서서 햇빛을 가로막는 폴몰 가에서서 에워싸인 느낌과, 심지어 폐소공포까지 느꼈다. 화창한 날에 다시 가보아도 별로 나아지지 않았다. '클럽이라는 이름의 거대하고 음산하고 물질적인 수도원, 지극히 남성적인 양식에 신사와 웨이터, 위엄과 굴종이 혼재된 근엄한 이 사원에는 으스스한 무언가가 도사린다. 이곳은 날 압도한다. 폴몰 가에는 정겨운 구석이 없다. 모든 구석이 음산하다.'

훗날 작가와 출판업자로 성공한 루카스는 난공불락의 요새로 보이던 클럽에 대한 불안을 완전히 극복했는지 1938년에 세상을 떠난 후 나온 부고 기사에는 그가 클럽 네 곳의 회원이었다고 적혀 있었다. 애서니엄, 비프스테이크, 벅스, 개릭.

봄베이 요트 클럽은 런던에서 시작해 대영제국 전체로 퍼져나가면서 해외 주둔 장교들에게 편안한 안식처가 되어준 수많은 신사 클럽 중 하나다.

ROYAL BOMBAY YACHT

하지만 수십 년 전에 루카스를 압도한 건물 안에는 도박과 대화와 음주 이상의 무언가가 있었다. 음식이 있었다. 개중에는 꽤 훌륭한 음식도 있었다.

실제로 19세기 런던의 전설적인 요리사들 중 몇 명은 클럽 거리 출신이었다. 알렉시스 스와예Alexis Soyer 같은 요리사가 그러했다. 그의 주방은 리폼 클럽에 있었고, 런던 최고의 주방이었을 것이다.

스와예의 인생사는 카렘(제8장 참조)과 닮았다. 프랑스의 노동계급 출신으로 훌륭한 요리사가 되었고, 그가 선보인 다채로운 요리 중에는 3미터 높이의 디저트부터 31가지 코스의 만찬이 있었다. 그가 쓴 요리책은 베스트셀러가 되었고 독창적인 주방 기구를 발명하기도 했다. 하지만 그가 세상을 떠났을 때 그의 요리를 즐기던 클럽 회원 중 누구도 조문하러 오지 않았다. 1858년 8월 11일에 켄슬 그린 묘지에서 장례식이 치러지고, 이튿날 휘그당 기관지 〈모닝 크로니클Morning Chronicle〉은 '그의 무덤가에는 위대하고 고매하신 분이 단 한 분도 서 계시지 않았다'고 보도했다.

스와예는 1810년에 파리 북동부의 브리치즈로 유명한 모Meaux라는 고장에서 태어났고 파리에서 청소년기를 보내면서 비비앙 거리의 리뇽 레스토랑에서 요리사로 성장했다. 이후 파리의 귀족 집안 몇 곳에서 개인 요리사로 일하다가 프랑스 재상의 주방에 두 번째로 높은 요리사로 들어갔다. 그러다 1830년 7월에 정치적 혼란을 피해 런던으로 건너갔고, 케임브리지 공작의 눈에 띄었다. 이후 여러 귀족을 위해 요리하다가 정식으로 리폼 클럽에 들어갔다.

그가 리폼 클럽에 요리사로 들어갔을 때 클럽에서는 마침 대규모 건축을 추진하는 중이었다. 공사가 마무리되기까지 3년이 걸렸고 르네상스풍의 웅장한 새 건물이 완성되자 다른 모든 클럽이 빛을 잃었다. 이탈리아풍의 넓은 식당과 기둥이 늘어선 회랑이 다른 경쟁 클럽의 회원들에게 강렬한 인상을 심어주었다. 한편 부들스나 브룩스 같은 클럽의 직원들은 새 클럽의 주방에서 어떤 상황이 벌어지는지 상상조차 못했을 것이다. 스와예는 1838년에 마치 대관식을 치르듯이 차려낸 만찬에서 귀족 회원 2,000명의 요리를 만들어 감탄을 자아냈고, 주방 설계의 전권을 위임받아 건축가 찰스 배리Charles Barry와 함께 주방을 설계했다.

스와예는 최신식으로 온도를 조절할 수 있는 화덕, 얼음물을 흘려서 식히는 생

알렉시스 스와예는 리폼 클럽에 유럽에서 가장
영향력 있는 주방을 만들었다.

선구이판, 증기로 가동하는 쇠꼬챙이 기계, 주방에서 두 층 위의 식당으로 음식을 올려 보내는 작은 엘리베이터를 아이디어로 냈다. 스와예의 전기 『풍미Relish』를 쓴 루스 코웬Ruth Cowen은 이렇게 적었다. '이후 3년에 걸쳐 건축가의 창조적 천재성과 젊은 요리사의 실용적 독창성이 만나 유럽에서 가장 유명하고 영향력 있는 주방이 만들어졌다.'

1841년 4월 24일에 새 건물이 문을 열자 회원들은 입을 다물지 못한 채 웅장한 새 클럽을 둘러보았다. 이어서 그들은 당시까지 전례가 없던 행동을 했다. 지하실로 내려가 주방까지 들어간 것이다. 스와예는 문을 없애고 방을 모두 연결해서 항상 빨간색 벨벳 베레모를 쓰는 그가 이 방에서 저 방으로 민첩하게 이동할 수 있게 해놓았다. 고기 굽는 방에는 커다란 레인지 두 개가 설치되었고(그중 하나에서 양 한 마리를 통째로 구울 수 있었다), 다른 방에는 수플레 전용 작은 화덕과 숯 난로, 요리용 철판, 증기 화덕, 물을 끓이는 스토브가 있었다. 바퀴 달린 거대한 주석 스크린이 요리사(혹은 방문객)를 뜨거운 불로부터 보호해주었다. '스와예는 가끔 이걸로 장난을 쳤다. 스크린을 홱 열어서 센 불에 가까이 서 있는 줄 모르던 손님들을 깜짝 놀라게 했다.'

다른 화로는 사냥한 고기와 가금류를 굽는 곳이고, 수프와 소스를 끓이는 커다란 중탕냄비가 있었다. 항상 35도로 유지하는 별도의 정육실이 있었는데, 여기서 고기를 해체하고 사냥감을 씻어서 준비했다. 서늘한 방에는 페이스트리와 과자류를 보관했고, 채소를 보관하는 방도 따로 있었다. 직원실과 집사실과 직원 식당이 있고, 주방 직원이 통화관을 이용해 1층의 배달 상황을 감독하는 방도 있었다.

하지만 스와예의 가장 훌륭한 업적은 가스스토브였다. 깨끗하고 연기가 나지 않고 화력을 조절할 수 있는 장치였다. 세계 최초의 공공 가스공사의 수혜를 입은 가스스토브는 빅토리아 시대에 산업혁명에 의해 문명화된 삶이 변화하는 과정을 보여주는 모범 사례였다. 스와예는 가스스토브가 '역사상 요리에 도입된 것들 중 가장 위대한 편의 시설'이라고 적었다. 스와예의 영웅 카렘은 환기가 잘되지 않는 주방에서 가스를 많이 마셔서 이른 나이에 세상을 떠났다. 스와예는 새로운 요리법을 개발하면서도 제대로 숨을 쉴 수 있었다. '석탄에 불이 붙는 순간과 같은 화력을 얻으면서 계속 다시 불을 피우지 않아도 되고 먼지나 냄새가 없고 인체에 해로운 이산화탄소가 발생하지 않는 불이다.'

스와예의 주방은 런던 클럽 거리의 화제가 되었고, 신문과 잡지에서도 앞다투어 그의 주방에 관한 기사를 실었다. 〈스펙테이터The Spectator〉에서는 '비견할 데 없는 요리 시설'이라고 적었고, 다른 잡지에서는 '스와예는 이런 근사한 건물에서 가장 자랑스러운 존재'라고 칭송했다.

알렉시스 스와예는 독보적인 주방을 설계하면서 빅토리아 시대에 가능하리라곤 누구도 상상하지 못한 업적을 이루었다. 바로 상류층 사람들이 음식에 관해 이야기하도록 만든 것이다. 스와예의 주방에서는 콩소메와 수프, 살짝 데친 생선(넙치부터 연어까지)에 풍미 좋은 소스를 얹은 요리, 바닷가재, 칠면조 새끼 요리, 레드커런트부터 미나리까지 다양한 소스로 맛을 낸 토끼고기, 각종 페이스트리, 트러플로 화려하게 장식한 요리, 속을 채워 구운 닭고기, 윤기가 흐르는 송아지 췌장 요리가 나왔다. 케이크와 머랭, 페이스트리와 초콜릿, 조각 작품처럼 깎아 담은 과일도 나왔다. 모든 요리는 번쩍거리는 쟁반에 놓이고 다양한 크기의 종 모양의 덮개에 덮이고 아름다운 도자기 접시에 담겨서 주방에서 테이블까지 나갔다. 이집트의 이브라힘 파샤Ibrahim Pasha는 1846년에 리폼 클럽에 가서 밀른 스미스가 '잉글랜드 역사상 가장 화려하고 인상적인 요리'라고 일컬은 요리를 접했다. 그중에서도 가장 인상적인 요리는 솜사탕을 입히고 파인애플 크림으로 속을 채운 76센티미터 높이의 머랭 피라미드였다.

하지만 스와예가 가장 큰 영향을 미친 것은 이런 환상적인 만찬이 아니었다. 새로운 기준을 세웠다는 점이 중요했다. 이제 무엇이 가능한지 알게 된 이상(점심 식사로 먹는 음식이 사람들과 어울리는 문화와 와인만큼 즐거울 수 있었다) 클럽에서도 더는 평범한 요리가 용납되지 않았다. 그리고 이내 이런 분위기는 클럽 거리에서 퍼져나갔다. 스와예도

알렉시스 스와예의 주방은 빅토리아 시대에 누구도 상상하지 못한 업적을 이루었다. 바로 상류층 사람들이 음식에 관해 이야기하도록 만든 것이다.

마찬가지였다. 스와예의 대작 요리에 자금을 댄 리폼 클럽은 수익을 최대로 끌어올리고 결과적으로 식사의 수를 늘리는 데 관심이 많았다. 스와예는 그렇게 많은 양의 음식을 만들면서 높은 수준을 유지할 수는 없다고 판단하고 1850년에 리폼 클럽을 그만두었다. 그러고는 1년 후 켄싱턴에 고어하우스Gore House라는 레스토랑을 열고 그해에 열린 대박람회를 찾는 관람객이 그의 레스토랑으로 몰려오길 기대했다. 하지만 주방 시설이 그의 기대에 미치지 못한데다, 그는 사업가라기보다는 훌륭한 요리사라서 레스토랑이 인기를 끌기는 했어도 결국 돈을 잃고 얼마 지나지 않아 문을 닫았다.

  스와예는 이후 부자들을 위해 요리하는 일을 뒤로하고 영국군에 음식을 만들어주는 데로 관심을 돌렸다. 그는 직접 경비를 대어 크림 반도로 건너가 플로렌스 나이팅게일Florence Nightingale과 함께 야전병원의 식량 보급 시스템을 재정비했다. 이후 1857년에 영국으로 돌아온 그는 군대의 식량 공급을 자문하고 가끔 강의도 하면서 여생을 보냈다.

스와예는 런던의 식문화를 완전히 바꿔놓았지만 그의 장례식에서 귀족들의 불룩한 배는 볼 수 없었다. 영국인에게는 음식이 훌륭한 식사의 핵심이긴 했어도 가장 중요한 요소는 아니었기 때문이다. 빅토리아 시대의 상류층은 아직 요리사와 그의 음식을 온전히 평가하며 요리사를 화제의 중심으로 삼을 준비가 되지 않았다. 그러려면 적어도 100년은 더 기다려야 했다.

1837

10

봄베이의 레스토랑

이민, 충정, 정체성, 융합, 지속성, 나아가
레스토랑이 어떻게 계급과 성별과 종교를 막론하고 누구나 공유하는
공간이 될 수 있는지에 관한 신화가 된 레스토랑이 있다.

2019년 2월, 어느 점심시간에 봄베이(뭄바이의 옛 이름 - 옮긴이) 남쪽 스
프로트로드에 위치한 브리태니아 앤 코Britannia & Co.의 공동소유
자인 아흔세 살의 남자가 영국인 관광객들의 테이블에서 재담을 선보인다.

"여러분의 여왕님께 저희가 얼마나 사랑하는지 전해주세요." 앞니가 벌어지고
둥근 안경을 쓴 보먼 코이누르Boman Kohinoor가 하는 말이다. "저희 레스토랑은 봄베이
처럼 비좁지만 여왕님을 모시기 위해 최선을 다하겠다고 말씀 좀 전해주세요."

그러고는 현재 케임브리지 공작 부부와 함께 찍은 코팅한 사진을 흔든다. "이
분들을 뵈었을 때 참으로 황송했지요. 왕세자님도 참으로 매력적인 분이었어요. 케
이트 왕세자비도 참으로 예쁘고 아름다운 분이었고요. 그분들이 제게 이 레스토랑
에서 얼마나 오래 일했는지, 제가 어떤 요리를 만드는지 물으셨어요." 그는 신문 스
크랩도 보여준다. 〈타임스 오브 인디아Times of India〉에 보낸 편지로, '영국인들을 다시
불러오자'라는 제목이 달려 있다.

21세기의 현대적이고 진보적인 영국인에게는 과거 잔혹한 식민주의 체제에 굴
종하는 이런 충정이 여간 어색하지 않다. 이 레스토랑에서 가장 잘나가는 현대적인
요리인 베리 풀라오(바베리로 향을 낸 바스마티 쌀 요리)가 아무리 맛있어도 불편한 마음이
상쇄되지 않는다. 하지만 이 레스토랑은 계급과 성별과 종교와 취향과 이미지가 융
합된 장소의 살아 있는 상징이다. 한때 세계에서 가장 위대한 정복자였음을 생생하

브리태니아 앤 코의 보먼 코이누르. 그의 아버지가 1923년에 문을 연 이 이란 카페에서는 원래 소심한 영국인의 입맛에 맞게 정갈하고 담백한 음식을 제공했다.

게 대변하는 대영제국의 왕관을 쓰고 왕실의 휘장을 두른 엘리자베스 2세의 초상화가 그 제국에 맞서 (비폭력으로) 싸운 독립운동 지도자 마하트마 간디Mahatma Gandhi의 초상화 옆에 버젓이 걸려 있다.

이 레스토랑에는 계층과 종교가 제각각인 사람이 가득하다. 메뉴는 전통 요리인 파시 풀라오(쌀 요리)와 단삭(렌틸콩 요리), 이슬람의 비리야니, 남아시아의 마살라, 인도의 키마, 그리고 무엇보다도 영국의 에그샌드위치가 섞여 있다. 인도와 이란 국기 액자가 나란히 놓여 있다. 레스토랑 안의 표지판은 주로 영어로 쓰여 있지만 어조는 확실히 인도식이다. 그중 하나에는 '본 음식점은 화재 방지 규정을 준수합니다'라고 적혀 있다. 다른 표지판에는 '관리자와 싸우지 마시오'라고 적혀 있다.

메뉴의 맨 위에는 닭이 그려져 있고 그 그림을 빙 둘러 이렇게 적혀 있다. '음식에 대한 사랑보다 더 큰 사랑은 없다. 1923년부터.' 보먼의 아버지가 이 카페 겸 레스토랑을 처음 시작한 해다. 이 레스토랑은 이민자 사회가 어떻게 봄베이의 사회구조 속으로 스며들었는지를 보여주면서, 다른 한편으로는 메뉴를 통해 영국의 통치자들에게 강력한 충정을 드러냈다. 메뉴는 유럽식이었다. 보먼은 이렇게 말했다. "영국

인들은 양념이 강한 음식을 좋아하지 않으므로 저희가 그분들의 입맛에 맞게 준비
했습니다."

브리태니아 앤 코는 대영제국이 식민지를 확장하던 시대에 인도에 온 영국인
들의 건축학적 취향에도 맞추었다. 실제로 이 레스토랑은 게이트웨이 오브 인디
아Gateway of India를 설계한 건축가의 작품이었다. 스코틀랜드 출신의 건축가 조지 위
테트George Wittet는 1911년에 영국의 왕이자 대영제국의 황제인 조지 5세George V와 여
왕이자 황후인 메리의 봄베이 방문을 기념하기 위해 대형 아치문을 건축했다. 아치
문이 완성되고 브리태니아 앤 코가 문을 연 시기는 1920년대 초였다. 위테트는 레스
토랑이 문을 열고 2년 후 이질에 걸렸지만 브리태니아 앤 코에서 식사를 하다가 걸
린 건 아닐 것이다. 이 레스토랑은 청결을 중시할 뿐 아니라 인도에 거주하는 영국인
들의 입맛을 사로잡기 위해 양념이 강하지 않은 음식을 팔았기 때문이다.

이질이 심각했는지 위테트는 심한 복통과 고열에 시달렸다. 식은땀을 흘리며
병상에 누운 그에게 하인이 부채질을 해주어도 고통이 줄어들지 않았다. 그때 아마
그는 블레어 애솔에서 보낸 유년기를 떠올렸을 것이다. 그램피언 산맥의 골짜기에
자리한 퍼스셔의 이 작은 마을은 애솔 공작의 거대하고 웅장한 성과 가까웠다. 위테
트는 마을 옆으로 흐르던 시원한 개리 강을 떠올렸을 것이다. 강물이 흘러 그의 가족
이 자주 먹은 귀리죽의 곡물을 빻던 제분소가 돌아갔다. 그가 인도의 무더위에 시달
리며 병상에 누워서 결국 무시무시한 병에 굴복하기까지 스코틀랜드의 맑은 공기와
비와 담백한 음식을 그리워했을 것이다.

브리태니아 앤 코는 발라드 지구라고 하는, 에드워드 시대풍 신고전주의 건물
이 늘어선 상업 지구에 있다. 현지인들은 위테트의 건축물 덕에 런던 분위기가 난다
고 말했다(실제로 런던에 가본 사람은 거의 없겠지만). 브리태니아 앤 코라는 이름 자체가 대영
제국을 의인화한 것이다. 사실 브리태니아 앤 코는 레스토랑에서 끌어낼 수 있는 상
징주의의 위력을 보여준다.

이 레스토랑의 설립자 라시드 코이누르Rashid Kohinoor를 이주자라고 칭한다면 다
소 불성실한 설명이다. 파시교도인 그의 조상은 아랍인이 이란(혹은 페르시아)을 점령
하던 시기에 여러 단계에 걸쳐 도망 나온 사람들이었다. 그들은 636년에서 651년 사

이에 이슬람교에 의해 파시교가 말살되는 것을 피하기 위해 피신한 것이다. 파시교
는 조로아스터교라고도 한다. 종교 박해를 피해 페르시아에서 도망쳐 나온 사람들
이 믿던 이 종교는 영혼과 신성한 존재에 관한 고대 전통과 노래와 시, 그리고 그리
스인들에게는 조로아스터Zoroaster로 알려진 기원전 1500년에 태어난 예언자의 생각
이 복합적으로 통합된 종교다.

파시교도는 인도로 흘러 들어와 여러 도시에 서서히 정착했고, 19세기에는 그
들 중 다수가 봄베이로 이주했다. 그리고 그곳에서 파시교 공동체의 규모와 위상을
키워나갔다. 인도 전역에 흩어진 파시교도는 사제직이 계승되는 봄베이의 파시교
공동체를 그들을 이끌어주는 지도자로 여겼다. 파시교도는 봄베이의 삶에 스며들어
이 도시의 정치 세계의 일부를 이루었다. 그들은 어떤 체제가 집권하든 체제에 충성
하는 편이었다. 파시교 전통은 삶의 지속적인 발전을 지향했고, 신자들은 이런 전통
에 따라 어느 세력이 권력을 잡든 권력자의 편에 섰다.

세월이 흐르면서 파시교도는
힌두교 통치자와 무굴 제국의 황제,
그리고 영국인들에게 충성했다. 인
도인들(통치자들에 의해 억압받거나 무력
해진 사람들)에게는 호감을 사지 못했
을지라도 그렇게 하는 것이 파시교
도에게 적합한 태도였다. 그렇게 처
신해야 파시교의 정체성을 지킬 수
있다는 사실을 경험으로 터득했다.
권력에 저항하면 명맥을 유지하지
못할 수도 있었다. 역사학자 제시
S. 팔세티아Jesse S. Palsetia는 『인도의
파시교도 : 봄베이에서 정체성 지
키기The Parsis of India: Preservation of Identity
in Bombay City』라는 책에 이렇게 썼다.

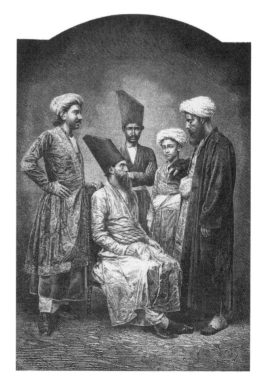

파시교도는 인도 전역에 정착하면서 통치자의 편에 서
는 능력이 뛰어났다.

'소수민족인 파시교도는 그들의 정체성이 보존되고 구분되어야 할 필요성을 항상 인식했다.'

라시드가 레스토랑을 낼 즈음 인도에는 영국의 지배력이 확고했다. 영국은 1600년에 동인도회사를 설립하고 인도 아대륙에 대한 지배를 서서히 확장했다. 동인도회사는 (비단부터 차까지, 향신료부터 소금까지) 다양한 물건을 무역하면서 사업을 방해하는 현지인들과 전쟁을 벌였다. 여러 차례 중요한 전투를 거치며 권력을 공고히 다졌고 (1857년의 인도 항쟁, 즉 세포이의 항쟁 이후에는) 런던에서 인도를 직접 통치하는 법안을 만들었다. 영국령 인도 제국British Raj 시대가 시작된 것이다. 영국 왕실의 인도 통치는 1947년에 인도가 독립할 때까지 이어졌다.

파시교도는 18세기 말부터 영국의 경제와 정치권력 세계로 스며들어 유리한 위치를 확보했다. 팔세티아는 이로써 '파시교도가 지방의 소수민족 공동체에서 벗어나 봄베이라는 새로운 도시에서 식민지의 영향력 있는 엘리트로 발돋움할 수 있었다'고 적었다.

파시교도는 영국의 가치관을 수용해서 주어질 기회를 포착했다. 팔세티아는 이런 태도는 '파시교의 정체성을 수호하려는 확고한 의지를 거스르는 동시에 유리하게 작용했다'고 지적했다. 이런 협조와 기회의 분위기 속에서 라시드 코이누르가 등장한 것이다. 음식 사업은 대대로 내려온 가업이었다. 그의 아버지는 봄베이 중앙우체국 부근에서 코이누르라는 레스토랑을 운영했다.

코이누르는 (여느 파시교도 카페처럼) 빵집에서 발전했을 수도 있다. 19세기에 포르투갈인들이 봄베이에 이스트로 빵 만드는 방법을 들여왔고, 많은 파시교도가 이 방법을 받아들여 빵집을 열었기 때문이다. 사업과 행정과 경제에 관해 상세히 기록한 『인도의 제국 지명 사전The Imperial Gazetteer of India』에 따르면 1901년 봄베이에는 빵집이 1,400개가 있었다고 한다. 이후 파시교도 제빵사들은 빵을 팔기 위해 카페를 열었다.

어떤 연유인지는 모르지만 라시드의 아버지는 레스토랑을 팔았다. 하지만 장사를 그만두고도 아들에게는 흔쾌히 장사를 권하고 가게를 낼 자금을 대주었다. 라시드는 가게 자리를 물색하다가 우연히 트러스트 항구 소유의 발라드 지구 개발지를 찾아냈다. 발라드 지구는 (봄베이의 다른 많은 건물과 달리) 새롭고 깨끗한 동네로, 영국령 인도 제국의 은행부터 무역, 정치, 군대에 이르기까지 모든 분야의 영국인들이 거주하는 지역이었다. 라시드는 가게를 빌리기 위해 협상을 시작했지만 우선 영국인 관리자들에게 허가증부터 받아야 했다.

1920년대의 봄베이는 인구 100만의 도시였고, 빅토리아 시대에 지어진 건물들이 아직 새것처럼 번쩍거렸다. 빅토리아 시대의 고딕 건축물(고등법원, 빅토리아 터미너스 기차역, 크로포드 시장)이 봄베이에 웅장한 분위기를 조성했지만, 일부 건물 옆에는 여전히 영국인들이 눈살을 찌푸리는 빈민가가 있었다. 영국인들은 빈민가를 없애고 발라드 지구 같은 새로운 개발지를 조성했다. 몇 구역 떨어진 곳에는 웅장한 타지마할 팰리스 호텔Taj Mahal Palace Hotel이 있었다. 20년 앞서 문을 연 이 호텔은 오늘날 인도의 대기업 타타 그룹Tata Group의 설립자인 잠셋지 타타Jamsetji Tata가 지었다. 인도에서 최초로 전기가 들어오고 독일산 엘리베이터가 설치되고 미국산 선풍기가 달린 호텔이었고, 화려한 스위트룸에는 영국인 집사까지 배치되었다.

거리에는 인도인들이 넘쳐났다. 대다수가 전통 의상인 흰색 쿠르타와 바지를 입고 작고 둥근 흰색 모자를 썼다. 영국령 인도 제국의 톱니와도 같은 인도의 젊은 공무원들은 전통 의상 위에 검정색 웃옷을 걸치고 책과 서류를 들고 다녔다. 사람들이 기다란 수레를 밀고, 황소 두 마리가 천천히 우마차를 끌고, 망아지가 소형 마차를 끌었다. 자동차 몇 대가 오가는 옆으로 소들이 거리 한복판에서 한낮 더위에 꿈쩍도 하지 않은 채 쉬고 있고, 누더기를 걸친 아이들이 팔짱을 끼고 걸어갔다. 남자들이 조각이 새겨진 기념비의 수돗물로 몸을 씻고, 여자들이 길가에 늘어앉아 커다란 광주리에 허브와 향신료를 담아 팔고 있었다.

'15세기가 20세기와 어우러진 곳이다.' 미국인 제임스 피츠패트릭James Fitzpatrick이 1920년대에 봄베이에 관한 관광 영화에서 한 말이다. 그는 봄베이의 경마장에서 만난 파시교도에 관해서도 언급했다. '그들은 인도에서 가장 부유하고 가장 진보적인 사람들이다.' 파시교도는 다양하게 섞인 인구의 일부를 이루었다. 피츠패트릭은 '파시교도 상인, 아랍인 무역상, 아프가니스탄인과 시크교도, 중국인, 일본인, 말레이인, 미국인, 영국인'을 보았다. 그리고 인도의 관문인 봄베이를 통해 '제국의 무역

1920년대의 봄베이는 번쩍거리는 건물들이 들어선 도시이자 세계 문화의 용광로였다.

이 원활히 흐르고, 대형 상점과 웅장한 공공건물과 교육기관 옆으로 널따란 주요 도로가 지나가고, 여기서부터 철도가 인도의 모든 주로 향하고 증기선 항로가 세상 끝까지 뻗어나간다'고 말했다.

봄베이의 더위와 먼지를 피해 건물 안에서 일하는 영국인 관리자들이 있었다. 그들은 봄베이를 유지하는 거대한 관료 체계를 운영하는 사람들이었다. 라시드는 레스토랑 허가증을 받기 위해 이런 사무실 중 한 곳을 찾아가면서 허가증을 받아내기 위한 가장 손쉬운 방법을 고민했다. 마침 대영제국은 전성기에 이르렀지만 영국의 통치 방식에 불만이 끓어오르는 시기였다. 마하트마 간디가 1910년대 말에 독립운동가로 등장했고, 봄베이는 간디의 주요 활동 무대가 되었으며, 곳곳에서 임금과 노동조건에 항의하는 시위가 일어나는 가운데 1919년에는 방직공장 노동자들이 최초의 중요한 파업을 일으켰다.

라시드는 자명한 답을 찾았다. 답은 그 자신에게 있었다. 그는 가족의 성을 버리고 관리자에게 아첨하기로 했다. 인도의 훌륭한 레스토랑에 관한 기록을 남긴 프리야 발라Priya Bala와 자얀스 나라야난Jayanth Narayanan에 따르면 라시드는 '그 지역 관리자가 영국령 인도 제국과 연관된 이름을 좋아한다는 말을 들었다'고 한다. 라시드는 필요한 서류를 받아 기다란 양식에 사업계획을 적어 넣고 맨 끝에 영국인들에게 정갈하고 담백한 음식을 제공할 새 레스토랑의 이름을 써넣었다. 브리태니아 앤 코.

그는 서류를 제출하고 집으로 돌아가 연락을 기다렸다. 허가증이 나오기까지 몇 달을 기다려야 할지도 몰랐다. 그런데 며칠 만에 연락이 왔다. 다시 가서 영국인 관료가 서류를 승인하고 허가증에 도장을 찍는 동안 숨죽이고 지켜보았다. 그는 발라드 지구의 주인들(트러스트 항구)에게 99년 임대에 대한 동의를 받아내고 마침내 장사를 시작했다.

브리태니아 앤 코는 문을 열자마자 영국인들에게 큰 인기를 끌었다. 높은 천장에서 팬이 돌아가고 벽에는 괘종시계가 걸려 있고 익숙한 맛일 뿐 아니라 지저분한 화장실로 달려가지 않고도 편안하게 하루를 보낼 수 있는 담백한 음식이 나와서 영국인들은 이 레스토랑을 제집처럼 편안해했다. 샌드위치, 빵과 버터, 양고기 커틀릿, 구운 닭다리, 초콜릿 무스까지 있었다. 얼마 후 봄베이의 부유한 인도인들도 찾아오기 시작했다. 레스토랑에서 일하는 종업원 중에는 테이블 치우는 일을 거들고 접시와 유리컵을 주방 보조들에게 날라주는 아이가 많았다. 라시드의 아홉 자녀 중 몇 명도 일했고, 그중 한 명이 보먼이었다. 보먼은 가끔 레스토랑에 나가 일손을 거들다가 열여섯 살 때 정식 종업원이 되었다.

보먼은 그 뒤로 평생 이 레스토랑에서 일했다. 그의 동생 메르완Merwan은 2000년대 초에 보먼도 지분을 보유한 다른 레스토랑의 문을 닫고 브리태니아 앤 코에 합류했다. 메르완은 보먼보다 어리지만 더 노쇠하고 내성적이라 레스토랑 입구의 높은 의자에 가만히 앉아 드나드는 손님들을 구경만 했다. 그는 2018년에 여든일곱의 나이로 세상을 떠났다.

메르완이 운영하던 레스토랑도 바스타니 앤 코Bastani & Co.라는 이름의 파시교도 카페였다. 이 카페에는 커다란 표지판 하나만 있었지만 관리자와 싸우지 말라는 브리태니아 앤 코의 명령이 무색할 정도였다. 규칙이 하나가 아니라 스물한 개였고, 모두 살펴볼 만하다.

계산원에게 말 걸지 말 것 / 금연 / 싸우지 말 것 / 외상 금지 / 외부 음식 반입 금지 /
오래 앉아 있지 말 것 / 떠들지 말 것 / 침 뱉지 말 것 / 흥정하지 말 것 / 외부인에게
물 주지 않음 / 잔돈 없음 / 전화 없음 / 성냥 없음 / 도박 대화 금지 / 신문 없음 / 빗
질 금지 / 소고기 없음 / 의자에 다리 올리지 말 것 / 주류 판매 금지 / 주소 물어보지
말 것 / - 이상 명령 준수.

바스타니 앤 코도 봄베이에서 오랫동안 영업한 레스토랑으로, 1930년대 말에
문을 열었다. 브리태니아 앤 코만큼 다양한 고객층을 끌어들였다. 1995년 〈비즈니
스 인디아Business India〉의 기사는 이렇게 쓰고 있다. '누구나 바스타니에 간다. 지방 법

1930년대에 문을 연 봄베이의 바스타니 앤 코가 2004년에 폐업하자 누군가는 '우리 삶의 일부가 사라
졌다'고 개탄했다.

원의 법조인도, 메트로 영화관의 관람객도, 바로 옆 조로아스터교 사원의 파시교도도, 세인트 사비에르 대학의 학생도, 기자도…….' 바스타니 앤 코는 '봄베이 사회의 일부'였다. 2004년에 문을 닫았을 때 인도 신문 〈더 텔레그래프〉에 실린 한 편지는 '우리 삶의 일부가 사라졌다'고 개탄했다.

바스타니의 단골들은 흰 나무로 만든 전통 의자와 이 빠진 찻잔과 체크무늬 식탁보와 거울로 덮인 나무 기둥과 선반 위에 당당히 놓인 커다란 비스킷 유리 단지를 그리워할 것이다. 이제 이 카페의 마바 케이크(우유로 만들고 카르다몸으로 향을 낸 디저트)나 번 마스카(버터를 가득 채운 번 샌드위치)나 치킨 비리야니(볶음밥)나 키마-포(갈아서 양념한 양고기)를 상상만 할 수 있을 뿐이다. 그나마 키마-포는 뉴엑셀시오르New Excelsior라는 이란 카페에서 계속 맛볼 수 있다. 그리고 구이 요리는 카야니 앤 코Kyani & Co.에서 팔았다. 수십 개의 이란 카페가 20세기 초에 문을 열었고, 그중 다수는 파시교도에게 익숙한 음식을 다채롭게 팔았다.

최근에 브리태니아 앤 코에서 가장 인기 있는 요리는 보먼의 아내 바차가 만든 베리 풀라오라는 요리다. 바차는 이 메뉴로 강렬한 인상을 심어주었다. 보먼은 이 요리를 인도-이란 요리, 그러니까 이란 요리로 출발했지만 인도인의 입맛을 사로잡은 요리라고 설명했다. 1947년에 독립한 후 인도인들은 더 이상 영국인의 입맛을 신경 쓸 필요가 없어졌다. 제2차 세계대전 중에 영국군이 이 레스토랑을 징발했지만 전후에 보먼이 돌려받았고 바차가 메뉴를 손보았다.

"영국인들이 떠난 후 저희는 점차 유럽 요리를 빼고 파시 요리를 넣었어요." 보먼의 말이다. 담백한 요리가 일부 남아 있지만(지금도 샌드위치와 빵과 버터를 판다) 현재 가장 잘나가는 메뉴는 풀라오, 단삭, 비리야니, 달이다.

전통적인 카페들은 뭄바이의 현대적인 세계로부터 위협받고 있다. 한 예로 1990년대에 부동산 붐이 일어나 개발업자들이 오래된 레스토랑과 맞붙었다. 낡고 허름한 장소가 갑자기 인도에서 가장 비싼 부동산 지구의 한복판에 들어간 것이다. 레스토랑 주인이 가게를 팔지 않겠다고 하면 결국 법정에 서야 했다. 그중 유명한 피해자가 뉴엠파이어라는 파시교도 카페였다. 오랜 세월 빅토리아 터미너스 역 건너편의 목이 좋은 자리에 있던 레스토랑이다. 현재는 맥도날드로 바뀌었다. 오래된 카페들은 새로운 커피숍 체인에 수익을 빼앗기고 아무런 대가 없이 발리우드 영화의 촬영지가 되었다. 많은 카페가 과도기로 맥주를 팔기 시작하면서 허가증을 새로 받아야 하지만 (새로운 돈이 받쳐주는 새로운 바bar들이나 감당할 수 있을 만큼) 비용이 많이 들었다.

아흔셋의 보먼은 아들에게 경영을 넘긴 후에도 날마다 브리태니아 앤 코에 나와 일했다. "난 아흔세 살이지만 매일 대여섯 시간은 여기에 나와 있어요. 가게에서 돌아다니며 손님들과 얘기하는 게 즐거워요. 다들 저보고 이제 은퇴해야 한다고 하지만 집에 들어앉아 있는 건 싫어요. 아침에 일어나 기운을 차리고 나면 좀이 쑤셔요. 그냥 가게로 나오고 싶어져요."

2004년에 카야니 앤 코의 주인 파르하드 오토바리Farhad Ottovari는 그의 경쟁자였던 길 건너의 바스타니 앤 코의 셔터를 내린 창문과 문을 애석한 눈길로 바라보았다. 그쪽의 손해가 그에게는 이득이었다. "시간은 파괴자이고, 또한 가장 위대한 치료자예요." 오토바리가 말했다. 인도의 작가 샤라다 드위베디Sharada Dwivedi는 바스타니 앤 코와 같은 곳이 문을 닫은 것은 '우리의 문화와 요리 유산에 막대한 상실이다. 이란 카페는 무엇보다도 뭄바이 공동체의 화합을 상징한다'고 적었다.

현대의 영국인으로서 보먼이 영국 왕실에 보이는 굴종적인 애정이 당황스럽게 느껴지기는 하지만, 사실 브리태니아 앤 코 같은 레스토랑은 한 지역을 통합한다. 문화적으로 얄팍하기 그지없는 새로운 레스토랑의 물결이 이 도시를 점령하는 이때 브리태니아 앤 코는 소중히 보존되어야 할 곳이다. 이 레스토랑은 수백 년에 걸쳐 구축된 화합의 메시지를 의미한다.

하지만 보먼 코이누르에게도 시간이 옭죄어온다. 99년의 임차 기간이 2022년이면 끝나므로…….

11

글렌 벨의 타코

전후 미국에서는 교외 주택가가 발전하고 자동차 보유가 늘어나면서
패스트푸드 혁명이 일어났다. 사업가들이 자동차 조립라인에서 영감을 얻어
주택 건설과 음식 조리에 적용했다. 햄버거 가게가 문을 열고,
새로운 음식에 대한 욕구가 전국으로 퍼져나갔다. 이민자들에게서
영감을 얻은 조리법도 있었다. 뉴욕의 멕시코인이 타코 기계를 발명하면서
거대한 문화적 혼동을 일으켰다.

이민에 반대하는 인종차별주의자가 짙은 피부색 얼굴을 무시하면서도 커리나 볶음밥이나 중국 음식이나 타코를 보고 군침을 흘리는 것은 참으로 부당한 일이다. 역사를 돌아보면 이민자를 배척하는 사람들이 이민자의 음식을 맛보고는 그 음식을 빼앗아 자기네 입맛에 맞게 바꾸고 저렴하게 팔려고 음식의 질을 떨어뜨리고 이국적 색채를 숨기는 상표를 다는 일이 비일비재했다. 그러면 미래 세대는 그 요리가 자기네 음식(길목에서 팔거나 집으로 배달해주는 음식)인 줄로만 안다. 원래 어디에서 온 음식인지 몰라서만이 아니라 그들이 좋아하고 그들의 가족과 친구들이 좋아하므로 이제는 자기 나라를 대표하는 자기네 음식이라고 여기는 것이다.

이처럼 음식이 도용된 사례는 역사가 깊고 그만큼 복잡하다. 하지만 세계화로 인해 교통과 물류가 신속하고 원활해지면서 지금은 음식 도용 현상이 과거 어느 때보다 광범위해졌다. 누군가는 이런 현상에 분노한다. 누군가는 입맛을 다신다. 또 누군가는 흐뭇하게 은행 계좌를 관리한다.

역사적으로 다양한 문화의 조리법이 공유되는 현상은 식민주의자와 정복자를 비롯한 대담한 여행자들에 의한 것이다. 에르난 코르테스Hernán Cortés는 16세기에 남 아메리카에서 코코아 열매와 토마토와 칠면조 따위를 가지고 돌아가 서양 세계에

155

혁명을 일으켰다. 코르테스는 1492년에 아메리카 대륙으로 항해한 크리스토퍼 콜럼버스Christopher Columbus의 뒤를 이었다. 그리하여 오늘날 '콜럼버스의 교환'이라고 알려진 사건이 일어났다. 백인들의 뭉칫돈과 신세계의 조그만 설탕 덩이가 교환된 것을 일컫는 말이 아니다. 구세계와 신세계 사이에 음식과 사람과 생각과 질병이 교환된 것을 의미한다. 구세계인 유럽은 거래에서 유리한 입장에 서서 옥수수와 사탕수수와 감자와 함께 담배, 아이스크림에 넣을 바닐라, 진토닉에 넣을 퀴닌을 가져갔다. 그리고 그 대가로 유럽인들을 아메리카 원주민들에게 보내어 천연두와 홍역과 매독을 선사했다.

역사적으로 여행자들은 새로운 땅을 정복하러 길을 떠난 게 아니라 도망치듯이 고향을 등져야 하는 사람이 대다수였다. 다급하게 떠나면서 주머니 가득 고향을 떠올릴 씨앗과 콩을 넣어 갔다. 조리법은 가져갈 필요가 없었다. 종교와 노래와 추억만큼 마음속에 중요하게 새겨져 있었으므로.

한 예로 20세기 초에 러시아에서 도망쳐 뉴욕으로 건너온 유대인들은 주머니에 양귀비씨를 가득 담아 왔다. 몬mohn 쿠키에 들어가는 재료였다. 덕분에 땅 설고 물 설은 곳에서 소박한 고향의 맛을 구할 수 있었다. 톰 버나딘Tom Bernardin은 뉴욕의 관문인 엘리스 섬을 안내하곤 했다. 그는 『엘리스 섬 이민자 요리책The Ellis Island Immigrant Cookbook』을 엮으면서 이렇게 적었다. '나는 음식이 (이민자의) 경험에 얼마나 중요한지 깨달았다. 음식은 영양학적 차원만이 아니라 이민자의 과거 삶을 가져와 보존하는 수단으로서도 중요했다.'

1990년대에 콩고에서 떠나온 농부들은 나미비아의 난민촌에서 장기간 거주하며 주머니에 숨겨온 씨앗으로 가지를 재배했다. 1975년 캄보디아 대학살을 피해 태국의 난민촌에 들어간 사람들도 고향에서 씨앗을 가지고 나왔다. 그들 중 한 명인 보은 타스Voeun Tath는 훗날 텍사스 주 댈러스에서 살게 되었는데, 아직도 그때 가지고 나온 씨앗으로 캄보디아산 파를 재배한다. 보은 같은 사람들은 전쟁과 대량학살을 피해 도망쳐 나오면서 고향의 것을 조금 가지고 나왔다. 2018년에 댈러스 동부에서 지역사회 텃밭 프로그램을 진행한 던 램버트Don Lambert는 이렇게 말했다. "사람들이 한 나라에서 다른 나라로 건너갈 때는 종자를 조금씩 주머니 여기저기에

20세기 초 뉴욕의 이탈리아인 이민자들은 고향 음식 생각이 간절한 나머지 그들의 상징적인 요리 전통의 수준을 떨어뜨렸다.

숨겨 옵니다."

　한편 작물과 가축의 대량 수출로 한 나라의 음식 문화가 다른 나라에서 발전할 수도 있다. 예를 들어 19세기 후반에 캘리포니아와 플로리다 같은 주에서는 과일과 견과류와 감귤류 과수원이 발전했다. 토양과 기후가 이들 작물에 적합했고, 새로운 땅을 찾아온 이탈리아 농부들이 주로 이런 작물을 들여와 자기네 농업 기술로 농장을 발전시킨 것이다. 미네소타 대학교의 역사학 교수 도나 가바치아Donna Gabaccia에 따르면 1870년부터 1970년까지 '이탈리아를 떠나온 이주민 2,600만 명 이상은 주로 일자리를 찾는 사람들이었다. 이탈리아 국민은 오래전부터 가난했지만 19세기 말에는 가난에 떠밀려 멀리 이주해야 했다'.

이들 이탈리아인 이주민 중 3분의 1이 북아메리카로, 4분의 1이 남아메리카로 갔고 40퍼센트가 유럽의 다른 국가로 이주했다. 1920년에는 뉴욕 한 곳에서만 이탈리아인 이주민이 500만 명이었다. 그중 다수가 음식업에 종사하면서 시칠리아와 팔마 같은 지역의 토마토와 올리브유와 파스타에 대한 수요를 창출했다. 하지만 육류를 수입하는 데는 비용이 많이 들기 때문에 주로 값싼 소고기에 의존했다. 고기를 갈아 쓰면 부패가 이미 시작된 상태를 감출 수 있었다. 뉴욕의 이탈리아 카페에서는 이런 방법으로 미트볼을 만들어 토마토소스 스파게티와 함께 내놓았다.

아르헨티나의 부에노스아이레스에서는 가난한 이탈리아인 이민자들이 소고기를 두드려 밀라노식 송아지 커틀릿을 만들고 나폴리산 통조림 토마토로 요리했다. 부에노스아이레스의 소박한 이탈리아 레스토랑에서는 이 요리를 '밀라네사 알라 나폴리타나milanesa alla napolitana'라고 불렀다. 뉴욕 음식이든 부에노스아이레스 음식이든 나폴리의 이탈리아인에게는 낯설었을 것이다. 환경의 제약에도 불구하고 고국의 음식을 먹고 싶었던 이민자들이 스스로 그들 음식의 질을 떨어뜨린 것이다.

미국의 생산자들은 높은 수입 가격 때문에 파르마의 단단한 치즈와 비슷한 치즈를 국내에서 직접 생산하고 캘리포니아의 농부들은 다채로운 나폴리 토마토와 유사한 자두 모양의 토마토를 재배했다. 이탈리아인 이민자 헥토르 보야르디Hector Boiardi는 미국에서 생산한 파스타를 역시 미국산 토마토와 섞어서 통조림에 넣고 '셰프 보야르디Chef Boyardee'라는 브랜드로 출시했다. 보야르디는 원래 오하이

헥토르 보야르디가 만든 브랜드 '셰프 보야르디'의 스파게티 소스는 1,500만 명의 미국 육군 장병에게 식사를 공급하는 데 일조했다.

1958년에 캔자스 주에 있는 최초의 피자헛에서 팔던 피자는 이탈리아 요리 순수파에게 모욕감을 안겨 주었다.

오에서 레스토랑을 운영하다가 손님들의 요청으로 스파게티 소스를 만들어 우유병에 담아 팔기 시작했다. 그의 단순한 제품은 미국 육군에 식품을 납품하는 업체의 관심을 끌었다. 제2차 세계대전 중에 1,500만 명의 장병에게 식사를 공급한 이 업체는 보야르디의 제품이 매우 간편한 식품이라고 보았다. 보야르디의 펜실베이니아 공장은 매일 24시간씩 가동해야 했다.

병사들은 보야르디 제품을 좋아했고, 심지어 이탈리아인 이민자의 아들들마저도 좋아했다. 이후 통조림에 든 이탈리아 음식에 대한 소문이 미국 전역으로 퍼져나갔다. 현재 시카고에 본점을 두고 '셰프 보야르디'를 생산하는 대형 포장 식품 회사 콘아그라Conagra는 라비올리와 마카로니부터 피자 소스와 토르텔리까지 10여 가지의 이탈리아 식품을 공급한다.

그런데 이것은 이탈리아 음식일까? 1958년에 캔자스 주 위치타에서 최초의 '이탈리아' 피자를 판매한 피자헛Pizza Hut은 어떨까? 이탈리아 요리 순수파라면 모욕감을 느끼며 '맘마미아(맙소사)!'를 외쳤을 것이다. 실제로 이탈리아인들이 이런 말을

159

쓰는지는 모르겠지만.

이런 이야기는 고통스럽고 복잡한 흔한 사례이고 멕시코 음식만큼 극명한 예도 없다. 1951년에 캘리포니아 주 로스앤젤레스 동쪽 샌버너디노에서 햄버거 가게를 운영하던 글렌 벨Glen Bell이 가게 앞에 새 간판을 내걸었다. '타코, 19센트'. 벨의 햄버거 가게에서 6.5킬로미터 떨어진 곳에는 리처드와 모리스 형제가 운영하는 햄버거 가게가 있었다. 맥도날드의 전신(1940년에 문을 열었다)이다. 3년 후에는 레이 크록Ray Kroc이라는 사람이 이들 형제와 제휴해 미국 전역으로 사업을 확장했다.

진정한 맥도날드의 분위기는 1948년에 매장을 개조하면서 나타났다. 특히 시내의 여느 햄버거 가게와 달리 메뉴가 훨씬 간소했다. 메뉴는 햄버거와 감자튀김과 셰이크만 있었고, 먹는 데 도구가 필요한 음식은 팔지 않았다. 주방에 가열램프를 설치하고 햄버거를 미리 조리해서 고객이 음식을 조리하는 동안 기다릴 필요가 없었다. 그 밖에는 케첩과 양파와 피클처럼 곁들이는 재료만 추가되었고, 접시도 없이 모든 음식을 종이봉투나 컵에 담아서 주방 보조가 설거지를 할 필요가 없었다.

맥도날드는 이렇게 모든 과정을 간소화한 덕에 햄버거 가격을 15센트로 낮출 수 있었다(경쟁업체 가격의 절반 수준이었다). 상상을 초월하는 혁신적 변화였고, 매장 앞 길가에서 사람들이 줄을 섰다(그리고 그 줄은 빠르게 이동했다). 레이 크록은 이후 1954년에 프랜차이즈 권리를 사들였다. 2018년 말에는 100여 개국에서 3만 7,855개의 직판점으로 6,900만 명이 찾아들었다.

벨은 맥도날드 형제의 사업이 번창하던 초창기에 시기하는 눈길로 지켜보았다. "그 식당 뒤편 차고에서 형제의 새 캐딜락이 보였다." 언젠가 벨이 한 말이다. 형제는 침실이 스물다섯 개인 대저택을 공동 소유했다. 벨에게는 그런 행운이 찾아오지 않았다. 작은 방이 딸린 조그만 가게는 그가 직접 지었고(실제로도 그래 보였다), 사람들은 주문하는 데만 15분 정도 줄을 서야 해서 그냥 발길을 돌렸다. 그러다 1948년 로스앤젤레스에 폭풍우가 몰아쳤을 때 그의 가게가 얼마나 날림으로 지어졌는지 여실히 드러났다. 초속 36미터의 강풍에 건물이 완전히 주저앉았다.

그러나 벨은 뱅크오브아메리카에서 대출을 받아 새로 가게를 짓고 2개월 후 다시 문을 열면서 메뉴에 핫도그와 루트비어를 넣었다. 오전 5시에 일을 시작해서 밤

1948년에 매장을 개조한 맥도날드에서는 메뉴를 간소화하고 모든 음식을 미리 조리하고 식사 도구를 없애고 햄버거를 단돈 15센트에 팔았다.

11시에 문을 닫았다. 아내 도로시에게는 감당할 수 없는 일과였다. 아이가 태어나자 아내는 그에게 장사를 그만두고 가까운 주유소에서 일자리를 구하라고 재촉했다. 그는 아내의 말을 따랐지만 사업 구상을 떨쳐내지는 못했다. 주유소에서 손님 차에 기름을 채우면서 건너편의 공터를 눈여겨보았다. 그러다 아내 몰래 작은 공터를 빌려 새 가게를 지었다. 아내는 그걸 알고는 그가 주유소를 그만두는 데 마지못해 동의해주었다.

그러는 동안 벨은 염탐하듯 맥도날드를 지켜보면서 자신이 시대에 뒤처졌음을 깨달았다. 맥도날드 형제가 꾸준히 혁신하는 모습에서(종이컵부터 현대적인 소스 용기까지) 당혹감을 느꼈다. 그리고 결국 그의 도시에는 햄버거 가게가 너무 많다고 판단했다. 벨에게는 새로운 사업 아이디어가 필요했다. 여러 멕시코 식당(특히 인근에 있는 미틀라 카페라는 식당)에서 음식을 먹어보고 그 식당들의 타코를 그대로 모방하되, 타코를 조립라인 방식으로 만들 수만 있다면 엄청난 뭔가가 나올 거라고 판단했다. 훗날 그는 이렇게 회고했다.

'(타코) 열두 개를 사려면 기다려야 했다. 우선 속을 채우고 빨리 튀겨서 이쑤시개로 고정했다. 음식은 맛있었지만 조리 과정을 손봐야 했다.'

벨은 그가 햄버거 가게를 새로 낸 걸 알고 아직 충격에서 벗어나지 못한 아내에게 자신의 사업 구상을 설명했다. 집에서 저녁을 먹다가 그는 이렇게 말했다. "타코는 새로운 음식이 될 수 있어. 우리 가게는 다른 가게들과는 달라질 거야. 타코를 빨리 만드는 방법만 찾으면 돼."

아내는 아들 렉스를 생각하면 평생 가난한 히스패닉 동네에서 꿈만 꾸는 남편만 바라보고 하루하루 고생하고 싶지는 않다고 답했다. 하지만 아내의 간절한 부탁이 그의 귀에는 들리지 않았다. 그의 생각은 온통 닭장 만드는 사람한테 주문해놓은 철사 틀에 가 있었다. 타코를 기름에 푹 담가 겉을 바삭하게 튀기면서 형태를 유지해주는 기구였다. 드디어 철사 틀이 나왔다. 한 번에 타코 여섯 개를 기름에 담갔다. 이어서 그는 다시 튀길 필요 없이 주문이 들어와도 속만 채우면 되는 타코 껍질을 발명했다. 벨의 타코는 햄버거보다 덜 지저분하고 모든 주문 내용이 동일했다. 양파나 치즈 추가가 없었다. 일단 작게 판매를 시작했지만 사람들에게 그의 아이디어를 이해시켜야 했다. 그는 아내에게 이렇게 말했다.

"사업은 잘 돼가. 느리지만 잘 돼가. 타코는 미래야."

'그럴지도. 하지만 당신은 아니야.' 도로시는 속으로 생각했다.

1953년에 도로시는 이혼을 신청했다. 벨은 이혼에 합의하고 자신이 가진 전부를 아내에게 주었다. 집, 은행 통장, 식당까지. 그리고 110킬로미터 떨어진 곳으로 가서 모든 것을 다시 시작했다. 햄버거를 포기하고 타코에만 집중했다.

현재 타코벨의 프랜차이즈 모델은 놀라운 위력을 보여준다. 매장이 7,000개 이상이고 러시아에서 중동, 남아메리카, 핀란드까지 전 세계에서 20억 달러의 수익을 내고 있다. 벨의 사업이 성장한 배경에는 전후의 롤러코스터처럼 변화무쌍한 소비자주의가 있었다. 1954년과 1967년 사이 미국에서 레스토랑 음식의 매출은 두 배가 되었다. 더불어 식품 가공 산업도 성장했다. '텔레비전 디너'라고 불린 간편 냉동식품이 전국적으로 유행하면서 수익을 올렸다. 벨의 실험은 위대한 성공 신화(특히 백인 중산층 미국인이 소수민족의 음식, 그중에서도 그들의 입맛에 맞게 질을 떨어뜨린 음식을 좋아하게 된 이야기)가 되었지만 그 밖의 실험은 무수히 실패했다.

패스트푸드의 연이은 실패담은 버려진 포장지와 햄버거 상자와 음료수 용기만큼이나 음울한 이야기다. 첫 매장을 넘어서지 못한 경우도 있고, 중도에 포기한 사람도 있었다. 그리고 다른 많은 패스트푸드점이 (가령 최고의 입지 조건을 갖춘 매장들이) 대형 브랜드로 성장했다. 패스트푸드에 열광하는 미국인들은 치킨 조지Chicken George, 빕스VIPs, 도기 디너Doggie Diner, 레드 반Red Barn, 베니건스Bennigan's, G. D. 릿지G. D. Ritzy, 펍앤타코Pup 'N' Taco, 하워드 존슨Howard Johnson 같은 이름을 들으면 가슴이 울릴 수 있다. 이들 패스트푸드의 이야기는 열정과 희망과 노력과 성공과 실패가 짜릿하게 뒤섞인 이야기이며, 두 손을 내저으며 반대한 수많은 도로시(벨의 아내)들 대다수가 결국 옳았다고 입증된 이야기이기도 하다.

한편 벨은 그의 타코 제국이 번창하는 동안 마사라는 여자와 사랑에 빠져 재혼하고 아이 둘을 더 낳았다. 그는 처음에 어떻게 마사에게 반했냐는 질문에 이렇게 답했다. "마사가 타코에 관심이 많아서요."

그런데 벨이 초기에 타코 티아Taco-Tia라는 이름으로 팔던 타코는 멕시코 현지의 타코와 전혀 달랐다. 벨의 타코는 겉에 싸는 토르티야가 단단했다. 멕시코에서는 단단한 껍질을 토스타다라는 납작한 요리에 쓰고 지금도 그렇다. 벨의 타코에는 얇게 썬 소고기와 샐러드 외에 아무것도 들어가지 않았다. 하지만 멕시코인들에게 타코는 납작한 밀가루 토르티야를 그릴에 데우고 고기를 넣기 전에 깍둑썰기를 한 양파와 고수를 넣고 미리 양념해놓은 육즙이 풍부한 길게 자른 소고기carne asada를 지글지글 익혀서 얹은 다음 즉석에서 그릴에 굽는 음식이다. 하지만 벨은 고기를 굽지 않았고, 이것이 핵심이었다. 물론 고수도 뿌리지 않았다.

벨의 타코 개발 사례에서 영감을 얻은 멕시코 타코 업체들의 이야기는 책 한 권 감이다. 아니, 한 권으로는 모자란다. 문화적 복잡성의 이야기이자 신세계와 구세계가 만나는 이야기이자 상식의 이야기이기 때문이다. 사람들은 타코 안에 고기와 채소를 잘 넣어주기 위해 밀가루나 옥수수로 만든 토르티야를 상당히 오랜 기간 사용해왔다. 하지만 제프리 필처Jeffrey Pilcher는 『타코 행성 : 멕시코 음식의 지구사Planet Taco: A Global History of Mexican Food』에서 '타코는 20세기에 들어서야 전국에서 패권을 잡았다'고 적었다.

그런데 타코가 패스트푸드의 초석이 된 건 정말로 벨이 타코 만드는 과정을 기계화한 결과였을까? 벨이 단단한 타코 만드는 기계를 발명했다는 신화를 반박하는 사람들은 벨이 다른 멕시코 사업가들에게서 아이디어를 얻었다고 주장한다. 사실 벨이 경쟁자들의 활동을 주시한 성향으로 미루어보아 이런 주장이 전혀 근거가 없는 말은 아닐 수 있다.

실제로 벨이 만든 최초의 타코는 1951년에 판매되었는데, 그보다 1년 전에 이미 뉴욕에서 레스토랑을 운영한 멕시코 출신의 후벤시오 말도나도Juvencio Maldonado가 발명한 기계가 특허를 받았다. 말도나도는 1924년 스물여섯 살에 뉴욕으로 이주했다. 전직 군인인 그는 멕시코 내전을 피해 새로운 삶을 찾아왔을 것이다. 여자친구 파즈가 4년 후 뒤따라 들어왔고, 두 사람은 결혼해서 뉴욕의 어퍼 웨스트사이드에서 멕시코 식료품점을 열었다. 그 지역의 멕시코인을 상대하기 위해 가게를 낸 게 아니라(사실 멕시코인은 거의 살지 않았다) 살사소스와 토르티야와 초콜릿 같은 식품이 그 동네에서 인기를 끌 것 같아서였다.

당시는 자동차와 담배, 전차, 널찍한 도로, 그리고 현대성의 시대였다. 뉴욕 시민은 새로운 것과 이국적인 것을 받아들일 준비가 되어 있었다. 부부는 매일 장시간 일하면서 동네 주민들의 마음을 얻었지만 무척 고된 일이었다. 그곳 사람들에게는 낯선 식재료였고, 게다가 이런 낯선 재료로 손님들이 집에 들어갈 때면 이미 이름조차 잊어버릴 음식을 만들어주는 일 자체가 쉽지 않았다. 1938년에 말도나도 부부는 멕시코 음식이 뉴욕 시민들을 사로잡을 거라는 확신을 버리지 않은 채 좀 더 쉬운 길을 찾아나섰다. 식료품점을 접고 웨스트사이드 46번가 극장 거리의 작은 부지에서 소치틀Xochitl이라는, 멕시코어로 꽃을 의미하는 이름의 간판을 내걸고 레스토랑을 열었다.

말도나도 부부는 레스토랑에 솜브레로(챙이 넓은 멕시코 모자 - 옮긴이)와 나무로 만든 아메리칸 인디언의 머리를 걸었고, 레스토랑 한가운데에는 아즈텍의 독수리와 뱀을 그린 크고 거친 그림을 배치했다. 신들이 아즈텍인에게 독수리가 방울뱀을 먹은 자리에 도시(멕시코시티)를 건설하라고 지시하는 전설을 형상화한 그림이다. 메뉴로는 칠라킬레(옥수수 토르티야), 선인장 샐러드, 풍미가 강한 멕시코 소스 몰레가 나왔다. 토르티야는 매일 새로 만들었고 토르티야로 타코(하드 타코와 소프트 타코), 엔칠라다(소프트 토르티야에 고기나 채소나 콩이나 샐러드를 넣고 위에 칠리소스를 뿌린 요리), 토스타다(바삭한 토르티야 위에 맛있는 재료를 얹는데, 토마토와 샐러드와 튀긴 콩과 갈아서 뿌린 치즈가 반드시 들어간다)를 만들었다.

마침내 뉴욕 사람들이 이런 음식을 받아들이며 소치틀로 몰려들었다. 특히 바삭하게 튀긴 타코가 인기를 끌었다. (전기 기사이던) 말도나도가 여가 시간에 타코를 대량으로 튀기는 기계를 발명하는 데 몰두할 정도였다. 그는 1947년에 '토르티야를 튀겨서, 튀긴 타코를 만드는 방법'에 대한 특허를 출원했다. 특허 신청서는 두 페이지로 구성되었고, 한 페이지에는 기술 도면 다섯 개가 그려지고 다른 페이지에는 상세한 설명이 적혀 있었다. 도면에는 토르티야를 기름에 넣어 튀기는 선반 여러 개가 장착된 휴대용 장치가 그려져 있고 후벤시오 말도나도가 '발명가'로 올라가 있었다. 그는 이 장치가 '새로운' 것이라고 주장했고, 1950년에 특허가 승인되었다. (특허는 2019년 7월 11일, 내가 이 문장을 쓰는 바로 오늘 만료된다!)

이 장치는 한 번에 튀길 수 있는 타코의 수를 크게 늘려줄 뿐 아니라 주방에 평화를 가져다주었다. 기존에는 손님들이 타코를 사랑할수록 요리사들은 타코를 싫어했다. 끓는 기름이 튀어 요리사들이 맨살이 드러난 부위에 자잘한 화상을 입었고 앞치마가 지저분해지고 잘 때도 기름 냄새가 떠나지 않았다. 말도나도가 직원들에게 이 장치를 보여주자 모두가 환호했다. 훗날 그는 그 발명품이 '튀긴 타코 주문이 들어올까 두려워하며 불만을 터뜨리던 요리사들에게 평화를 안겨주었다'고 말했다.

말도나도는 이후 몇 년에 걸쳐 '테이크아웃' 타코를 레스토랑 사업에 추가했다. 그의 발명품 덕에 타코는 나날이 인기를 더해갔다. 우연이겠지만(같은 문제를 해결하기 위해 동시에 나온 혁신) 글렌 벨이 샌버너디노의 타코 가게에 들여놓은 기계도 말도나도의 기계와 거의 같았다. 하지만 벨이 표절했다고 해도 말도나도는 더한 죄를 지은 것이 아닐까? 뉴욕 사람들의 감성에 영합하느라 타코를 튀겨서 멕시코 요리의 전통을 욕보인 것은 아닐까? 전통의 수준을 떨어뜨리면서 멕시코 음식을 미국화한 것은 문화의 배반 행위가 아니었을까?

멕시코의 시인 옥타비오 파스Octavio Paz는 '문화의 용광로란 요리에 적용하면 역겨운 요리를 만드는 사회적 개념'이라고 말했다. 하지만 현대의 다른 멕시코 작가인 구스타보 아레야노Gustavo Arellano는 말도나도와 벨의 타코 제국도 옹호했다. '우리는 미국의 다채로운 멕시코 음식을 멕시코의 가족으로 받아들여야 한다. 사기꾼이나 열등한 형제가 아니라 대등한 구성원으로 여겨야 한다.' 그리고 '멕시코적인 것이 조금이라도 포함되어 있다면, 그것이 사람이든 음식이든 언어든 의례든, 심지어 수세기에 걸쳐 메스티소의 맛이 빠졌다고 해도 여전히 멕시코의 것이다'.

필처는 멕시코 음식을 정의하기 위한 투쟁이 '200년간 이어졌다'고 지적했다. 사실 그는 멕시코라는 정의 자체에 의문을 던졌다. 어쨌든 국경은 전쟁이나 외교에 따라 달라진다. 그리고 국경이 그어질 당시의 음식 전통까지는 고려하지 못한다. 1848년에 미국이 멕시코를 침략한 후 도입된 과달루페 이달고 조약에 의해 텍사스 남부가 합병되어 멕시코의 일부가 미국 영토로 편입되었다. '(리오그란데) 강 저지대의 남쪽 강둑에서는 향토 음식이지만 북쪽 강둑에서는 소수민족의 음식이다. 그리고 양쪽 지역의 가정에서는 그냥 가정 요리다.'

필처는 정통 멕시코 요리의 중심에 닿기 위해 정통성 있는 궁극의 타코를 찾아 나섰다. 우선 멕시코 북서부 소노라 주의 에르모시요라는 도시로 갔다. 꽃과 자연과 스포츠와 미식의 도시다. 이 도시는 음식을 신성시한다. 관광 안내소에서는 유네스코UNESCO가 이 도시의 멕시코 음식을 '인류무형문화유산'으로 선정했다고 자랑스럽게 밝힌다. 정통 멕시코 음식을 맛보고 싶다면 이 도시에 가볼 만하다. 필처가 미니애폴리스의 집에서 출발한 이 여정은 실로 엄청난 것이었다. 특히 그가 사는 미니애폴리스의 레이크 스트리트에 있는 멕시코 식당에서 먹은 음식(신선한 토마티요 살사로 맛을 낸 타코 데 바르바코아)값은 기막히게 저렴했으므로.

필처는 에르모시요에서 그 지역의 사서를 만났다. 요리 강사이자 정통 멕시코 음식의 권위자인 그 사람은 필처에게 에르모시요 최고의 타코를 맛보게 해주겠다고

했다.

그들이 간 곳은 중국 식당이었다.

오늘날 미국은 멕시코인들을 깎아내리도록 종용당한다. 심지어 미국의 전임 대통령도 멕시코의 악랄한 범죄와 마약으로부터 자국민을 보호한다는 명목으로 장벽을 세우겠다고 했지만 현재 미국에서 가장 인기 있는 패스트푸드는 (미국의 전통적인 패스트푸드인 서브웨이, 맥도날드, 버거킹, 던킨도너츠, 피자헛 다음으로) 타코벨이다.

12

세계 최악의 음식을 파는 나라

1951

이탈리아 출신의 레스토랑 경영자 찰스 포르테는 영국 페스티벌이라는,
영국의 전후 복구 상황을 세계에 보여줄 기회가 된 행사에서 음식 공급 계약을 따냈다.
포르테는 음식을 신속히 공급하면서 영국 전역에 레스토랑과 호텔 제국을
건설하겠다는 목표를 세웠다. 하지만 영국은 아직 국민에게 식량을 배급하고
있었고, 이 시기의 그림자는 길고도 불길했다. 1950년대에 10년간 성장하고도
영국의 음식은 여전히 형편없었다. 12년 후 어느 풍자 작가는 텔레비전에 나와
영국 음식의 현실을 한마디로 역겹다고 표현했다.

쟁의 궁핍에서 서서히 벗어나던 시기에 평범한 영국인에게 즐거움을 위한
외식은 새로운 호사였다. 관광협회Tourism Society의 설립자 빅터 미들턴Victor
Middleton의 말을 빌리자면 공포와 걱정, 빈곤과 위험이 서서히 걷히면서 '장거리 버스
여행마저도 마법과 모험이 예견되는 경험으로 비춰질' 터였다.

식료품점에 진열된 바나나만 봐도 신나던 시대에 레스토랑에 가는 것은 진정으
로 짜릿한 일이었다. 지금은 외식하기 위해 모래 포대를 뚫고 레스토랑에 들어가지
않아도 되는 것이 얼마나 이상한지 상상하기 어렵고, 식사 중에 급히 방공호로 숨어
야 할 수도 있다는 걸 아는 채로 테이블에 앉는 것이 먼 과거의 일이 되었다.

1940년대 후반과 1950년대에 영국의 식문화를 안락하고 안전하고 화려한
2020년의 시선으로 바라보면 당연히 칙칙하고 암울하고 음산하다. 사실 1960년대
초를 들여다본 당대의 작가들은 당시의 식문화도 가차 없이 비판했다. 그러한 목소
리 중 하나가 1962년 12월 22일에 튀어나왔다. BBC 라디오 타임스에서 밤 11시 40분
의 '방송 마감' 전에 마지막 프로그램으로 10시 50분에 「이번 한 주That Was the Week That
Was」를 내보냈다. 이날의 프로그램(진행자는 항상 데이비드 프로스트David Frost였다)에 작가 버

나드 레빈Bernard Levin이 출연했다. 런던 셰퍼즈 부시의 지은 지 2년 된 BBC 텔레비전 스튜디오에서 송출되는 생방송에서 레빈의 역할은 영국의 식문화에 관한 그의 생각을 독백으로 전달하는 것이었다.

"영국의 호텔과 레스토랑 산업을 묘사하는 한마디가 있다면(실제로 있습니다) 그것은 바로 역겹다는 말입니다. 유사시에는 다른 말도 쓸 수 있겠네요. 게으르다, 비효율적이다, 정직하지 않다, 더럽다, 자아도취다, 과도하다 따위도 넣을 수 있지만 그냥 '역겹다', 이 한마디로 정리됩니다."

그는 다트머스의 한 호텔에 머물렀을 때의 이야기를 들려주었다. 그가 호텔 주인에게 오전 8시 15분에 아침 식사를 할 수 있느냐고 묻자 주인 남자는 미심쩍은 표정으로 불변의 한마디를 외쳤다. "여긴 유럽이 아닙니다, 나리!" 레빈의 경험은 헝가리 출신의 영국 작가 조지 마이크스George Mikes가 1949년에 『이방인으로 사는 법How to be an Alien』에서 밝힌 유머 넘치는 주장과도 유사했다. '유럽인에게는 좋은 음식이 있고, 영국인에게는 좋은 식사 예절이 있다.'

제2차 세계대전 중에 영국 사람들은 애국심과 경제적 요구에 의해 배급 제도 (1953년에 식량 공급이 서서히 복원되기 전까지 지속되었다)를 기꺼이 수용했다. 개인의 기준과 기대를 낮추는 것이 언제까지고 빈곤한 채로 국가의 식량 공급에 실망하는 것보다는 훨씬 나았다. 실제로 영국은 초라한 배급량으로나마 빈곤에 대처할 수 있어서 폭동이 방지되었다. 관료 조직이 매주 일정한 배급량을 효율적으로 제공했다. 성인 한 명에게 베이컨과 버터 4온스와 설탕 12온스 등을 배급하겠다는 정부의 약속은 항상 지켜졌다. (그럼에도 막후에는 무수한 위기의 순간이 있었다. 예를 들어 식량을 싣고 대서양을 건너오던 상선이 침몰하여 엄청난 양의 고기와 밀과 설탕이 바닷속으로 가라앉는 일도 있었다.)

낙관주의자 윈스턴 처칠Winston Churchill이 고안한 '브리티시 레스토랑British Restaurant'은 정부에서 운영하는 식당으로, 배만 채워주는 소박한 음식을 제공했다. 정부의 식품국이 위치한 콜린베이의 브리티시 레스토랑에서는 저렴한 점심으로 수프, 구운 고기와 채소, 푸딩, 커피 한 잔을 담아주었다. 브리티시 레스토랑이나 지역사회 급식의 발전은 전쟁 시기에 일어난 대대적인 사회 변화를 의미했다. 한마디로 집 밖에서 먹는 식사가 표준화된 것이다. 자주 외식하는 인구가 전쟁 시기에 두 배 이상 증가했고, 1944년 12월에는 외식 횟수가 약 1억 7,000끼였다.

『영국의 외식England Eats Out』의 저자 존 버넷John Burnett은 이렇게 적었다. '공공장소에서 먹는 행위가 전쟁 전에는 일부 상류층의 특권이었지만 브리티시 레스토랑과 공장 구내식당, 특히 군인 수백만 명의 단체 급식으로 인해 친숙해지고 민주화되었다.' 음식의 질이 중요한 게 아니라 이제는 모두가 외식의 기능을 안다는 것이 중요했다. 작가 프랜시스 패트리지Frances Partridge는 전쟁 중에 스윈던의 한 카페에 가보고 이렇게 적었다.

그곳은 거대한 코끼리 우리였다. 수천 명이 허여멀겋기만 한 엄청난 양의 음식을 먹고 있었다. 반죽처럼 걸쭉한 희멀건 수프로 시작하고, 이어서 뭉텅뭉텅 갈아놓은 희멀건 고기에 희멀건 콩과 희멀건 감자 몇 덩어리가 나오고, 묽은 사과 스튜와 묽은 죽이 나왔다. 만족스러우면서도 참담한, 역시 온통 희멀건 미래의 계획된 세계를 연상시켰다.

제2차 세계대전에서 승리한 영국은 음식의 양은 빈약해도 영양가는 풍부한 배급 제도와 당시 사람들이 평소에 요즘보다 더 많이 움직이며 돌아다닌 덕에 그 어느 때보다 건강해져서 전국적으로 좋은 레스토랑이 들어설 필요가 없었다. 그럴 만한 공급원도 자본도 없었다.

영국인들이 이렇게 심리적으로 음식에 대한 기대치를 낮춰가는 사이 몸도 반응했다. 실제로 위장이 줄어들었다. 쿼바디스Quo Vadis의 설립자 페피노 레오니Peppino Leoni는 전후에 (오늘날에도 성업 중인) 레스토랑을 다시 열고 세 가지 코스로만 구성된 메뉴를 선보였다. 훗날 그는 전기 작가에게 이렇게 말했다. '전쟁과 배급 제도로 인해 영국인의 위장이 크게 줄어들었다.' 누구도 대여섯 가지의 요리로 이루어진 정찬을 원하지 않았다. '사람들이 원하는 음식은 정성껏 만들어 소량으로 먹기 좋게 차려낸 요리였다.' 1947년에 르카프리스Le Caprice를 다시 연 마리오 갈라티Mario Gallati도 1960년에 이렇게 말했다. '우리의 위장이 줄어든 것 같았다. …… 요즘은 사람들이

전쟁 전과 같은 식욕을 보이지 않는다.'

엘리자베스 데이비드Elizabeth David는 1950년의『지중해 요리책A Book of Mediterranean Food』으로 영국에 낭만주의를 약간 더하려 했을지 몰라도 실제로는 돈키호테식 소설에 가까웠다. 이 책에서 데이비드는 나무 들보에 향기 나는 약초가 걸려 있는 프랑스 시골의 오두막과 잘 익은 토마토가 가득 담긴 상자가 쌓여 있는 시장과 식탁 주위에 모여서 풍성한 카술레(고기와 콩을 넣어 뭉근히 끓인 요리)와 신선한 샐러드를 배불리 먹는 가족을 그리지만, 사실 영국에서는 부자들도 이 책에 소개된 레시피대로 요리하기 어려웠다.

슈퍼마켓에서 그렇게 풍성한 재료를 팔지 않았다. 올리브유는 약국에서 작은 병에 담아 팔았고, 아보카도는 언감생심이었다.

사업가들이 전후 영국의 시장에서 엘리자베스 데이비드의 낭만적인 레스토랑을 내기 위한 틈새시장을 발견했다고 해도, 아직 시행 중인 전쟁 시대의 법에 발목이 잡혔다. 1942년 5월에 시행된 가격제한법에 따라 호텔이나 레스토랑에서 한 끼 식사에 청구할 수 있는 금액이 단돈 5실링(현재의 25페니)으로 제한되었다. 한 끼 식사에 세 가지 요리로 제한되고, 모든 레스토랑이 자정에 문을 닫아야 했다.

이 법을 제정한 목적은 부유층이 배급 제도를 무시하고 호텔에서 호화롭게 먹지 못하도록 막는 데 있었지만 부자들은 이미 전쟁 중에도 합심하여 기존의 생활양식을 유지했다. 이것을 리츠크리그Ritzkrieg라고 했다. 영국의 저널리스트 셰렐 제이콥스Sherelle Jacobs는 이렇게 적었다. '소련군이 숨마를 점령할 때 버클리 호텔의 더 버터리The Buttery에서는 제철 철갑상어 알과 바닷가재와 리술리외 메추라기와 잘루지 파리지앵을 내놓았다. 모피와 진주를 휘감은 손님들이 석류즙을 넣은 멍키 글랜드와 아몬드 리큐어를 넣은 올드 에스토니언 칵테일을 퍼마셨다.'

영국군이 프랑스군과 팔미라를 놓고 싸우고 스탈린이 '초토화 정책'을 실시하던 1942년 여름, 어느 부유한 런던 사람이 사보이에서 먹은 만찬을 일기에 적었다. '세 명의 웨이터와 소믈리에의 도움으로 우리는 핌스Pimm's(영국 술 - 옮긴이)와 콩소메 프라페와 화이트와인 소스로 조리한 연어에 햇감자와 아스파라거스 잎을 곁들인 요리와 프랄린 아이스와 커피로 식사했다.' 부자들은 텃밭에서 기른 재료를 레스토랑,

특히 런던의 고급 호텔에 있는 레스토랑으로 가져가 세 가지 메뉴와 5실링으로 제한하는 규정을 교묘히 피해갔다. 런던의 리츠와 사보이 같은 호텔에서는 8실링 6펜스의 추가 요금을 더 부과하여 요리사가 코스에 요리를 추가할 수 있었다. 코스를 추가하는 건 아니었다!

세 가지 코스와 5실링으로 제한하는 법은 1950년에 노동당 정부가 그해 총선에서 가까스로 다수당을 차지하기 전에 폐지되었다. 하지만 음식점 업자들은 계속 제약에 직면했고, 배급 제도는 1954년까지도 완전히 사라지지 않았다.

전쟁 시기에는 경험과 상상력이 모두 억눌렸다. 레너드 리코리시Leonard Lickorish의 『영국 관광British Tourism』의 한 선언문에서는 이렇게 밝힌다. '1940년대 말 영국은 사실상 파산 상태였다. 전쟁으로 모든 자원이 고갈되었다.' 해외여행은 거의 혹은 전혀 못했고, 휴가도 한 계절에 국내에서만 보냈다. 인구의 50퍼센트만 1년에 한 번 7월이나 8월에 집을 떠날 수 있었다. 1950년까지 석유 배급 제도도 유지되었고, 자동차를 소유하는 것은 특권이었다. 실제로 사람들이 소유한 차량 다수는 허술하고 전쟁 전에 제조된 것으로, 여름에만 운전할 수 있었다. 1950년대까지도 고속도로가 생기지 않았다.

1950년대의 런던(그리고 다른 주요 도시와 소도시)에는 전쟁의 상흔이 여전히 심각했다. 폭격당한 지점과 빈껍데기만 남은 건물과 허물어져가는 창고가 있는 음산한 풍경이었다. 흥미로운 오락거리 중 하나가 히스로 공항까지 차를 몰고 가서 의자에 앉아 말뚝 울타리 너머로 비행기가 뜨고 내리는 광경을 구경하는 것이었다.

또한 상업적으로 제조된 체다치즈라는 좁은 의미의 치즈만 있고, 배급품에 들어 있지 않은 에일 맥주는 물을 많이 타서 1950년까지도 제 농도로 돌아가지 못했다. 런던 스트랜드의 심슨스 같은 곳에서 별미로 꼽힌 요리가 '크림을 넣은 스팸 캐서롤'이고, 세인트 제임스의 프루니에에서는 '정어리와 감자밭의 젊은 부녀자들'(이름만큼 흥미로운 요리가 아니라 으깬 감자에 건조한 달걀가루를 뿌린 요리였다)을 팔았다.

1947년 갤럽 여론조사에서는 인구 횡단조사(다양한 연령, 인종, 종교, 성별, 소득수준, 교육수준으로 광범위하게 표집한 대상에 대한 조사 - 옮긴이)로 '완벽한 식사'가 무엇이라고 생각하는지 질문했다. 다음과 같은 합의가 이루어졌다. 순서대로 열거하면 셰리주 한 잔, 토

잿더미가 된 전후 런던의 재건, 폭격당한 지점과 빈껍데기만 남은 건물과 허물어져가는 창고의 도시.

마토 수프, 가자미, 구운 닭에 구운 토마토, 완두콩과 싹양배추, 크림 트라이플, 치즈와 비스킷, 식사에 곁들일 와인, 마무리는 커피였다.

　고급스러운 공간을 지향하는 레스토랑이나 호텔의 메뉴판은 아직 프랑스어로 적혀 있었다. 영국인의 관습은 결코 아니었다. 더블린의 러셀 호텔(1880년대에 문을 열어 1970년대에 문을 닫은 호텔)에 있는 레스토랑의 메뉴는 포타주potages(수프)부터 푸아송poissons(생선 요리), 그리야드grillades(구운 고기)에 이르기까지 거의 다 프랑스어로 적혀 있었다. 돈을 아껴서 특별한 만찬을 즐기려고 레스토랑을 찾은 사람들이 메뉴판에 적힌 요리가 무엇인지 몰라서 어떤 표정을 지었을지 상상이 된다. 누아제트 다뇨noisettes d'agneau(버터에 구운 양고기)나 부케티에흐bouquetière나 리 드 보 브레제 클라마르ris de veau braisés clamart 같은 전채 요리나, 블루테 데스파냐르velouté d'espinard나 앙디브 뫼니에르endives meunière 같은 채소 요리, 쿠프 몽테크리스토coupe Monte Cristo 같은 후식. 사람들은 아마 프랑스어를 몰라서 부끄러워하며 영어가 들어간 메뉴를 골랐을 것이다. 그리야드 아래에 '양갈비'가 적혀 있고, 뷔페 프루와buffet froid 아래에는 '로스트비프'가 적혀 있고, '사브레savoureux' 아래에는 '스카치 우드콕'과 '웰시 래빗'이 쓰여 있었다(물론 프랑스인 요리사에게는 실망스러웠을 것이다).

1952년에는 토키의 임페리얼 호텔이 '지중해식 영국 호텔'로 다시 문을 열고 레스토랑을 시작하면서 작은 혁명이 일어났다. 이 호텔은 개업식에서 앞으로는 모든 메뉴를 영어로 표기하겠다고 발표했다. 개점 첫날 밤의 단일 메뉴는 완전히 새로운 현상을 예고했다. 메뉴는 다음과 같았다. 포트와인으로 만든 멜론 칵테일, 인도 서부 거북이 수프와 금색 치즈 막대 과자, 세인트 크리스토퍼 가자미 요리, 닭 가슴살 요리 '임페리얼 토키', 잉글리시 리비에라 샐러드, 딸기 아이스케이크 '엘리자베스', 데본셔의 별미, 엠파이어 커피.

영국에서 프랑스어로 메뉴를 적는 관습은 이제 거의 사라졌지만 버킹엄 궁에서는 아직도 이 전통을 고수한다. 트럼프 대통령은 2019년에 버킹엄 궁에서 열린 국빈 만찬에서 메뉴판을 보면서 더블린의 러셀 호텔 손님들에게 공감했을 것이다. 버킹엄 궁에서는 'mousseline de cresson velouté au cerfeuil, selle d'agneau de Windsor Farcie Marigny and tarte sablée aux fraises' 같은 음식이 나올 거라고 예고했다. 여왕이 트럼프 대통령에게 그냥 넙치가 나오고 이어서 양고기가 나오고 이어서 딸기와 크림이 나온다는 뜻이라고 안심시켜주었을지도 모르겠다.

그래도 런던의 일부 레스토랑은 문턱이 조금 더 낮았다. 소호의 딘 스트리트에 있던 레오니의 쿼바디스에서는 메뉴판 뒷면에 그 레스토랑의 전통적인 요리 몇 가지와 소스의 조리법을 기재했다. 그리고 이런 주석도 달아놓았다. '요리를 만들다가 어려우면 레오니의 요리사가 기꺼이 설명해드립니다. 레오니는 고객 여러분께서 언제든 주방을 방문하시는 것을 영광으로 생각합니다.'

영국의 가족들이 외식하는 경우는 주로 여름휴가 중에 세 끼 식사가 모두 나오는 해변의 게스트하우스나 작은 호텔에 갔을 때였다. 해변 휴양지가 전쟁이 끝난 직후인 1946년에 다시 개장했지만 모래성과 바위틈 웅덩이에 아직 가시철사와 포좌와 콘크리트 대전차 장애물 같은 전시의 상흔이 많이 남아 있었다. 적의 침공에 대비하여 해변에 지뢰가 매설된 것이었다. 당연히 전후에 당국이 폭탄을 모두 확인하여

런던 퀴바디스의 페피노 레오니는 메뉴판 뒷면에 조리법을 기재하고 손님들이 주방을 둘러볼 수 있게 해주었다.

제거했다고 안심시켜주었지만 사람들은 해변에서 놀거나 아이들이 모래성을 쌓는 것을 불안해했다. 호텔과 게스트하우스도 욕실이 딸린 곳은 드물고 온수와 새 매트리스는 웃돈을 줘야 구할 수 있었으며 한밤중에 용변은 침대 밑 요강으로 해결했다. 미들턴에 따르면 '집을 나서기 전에 미리 목욕을 하고 나가야 했다'.

전시에는 국가가 국민에게 여행을 하지 말라고 촉구하는 운동을 벌였다. 군인이 철도 매표소 앞에 서서 '당신의 여행은 꼭 필요한 것입니까?'라고 묻는 유명한 포스터는 국민에게 여흥을 위한 여행에 죄책감을 느끼게 하려는 의도에서 만들어졌다. 어떤 포스터에는 부유한 부부와 작은 개가 기차표를 살지 말지 고민하는 모습이 담겨 있었다. 남자는 세련된 파란색 코트와 스트라이프 정장에 번쩍이는 옥스퍼드화를 신었다. 여자는 모피 코트에 깃털이 꽂힌, 세련된 빨간 모자를 쓰고 있었다. 메시지는 선명했다. '부유한 특권층도 함부로 사적인 여행을 하지 않는다.'

전시에 몸에 밴 죄책감을 떨쳐내기는 쉽지 않았다. 외식도 휴가 여행과 동급이었다. 꼭 필요한 일이 아니라면 하지 말아야 했다. 물론 모두가 같은 생각을 하는 건 아니었다. 전쟁에서 살아남은 사람들은 이제 제약의 족쇄를 벗어던지고 언제 어디서든 여력이 닿는 한 즐거움을 추구했다. 그들은 손쉽게 즐거움을 찾았다. 레스토랑에 좋은 음식이 없던(화려한 21세기 초의 관점에서) 이유는 군이 그런 게 필요하지 않아서였다.

영국이 전쟁에서 승리할 수 있었던 것은 통일되고 외골수일 정도로 애국적인 국가였기 때문이라고 주장할 수 있다. 미들턴은 이렇게 적는다. '1950년에 영국은 아직 전쟁 이전 시대만큼이나 집단주의적이고 순응적이고 획일적인 사회였다. 대부분의 지역에서 이민은 낯선 것이었다. 현대의 기준에서는 억압적이고 권위주의적인 사회였다.'

작가 비타 색빌 웨스트Vita Sackville-West의 남편이자 정치인이며 일기 작가인 해럴드 니콜슨 경Sir Harold Nicolson은 1953년에 뉴버리의 한 여관에 다녀온 후 일기에 이렇게 불만을 터뜨렸다.

형편없는 점심이었다. …… 타르트 드 프루이라는, 바스러지는 쇼트브레드에 체리 두 개와 인공적인 크림을 얹은 음식이 나왔다. 영국 요리는 절망적이다. 요리 교육을 제대로 받지 않은 사람이 음식을 만든다. 음식을 소비하는 사람도 대충 만든 음식을 알아채는 훈련을 받아야 한다.

이처럼 안목 있는 소비자가 드문 환경에서 작가 레이먼드 포스트게이트Raymond Postgate가 1951년에 『좋은 음식 안내서The Good Food Guide』를 출간했다. 이 책은 전문가를 위한 좋은 음식 안내서가 아니라 외식을 한 (그리고 실망한 경험이 많은) 영국인들의 긍정적인 경험을 나누는 책이었다. 포스트게이트는 레스토랑에 대한 영국인의 기대 수준을 높여서 결과적으로 레스토랑 주인의 수준도 끌어올리고 싶었다.

1896년에 태어난 포스트게이트는 평생 사회주의자이자 양심적 저항 인사로 살았다. 제1차 세계대전 중에는 옥스퍼드 대학교를 다니면서 평화운동으로 잠시 투옥되기도 했다. 케임브리지 대학교의 라틴어 교수이자 보수당 지지자인 아버지에게 사회당 의원의 딸과 결혼했다는 이유로 상속권을 박탈당하기도 했다. 그는 글을 왕성하게 써서 잡지에 기고하는 칼럼니스트였다. 좌파 노동조합의 열성 구성원이자 영국 공산당 창당 당원인 그가 고급 식당을 갈망하지 않을 거라고 볼 수도 있다. 하지만 그는 형편없는 음식과 서비스에 항상 불만이 많은 사람이었다.

나의 할아버지 새처버럴 시트웰 경Sir Sacheverell Sitwell과 콘스턴트 램버트Constant Lambert와 H. E. 베이츠H. E. Bates가 기고하던 잡지 〈릴리퍼트Lilliput〉에서 포스트게이트의 칼럼은 영국 요리의 열악한 현실을 재치 있게 비꼬았다. 그는 '음식에 대한 잔학 행위를 예방하기 위한 협회'라는 가상의 후원 단체를 통해 독자들에게 최악의 경험을 나눠달라고 요청했다. 그리고 독자의 경험담을 긍정적인 그릇에 담아 1951년에 『좋은 음식 안내서』 초판본을 펴냈다.

이 책에서는 레스토랑에 다니는 사람들에게 레스토랑의 음식과 서비스를 개선하기 위해 적극 나서달라고 촉구했다. 예를 들어 나이프나 포크나 유리잔이 덜 반짝인다면······.

테이블에 앉을 때 냅킨으로 날붙이류와 유리잔을 닦아라. 여봐란듯이 닦거나 짜증스러운 표정을 짓지 말고 점잖게 닦아라. 이 레스토랑에 화가 난 게 아니라 평생 시달려서 이제 아무도 믿지 못하게 되었다는 인상을 주는 것이 좋다.

포스트게이트의 첫 번째 안내서에는 레스토랑과 호텔과 펍을 합쳐 484곳이 수록되었다. 여기서 전후 초반 영국인의 편협한 외식 경험을 엿볼 수 있다. 외국 음식으로 분류할 만한 음식을 파는 곳은 열한 곳밖에 없는데다 그나마도 모두 유럽 음식이고 한 곳에서만 중국 음식을 팔았다.

포스트게이트는 비공식 평론가 집단을 배출했다. 그는 레스토랑에 다니는 평범한 사람들의 평가에 타당성을 부여했다. 외식할 여유가 있는 사람들을 위해 외식을 민주화했다. 이제는 정말로 요리사와 레스토랑 경영자가 수준을 높여야 할 이유가 생겼다. 포스트게이트는 외식하는 대중에게 목소리를 주어 훗날 21세기의 요리 블로거를 예고한 셈이다.

포스트게이트의 안내서가 출간되자 소비자와 요리사들은 긍정적인 전망을 얻었다. 때마침 전국적으로 긍정주의 운동이 벌어졌는데, 바로 영국 페스티벌Festival of Britain이라는 행사였다. 이 페스티벌은 영국의 전후 복구 정서를 고양시키고 예술과 과학과 산업의 발전과 혁신을 기념하기 위한 자리였다. 이 페스티벌이 열린 사우스뱅크의 행사장에 모이는 사람들에게 음식을 제공해야 했다. 이 페스티벌의 음식 공급 계약을 따낸 사람은 찰스 포르테Charles Forte라는 사업가였다.

포르테는 1950년대에 전후의 자유로운 분위기에서 사업 전망을 좋게 보았다. 다만 그는 품질보다 수치에 끌렸다. 1908년 이탈리아에서 태어나 다섯 살 때부터 스코틀랜드에서 자란 그의 아버지는 중부의 로우랜드에서 규모가 큰 이탈리아 카페를 운영했다. 카페 손님들은 미국산 탄산음료를 마시고 이탈리아 커피머신으로 내린 커피를 마시고 정통 이탈리아 아이스크림을 맛보았다.

포르테는 10대 후반에 잉글랜드 남서부 서머싯 주 웨스턴수퍼메어에 사는 사촌 밑에서 일했다. 포르테의 아버지가 공동으로 소유한 그곳은 카페 겸 아이스크림 가게였다. 포르테는 이 가게에서 장시간 일했다. 그의 아버지가 잉글랜드 남부 해변을 따라 여러 소도시에서 카페 사업을 키울 가능성을 엿보고 스코틀랜드에서 잉글랜드로 옮겼고, 포르테도 아버지를 따라 내려온 것이다. 10년쯤 지나서 그는 분점을 내고 스물일곱 살인 1935년에는 포르테 앤 컴퍼니를 설립했다. 〈이브닝 스탠더드Evening Standard〉의 일기 칼럼에서 밀크바를 운영하는 오스트레일리아 사람(휴 D. 매킨토시Hugh D. McIntosh)의 이야기를 읽고 자기 사업을 시작한 것이다. '나는 그 밀크바에 가보려고 하루 휴가를 내고 런던으로 갔다.' 인테리어는 단순하고 음료 메뉴도 간단했지만 '서비스가 신속하고 회전율이 빨랐다'.

그는 한껏 부푼 마음으로 브라이튼에 돌아와 아버지에게 새로운 사업 구상을 밝혔지만 아버지는 시큰둥한 반응을 보였다. "우유 하나로는 큰돈을 벌 수 없지." 아버지의 말이었다. 하지만 포르테는 좌절하지 않고 런던의 골목을 돌아다니며 어퍼 리젠트 스트리트에 있는 빈 가게 하나를 찾아냈다. 며칠 동안 그 앞에 앉아 오가는 사람의 수를 세고, 버스 정류장에서 기다리는 사람과 그 지역의 폴리테크닉(과거 영국의 과학기술전문학교 - 옮긴이)을 드나드는 학생과 교사의 수를 셌다. 그리고 수익을 내는 데 필요한 공간과 직원의 수를 계산했다. 연간 가게 임차료로 1,000파운드나 내야 하는 조건도 고려했다.

그는 친구와 친척과 못마땅해하는 아버지에게서 자금을 끌어모아 메도우 밀크 바Meadow Milk Bar를 열었다. 하지만 계산을 잘못했다. 직원을 너무 많이 고용했고, 손님 은 충분히 들지 않았다. 그래서 과감히 옆집까지 가게를 터서 손님이 더 많이 들어올 수 있도록 공간을 마련하고 직원 수를 줄였다. 1938년에는 웨스트엔드에 밀크바 다 섯 개를 소유했다. 2007년 3월 그가 아흔여덟의 나이에 사망한 후 나온 부고에는 이 렇게 적혀 있었다. '철저한 계산과 과감함이 적중했고, 이후 60년에 걸쳐 여러 차례 통했다.'

그의 사업은 번창했다. 1930년대 말에 셰이크를 파는 밀크바가 크게 유행하면 서 런던뿐 아니라 요크셔와 랭커셔의 소도시에서 기반을 다지고 그 시대의 평론가 들을 놀라게 했다. 1937년 2월 런던의 시사잡지 〈뉴스 리뷰News Review〉에 실린 한 기 사는 이렇게 보도했다. '사람들은 플리트 가에서 우유를 판다는 구상을 비웃었다. 하 지만 첫 주가 지났을 때 모두가 놀랐다. 밀크바가 사람들을 잔뜩 끌어모은 것이다. 버튼 맥주보다 약한 음료를 주문해본 적이 없는 기자들이 커다란 맥주잔으로 딸기 셰이크를 마시러 왔다.' 포르테는 우유로 만든 음료가 유행하면서 돈을 번 몇몇 중 한 명이었고, 〈뉴스 리뷰〉의 같은 기사에서는 전국적으로 독립형 밀크바가 299개이 고 백화점 117곳과 영화관 열세 곳에도 밀크바가 입점했다고 보도했다.

하지만 전쟁이 발발하면서 밀크바 사업도 갑자기 중단되었다. 우유는 배급 품 목에 들어갔고, 이탈리아 국적이던 포르테는 체포되었다. 1940년 7월에 무솔리니가 히틀러와 힘을 합치자 포르테에게 드디어 '그가 두려워하던 운명이 문을 두드렸다'. 이탈리아계의 다른 호텔이나 레스토랑 주인들과 함께 포르테는 맨 섬의 램지에 있 는 무라 수용소에 갇혔다.

하지만 얼마 후 풀려났고, 다시 런던으로 돌아와 사업 규모를 축소해 새롭게 시 작했다. 이후 헌신적인 노력을 인정받아 식품국의 배급위원회에 들어갔고, 전쟁이 끝나고 1947년에 샤프츠버리 애비뉴의 레인보우 코너 안에 있던 오래된 리옹 찻집 에서 처음으로 대형 카페를 열었다. 그리고 이후 런던에서 여러 개의 카페를 열었다.

레인보우 코너는 원래 미군 병사를 위한 클럽이었고, '아메리칸 스타일'의 밀크바에서 고향의 맛을 느끼고 싶던 미군들에게 계속 인기를 끌었다. 포르테는 홍보를 위해 1948년 2월 그 건물에 대한 미국인의 향수를 이용하여 '지위 고하를 막론하고 레인보우 코너를 아시는 모든 미군 병사에게 바칩니다'라는 명판을 공개하기로 했다. 그리고 웨스트민스터 구청장과 아이젠하워 장군 밑에서 복무한 전직 미군 준장에게 사람들 앞에서 그 명판의 덮개를 벗겨달라고 요청했다.

메도우 밀크바를 연 찰스 포르테는 1940년에 맨 섬의 포로수용소에 갇힌 런던의 수많은 이탈리아인 중 한 명이었다.

포르테의 재산 거래 방식은 조 레비Joe Levy라는 런던 출신 부동산 개발업자에게 영향을 받은 것이다. 레비는 이렇게 말했다. '피카딜리 광장의 3제곱마일 안에서 큰돈을 벌지 못하면 이 직업에 도전하지도 마라. 뒷골목으로는 절대 들어가지 마라.' 포르테는 장소를 임차하고 푸르덴셜 보험사에서 3만 5,000파운드를 대출받아 새롭게 단장하는 비용까지 충당했다. 그가 레비의 조언에 따라 내세운 성공 전략은 재임대 방식이었다. 건물 전체의 연간 임대료가 1만 2,000파운드였는데 포르테는 1층과 지하층을 연간 4,000파운드에 자기가 사용하고, 위층은 8,000파운드를 받고 온타리오 정부에 빌려주었다.

포르테의 건물은 청결하고 현대적이었다. 하지만 다른 측면도 있었다. 1948년 8월 〈메소디스트 레코더Methodist Recorder〉의 기사에서는 이렇게 언급되었다. '포르테의 사업체와 여타의 경쟁업체를 구분해주는 요소는 무엇일까? 포르테의 사업체에는 전반적으로 고객에게 최선을 다해 봉사해야 한다는 뚜렷한 열망이 존재한다.' 포스트게이트가 1950년에 자신의 안내서 최종본을 만들 즈음 포르테는 피카딜리 광장의 호화로운 크리테리온Criterion 레스토랑(원래는 1873년에 문을 열었다)을 임차해 새롭게 문을 열었다. 이번에도 건물을 1년에 1만 2,000파운드에 빌려 (건물의 대부분 구역은 메릴랜드 치킨과 얼린 케이크 같은 음식을 파는 레스토랑으로 사용하고) 나머지 구역을 다시 임대해서 추가로 수입을 보장받았다.

그는 타고난 경제 감각으로 영국 페스티벌에서 주요 음식 공급 계약을 따냈다. 1851년 런던 세계박람회에서 사람들이 런던으로 모여들어 빅토리아 시대의 업적에 감탄했다. 요리사 알렉시스 스와예는 방문객들이 전시품을 구경하고 켄싱턴에 있는 자신의 레스토랑(제9장 참조)으로 몰려들기를 바랐다. 하지만 그의 구상은 실패했다. 그로부터 100년이 흐른 뒤, 당대에 가장 위대한 레스토랑 경영자 중 한 명은 변두리에서 꾸물거리지 않고 사우스뱅크의 27에이커(약 11만 제곱미터 - 옮긴이) 넓이의 부지에서 음식 공급 계약을 따내기로 했다. 포르테의 거래계약서에는 우유마케팅위원회Milk Marketing Board로부터 자금을 지원받아 '컨트리 파빌리온Country Pavilion'에서 '유제품 바'(당연하게도)를 연다는 항목도 포함되었다. 여기서는 1/2파인트짜리 팩에 든 우유도 살 수 있었다.

하지만 그의 주된 사업은 1분에 간단한 식사 32인분을 제공하는 거대한 카페테리아를 설계하는 일이었다. 공급자들에게 후원을 받아낸 포르테는 수천수만의 관람객이 레모네이드부터 간단한 식사까지 모두 소비할 거라고 계산했다. 과감한 모험이었지만 '도박이 아니라…… 우리는 처음부터 막대한 수익을 올릴 수밖에 없다는 것을 알았다'. 포르테와 공동 경영자들은 매일 현장에 나갔다. 반면에 다른 경쟁자들은 '시설을 준비하고 운영하는 과정을 직원들에게 맡기는' 식이었다. 음식 공급 사업에 대한 포르테의 철칙은 영국 페스티벌에서 따낸 사업권을 운영하면서 정립되었다. 이것은 레스토랑을 꿈꾸는 사람이라면 유념해야 할 금언이다.

뒤로 물러나 명령만 내려서는 아무런 성과를 올릴 수 없다. 사업의 핵심을 진지하게 들여다보아야 한다. 직원들에게 경영자가 그들만큼 사업에 관해 속속들이 알고, 언제든 그들과 함께 일할 준비가 되어 있으며, 맨 마지막에 나타나고 맨 먼저 퇴근하는 사람이 아니라는 점을 인지시켜야 한다.

노동당 당수 휴 게이츠켈Hugh Gaitskell은 영국 페스티벌을 개최하자는 아이디어를 낸 사람이다(윈스턴 처칠은 영국 페스티벌을 사회주의의 선전장이라며 반대했다). 훗날 그는 포르테를 칭찬하면서 '이 나라의 가장 위대한 음식 공급업자'라고 불렀다. 포르테는 이때의 성공을 토대로 1950년대에 자동차 인구가 증가하자 영국의 도로를 따라 늘어선 휴게소에 음식을 공급하는 계약을 따냈고, 히스로 공항 최초의 음식 공급업자가 되었다. 이후 그는 카페 로열과 같은 주요 레스토랑과 호텔을 사들였다. 1950년대 말 그의 회사 포르테 홀딩스는 영국 최대의 민간 기업 중 하나가 되었다.

포르테가 세상을 떠나고 〈가디언〉에 실린 부고에는 이렇게 적혀 있었다. '그의 사업체에서는 계산된 평범함과 진부함이 보이지만 포르테에게는 음식 사업의 피가 흘렀다.' 이 부고를 쓴 익명의 기자는 포르테의 재능으로 남들은 가망이 없다고 여겼을 환경에서 돈을 벌어들이는 수완을 꼽았다. 포르테의 성공은 〈가디언〉이 말한 '그의 제국에서 대중을 상대하는 부문이 가진 일관된 담백함'에 기반을 두었다.

영국 페스티벌의 설계도. 포르테는 이 행사를 위해 1분에 32인분을 제공하는 거대한 카페테리아 운영 계약을 따냈다.

버나드 레빈은 34세의 지적이고 반항적인 청년의 상징이었다. 그는 「이번 한 주」라는 프로그램에 출연해 1960년대 초의 음식점과 숙박업소를 노골적이고 신랄하게 비판했다. 스튜디오에서 그가 맹렬히 비판을 쏟아낼 때 그의 강도 높은 비판을 들어야 하는 대상이 있었다. 그날 밤의 특별 손님으로 나온 찰스 포르테였다. "포르테 씨는 전국 규모의 대형 레스토랑과 호텔 체인을 소유하고 계십니다. 그러니 영국의 음식과 영국의 숙소에 관해 일가견이 있을 겁니다." 진행자 데이비드 프로스트가 말했다. "여행가인 레빈 씨는 두 가지 주제 모두에서 악몽 같은 경험을 하셨습니다." 진행자는 이날 프로그램에서는 레빈이 '찰스 포르테 씨 한 분한테 집중해서' 의견을 말할 거라고 설명했다.

포르테는 레빈이 그의 업적을 대놓고 헐뜯는 동안 묵묵히 앉아 있었다. 레빈이

유독 가혹하게 헐뜯은 대상은 바로 그의 사업 방식이었다. 레빈은 고작 몇 센티미터 떨어져 앉은 포르테를 똑바로 바라보면서 "영국의 평균적인 호텔리어는 사업은 사업이라는 태도를 보입니다. 사업의 규칙이 여느 사업과 동일한 방식으로 적용된다는 뜻이지요. 호텔이나 레스토랑을 운영하든 구두끈을 만들든 보험을 팔든 털끝만큼의 차이도 없다는 거죠"라고 주장했다.

청중은 웃었고, 레빈은 청중을 돌아보며 그 순간을 즐겼다. 그는 숨을 쉬려고 잠시 말을 끊었다가 다시 포르테를 돌아보았다. "호텔리어가 자신의 위대한 직업에 대한 자긍심을 갖지 않고, 서비스에 아무런 감정을 싣지 않고, 여행자에게 숙소를 제공하거나 배고픈 사람에게 음식을 요리해주고픈 순수한 열망을 보이지 않습니다."

레빈은 또한 포르테와 같은 사람들이 아이와 개를 동반한 가족을 문전박대한다고 비난하고 많은 레스토랑에 가정식과 신선한 식품이 부족하다고 공격했다. 레빈은 요리사라면 "달걀노른자와 올리브유로 마요네즈 정도는 만들 수 있어야지, 구두약 맛이 나고 어쩌면 실제로 구두약으로 만들어졌을지 모를 샐러드 크림병이나 내놓아서는 안 됩니다"라고 말했다. 이어서 이렇게 주장했다.

해외에서 영국이 세계 최악의 대중음식을 파는 나라라는 오명을 쓴 것은 거의 전적으로 옳습니다. 어째서 주인이 좋은 음식에 자부심을 느끼고 손님을 환대하던 위대한 전통은 거의 죽어버린 걸까요? 어째서 맨체스터처럼 크고 중요한 도시에서 제가 낯부끄럽지 않게 외국인에게 추천할 만한 호텔이 단 한 곳도 없을까요? 왜 글래스고의 레스토랑 음식은 그렇게 차가운 걸까요? 좋은 서비스라는 관점은 거의 사멸했습니다.

그리고 그는 포르테의 히스로 공항 사업을 집중 공격하면서 "어째서 런던 공항의 음식은 국가적으로 크나큰 망신일까요?"라고 따져 물었다.

포르테는 "영국의 음식 공급 사업은 세계의 어느 곳과도 어깨를 나란히 합니다"라면서 그의 업계를 옹호했지만, 청중은 웃음을 터뜨렸다. "저희는 사업을 꾸준히 키워나가고 분명 만족하시는 고객도 있을 겁니다." 이어서 포르테는 영국의 음식을 유럽과 비교하는 것은 무분별한 태도라고 주장했다. "우리가 이 나라의 음식 공급 시스템을 유럽의 시스템으로 바꾼다면 아마 당신이 제일 먼저 불평할 겁니다. 여기의 삶은 다릅니다. 우리 삶의 시스템이 다릅니다." 그가 레빈에게 '어디든 가장 저렴한 3등급으로 여행해서 그런 것'이라고 말하자 레빈은 이렇게 응수했다. "어째서 (사람들이) 낸 돈만큼 깨끗하고 따뜻한 환경에서 효율적이고 친절하게 대접받으면 안 되는 걸까요?"

레빈은 이렇게 결론지었다. "전 오늘 점심으로 선생님네 매장에서 베이컨과 달걀을 먹었습니다. 베이컨이 짜기만 해서 와인을 세 잔이나 주문해야 했고 접시는 이가 나갔더군요." 레빈의 이런 비판이 포르테의 심기를 건드렸을 것이다. 사실 영국의 음식과 접대 서비스에 대한 비판이 그렇게 공개적으로 폭발한 적은 거의 없었다. 『좋은 음식 안내서』를 제외하면 그전까지 포스트게이트의 부정적인 비판은 발행부수가 적은 잡지에만 실렸다. 대다수는 불평하지 않았고, 이후에도 일부만 포르테의 성공이 영국인의 낮은 기대치에 기인한다는 식으로 말했을 뿐이다.

레빈과 포르테의 논쟁에서 위대한 음식 공급업자인 포르테는 마지막에 이렇게 예측했다. "얼마 지나지 않아 사람들이 요리사를 찾아 영국을 찾아오지, 영국인이 유럽에 가서 요리사를 찾을 일은 없을 겁니다." 레빈은 아연했다. 청중은 폭소를 터뜨렸다. 그런 일은 결코 일어날 리가 없으므로.

13

초밥 컨베이어벨트, 그리고 노! 스시

일본 히가시오사카의 한 초밥집에서 매장이 비좁고 인력이 모자라 쩔쩔매던
시라이시 요시아키는 초밥을 이동시키는 컨베이어벨트를 발명했다.
초밥은 점차 세계로 퍼져나갔고 생선, 특히 날생선이 건강에 좋고 깨끗하고
고급스러운 음식이라고 인식되면서 크게 성장했다. 하지만 환경에는 재앙이었다.

시라이시 요시아키白石義明가 1950년대 중반에 처음으로 초밥집을 낼 당시 그의 고향 오사카는 일본의 베네치아 정도로만 알려진 도시였다. 오사카는 오사카 만으로 흐르는 요도 강 어귀에 있다. 도시 전체에 요도 강 지류가 뻗어서 거대한 수로를 형성한다. 사람들은 수로를 따라 이동하고 작은 다리를 건너거나 다리 아래를 지나다녔다. 하지만 오사카는 항상 미래를 내다보았다. 강은 사람들을 빠르게 옮겨주지 못했고, 철도가 수로보다 우위였다. 이어서 도로가 넓어지고 전차와 버스가 인구를 이동시켰다. 얼마 지나지 않아 도시의 스카이라인에 공장의 굴뚝이 등장하고 그 수가 단기간에 수백 개에서 수천 개로 급증했다. 인구도 증가하여 1960년대 초반이 지나갈 무렵 오사카는 거대한 산업도시로 발전했고, 전통적이고 동양적인 색채를 거의 상실했다. 아드리아 해의 베네치아 석호와 닮은 풍광은 오래전에 사라진 낭만적인 상상의 한 장면으로 보였다.

일본은 중단 없이 발전하면서 과열되었다. 제2차 세계대전이 종식되고 1945년의 항복 이후 국가가 무장해제를 당하고 제국이 무너지고 민주주의가 도입되었다. 오사카에서는 국가를 재건하자는 결단(문자 그대로 복원과 경제와 교육에 집중하는 결단)이 극에 달했다. 여느 대도시처럼 행정을 중심으로 추진되었지만 국민 개개인도 물론 그 기세를 뒷받침했다.

1958

중단 없는 발전의 톱니 하나가 바로 오사카의 동쪽 구역에 초밥집을 낸 요시아키였다. 그는 제대하고 1947년에 첫 사업으로 튀김집을 열었다. 그리고 1950년대 초에 튀김 대신 초밥을 팔기로 했다. 초밥은 7세기에 동남아시아에서 생선을 절이고 발효시켜 보존하던 방식에서 발전한 음식이다. 시간이 지나면서 식초에 절이다가 19세기 초에는 날생선으로 먹고 도시의 좌판에서 즉석에서 만들어 파는 방식으로 발전했다.

20세기 중반에 냉장고가 나오면서 생선을 신선하게 보관할 수 있게 되자 초밥이 더 널리 퍼져나갔다. 전쟁이 끝나고 도쿄 같은 도시가 현대화되고 청결해지면서 이동하며 먹거나 서서 먹는 방식이 줄어들고 카운터를 둔 가게가 생겼다. 날생선 초밥은 인간의 개입을 최소화하여 인공적인 과정을 피하고 자연의 맛을 그대로 살린다는 일본의 철학을 보여주는 전형적인 사례다. 요시아키의 혁신은 이런 철학을 존중하면서도 일본 문화의 다른 측면도 수용한 결과였다. 요컨대 현대성을 수용하면서도 초밥의 근본을 건드리지 않은 것이다.

요시아키가 초밥집을 운영하던 당시의 근본적인 방식은 '니기리'(손으로 만든) 초밥과 '마키'(초밥을 김에 싼) 초밥이었다. 요시아키의 획기적인 아이디어는 초밥집의 공간이 협소해서 고민하다가 나온 것이다. 인근 공장의 노동자가 주요 고객이라 손님은 많았다. 가게를 넓히지 않고 사업을 키우는 방법을 찾아야 했다. 직원을 늘리고 임금을 더 지불할 수는 있어도 직원들이 테이블 사이로 이동할 공간이 없었다.

요시아키의 혁신은 일본의 초밥 산업을 바꾸고, 나아가 세계적인 변화를 이뤄낸 대단한 사건이었다. 일본 문화가 세계로 뻗어나가는 데 일조한 것도 사실이다. 요시아키의 아이디어는 세계 어디서든 외식하는 사람들을 사로잡는 두 가지, 곧 맛과 혁신을 모두 잡았다. 편리하게 맛을 제공한 것이다.

1953년에 그는 아사히 맥주회사의 초대로 맥주 공장을 둘러볼 기회를 얻었다. 그는 맥주병이 이동하는 컨베이어벨트에 매료되었다. 그날 초밥집으로 돌아온 그는 컨베이어벨트가 초밥을 주방에서 매장으로 옮기며 카운터를 돌고 다시 요리사가 일하는 자리로 돌아가는 설계도를 그렸다. 아사히의 컨베이어벨트를 제작한 업체를 찾아냈다. 그리고 그의 초밥집에 맞는 작은 기계장치를 의뢰했다. "작은 컨베이어벨

겐로쿠스시의 컨베이어벨트는 정확히 1초에 8센티미터씩 이동하도록 설계되었다.

트가 필요해요. 좁은 공간에서 돌아가고 천천히 이동해야 합니다." 그가 의뢰한 내용이다.

진척은 더뎠지만, 마침내 1958년에 요시아키는 (지금은 겐로쿠스시로 개명한) 자신의 초밥집으로 기자들을 불렀다. 그리고 이렇게 발표했다. "우리 집 초밥 접시는 하늘을 나는 위성처럼 가게 안에서 이동합니다." 요시아키는 우주 시대의 언어를 쓰면서 기자와 손님들을 안내했다. "카운터 앞에 앉아 원하는 접시를 집으면 됩니다." 기계를 켜고 요리사들이 컨베이어벨트에 신선한 회와 초밥을 올렸다. "컨베이어벨트는 정확히 1초에 8센티미터씩 이동합니다. 보시면 알겠지만 딱 적당한 속도입니다. 보면서 어느 접시가 끌리는지 생각하기에 최적의 속도죠. 더 느리면 지루하고 더 빠르면 조급해집니다."

하지만 카운터 앞에 앉아 돌아가는 회 접시를 미심쩍은 표정으로 바라보던 한 기자가 물었다. "그런데 음식을 먹으면 빈 접시만 남을 텐데 가격을 어떻게 책정하나요?" 이 질문에 좁은 가게 안에 다닥다닥 붙어 앉은 다른 기자들도 고개를 끄덕이며 웃음을 터뜨렸다. 이에 요시아키가 대답했다.

"주방에서 나오는 접시를 보세요. 접시마다 색깔과 문양이 다릅니다. 다 드시고 난 빈 접시를 보고 계산하면 됩니다."

그날 기자들은 깊은 인상을 받았고, 이렇게 '가이텐 스시', 곧 회전초밥이 탄생했다. 컨베이어벨트가 회전한다는 의미이기도 하고 초밥집의 회전율이 크게 높아진다는 뜻이기도 했다. 기존에는 손님이 한 번에 열 명만 들어올 수 있었지만 새로운 기술로 속도가 빨라지고 음식이 빨리 나와서 손님들도 가게에 오래 머물지 않았다. 예상대로 며칠 만에 고객이 두 배로 증가했다.

새로운 방식의 경제성은 놀라웠다. 요리사들은 주문을 기다리지 않고 바로 음식을 조리하고, 서빙을 하는 직원이 필요 없었다(설거지를 하고 자리를 정리하고 계산하는 직원 정도만 있으면 되었다). 요시아키는 음식을 가져다주는 직원이 없는데 차는 어떻게 마시느냐는 문제도 해결했다. 카운터에 초밥을 위한 필수품(젓가락, 초생강, 와사비, 간장)과 함께 작은 컵과 찻잎이 놓였다. 직원을 쓰지 않고 절약한 비용으로 경쟁자들보다 저렴하게 초밥을 팔 수 있었다.

1962년에 요시아키는 사업을 키워서 분점을 더 많이 내면서 특허를 출원했다. 하지만 '컨베이어벨트 회전 음식 테이블'의 특허를 내도 남들이 그의 사업 구상을 모방하는 것을 막지는 못했다. 그를 비판하는 사람도 있었다. 속도에 집중하느라 음식의 질이 떨어졌다는 것이다. 몇 년 후 일본 요리 전문가 카타르지나 츠비에르트카Katarzyna Cwiertka는 이렇게 평했다. '생선의 품질이 전통적인 초밥집의 수준에 한참 못 미친다.' 진정한 초밥 애호가라면 회전초밥을 먹지 말라고 경고했다.

작가 길리언 크로우서Gillian Crowther에 따르면 컨베이어벨트가 등장하기 전에 초밥은 '권위적인 요리사가 부유한 고객을 상대로 만드는' 고급 요리로서 고가이고 격식을 갖추었다. 중산층과 기업가, 혹은 고급 요리점에 가기 위해 돈을 모은 사람들을 위한 요리로, 나무 카운터 안에서 요리사 한 명이 열 명 이하의 손님을 위해 생선을 손질했다.

요리의 질이 떨어진 탓에 사업이 오사카를 벗어나지 못했을 수도 있다. 요시아키는 1970년의 오사카 엑스포에서 가판대를 세우고 이미 10년이 묵은 혁신을 선보였다. 하지만 엑스포 관람객 대다수에게는 새로운 발명으로 보였다. '요시아키의 시스템은 획기적인 사건이었다.' 초밥 역사가 사샤 아이젠버그Sasha Issenberg의 글이다. '엑스포 1970'('인류를 위한 진보와 화합'이 주제였다)에 참가한 다른 전시자로는 켄터키프라이드치킨KFC과 맥도날드 같은 미국 업체들이 있었다. 미래 지향적인 건물과 조각상, 탑과 (5,000년 동안 봉인될) 타임캡슐 사이에서 미국의 성장하는 패스트푸드 프랜차이즈 사업체를 위한 자리도 있었다(제11장 참조).

요시아키는 맥도날드 자리를 지키는 사람들과 이야기를 나누었다. 그리고 이후 몇 년에 걸쳐 맥도날드와 같은 프랜차이즈/소유주 모델에 따라 사업을 확장하며 분점 240개를 열었다. '엑스포 1970'은 한편으로 맥도날드의 일본 상륙을 예고했다. 그때까지 일본 정부는 외국의 벤처 자본을 허용하지 않았다(전후에 미국이 적국에서 동맹국으로 변하는 사이 이미 미국 문화가 일본 문화가 일부가 되었는데도). 하지만 1971년 도쿄의 주요 쇼핑 거리인 긴자에 맥도날드가 최초로 문을 열었다. 이후 더 큰 즐거움이 이어졌다. 미스터도넛과 피자헛도 크게 뒤처지지 않고 들어왔다.

요시아키가 특허를 출원했는데도 이후 30년에 걸쳐 회전초밥이 일본 전역으로 퍼져나갔다. 20세기 말에는 수천 곳으로 늘어났다. 현재 일본에는 동네마다 회전초밥집이 하나 이상 있어서 모두 약 3,500개에 이른다.

1994년에 드디어 회전초밥이 런던에 상륙했다. 캐롤린 베네트Caroline Bennett가 리버풀 스트리트 역 앞에 모시모시Moshi Moshi라는 초밥집을 열었다. 일본에서 1년간 살았던 베네트는 일본 음식에 대한 갈망을 안고 귀국했지만 레스토랑 사업에는 문외한이었다. 그래서 낮에는 투자회사에서 일하며 친구들에게서 자금을 모으고 정부 대출을 받아 '바다 요오드의 신선함이 살아 있는 초밥에 간장과 미소 된장국의 푸근한 감칠맛'이라고 직접 묘사한 음식에 대한 갈망을 충족시켰다.

베네트는 친구들에게 일본에 대한 애정을 설파했다. 일본은 '현대적이고 세련되면서도 아주 많이 다른 나라'라고 했다. 그녀는 레스토랑을 열었지만 본업도 지키고 있어서 몇 달간 일본에 파견되기도 했다. 하지만 먼 나라에서도 새로운 레스토랑 사업을 감독했다. 모시모시는 유독 새로웠다. "사람들이 저더러 미쳤다고 했어요. 회전초밥은 관심을 끌기엔 좋지만 영국의 일반 대중이 날생선에 입맛을 들일 날이 오지 않을 거라고들 했어요." 하지만 참신한 아이디어는 성공했고, 런던의 근로자들에게 통했다.

하지만 베네트는 사업을 체인점으로 발전시키지 못했다. 회전초밥은 몇 년 더 런던의 그 지역에만 머물러 있었다. 그러다가 1997년 1월에 요!스시YO! Sushi 체인의 첫 지점이 소호에서 문을 열었다. 요!스시는 사이먼 우드로프Simon Woodroffe가 설립한 체인이다. 그는 베네트와 달리 문화든 음식이든 일본에 관해 전혀 몰랐다. 이혼하고 실직하고 돈 없이 우울하게 지내던 그에게는 그나마 융자를 다 갚은 작은 아파트 한 채가 있었다. 요!스시를 연 것은 지극히 현실적인 중년의 위기에서였다. TV와 음악 분야에서 일한 그는 새로운 아이디어를 찾아다녔다.

그는 이렇게 말했다. "사실 일자리를 구할 수가 없었어요. 실내 암벽

1994년 런던에 첫 회전초밥집을 낸 캐롤린 베네트는 3년 후 메뉴에서 참다랑어를 뺐다. 참다랑어가 '너무 맛있어서 탈'이었다.

등반 사업을 하려다가 망했어요." 그러던 어느 날 일본인 사업가와 저녁 식사를 하게 되었다. 그 일본인은 그가 사업을 고민하면서 조언을 구한 사람들 중 한 명이었다. "내가 '초밥은 어떨까요?'라고 물었어요. (우드로프는 캘리포니아에서 우연히 초밥집을 발견했다.) 그 사람이 그러더군요. '사이먼, 당신이 할 일은요, 검정색 PVC 미니스커트를 입은 여자들이 있는 회전초밥집이에요.' 그 단어를 처음 들어봤어요. 회전초밥." 우드로프는 이게 좋은 사업 아이디어였다면 그보다 외식사업을 훨씬 잘 아는 누군가가 이미 오래전에 시도했을 거라는 내면의 목소리가 들렸다고 훗날 털

어놓았다.

　우드로프는 소호의 한 가게를 초밥집으로 개조하기 위해 자금을 마련해야 했다. 그가 소유한 유일한 자산인 아파트를 담보로 대출을 받았다. 이렇게 마련한 창업 자금 65만 파운드에 친구들에게 5만 파운드씩 두 번 빌린 돈과 캐롤린 베네트도 이용했던 정부 대출 프로그램에서 추가로 빌린 10만 파운드가 있었다. '꼬박 2년에 걸쳐' 조사하고 계획하고 건물 임대 계약을 조율하고 가게 설비를 갖추고 직원들을 고용한 후 요!스시가 문을 열었다. 우드로프는 훗날 이렇게 말했다.

　첫 주에는 아무도 오지 않았어요. 둘째 주도 신통치 않았고요. 그런데 두 번째 토요일부터 줄이 길게 늘어섰고, 그 후 2년간 사람들이 줄지어 왔어요. 히트 음반이라도 파는 가게처럼. (처음에는) 사람들이 선뜻 들어오기가 겁났던 것 같아요. 그냥 가게 앞에 서서 컨베이어벨트가 돌아가는 걸 구경만 하더군요. 당시에는 런던에 초밥집이 거의 없었어요. 그러다 갑자기 인기를 끌었어요. 모두 입소문을 탄 덕이었어요. 손님들이 찾아주지 않았다면 전 모든 걸 잃었을 거예요. 한시름 놓았죠. 1년 만에 은행에 100만 파운드가 쌓였어요.

　〈인디펜던트The Independent〉의 피터 팝햄Peter Popham은 공식 개점 전날 밤의 언론 시사회에 참석한 후 요!스시는 '산업적 기술과 감각적 쾌락을 결부시킨 일본의 천재성'을 보여준다고 극찬했다.

　초밥은 차게 먹는 음식이므로 컨베이어벨트로 이동시켜도 한동안 상태가 보존된다. 초밥 하나의 크기가 일정하므로 컨베이어벨트에 올리는 통일된 크기의 접시에 잘 맞는다. 컨베이어벨트 시스템의 특별한 장점은 손님들이 충동적이고 즉흥적으로 접시를 집는다는 것이다. 주인과의 직접적인 관계는 현대적인 비개인성으로 대체된다. 음식의 질은 기존 초밥집에서 파는 초밥에 비하면 한참 모자라지만, 그만큼 가격도 저렴하다.

현재 요!스시는 세계적으로 100곳 (프랑스, 그리스, 중동)에 매장을 두었고, 소매업으로도 진출해 캐나다의 체인점 벤토Bento와 영국의 공급업체 타이코Taiko 식품을 사들여 초밥을 포장해서 슈퍼마켓에 공급했고, 2019년에는 미국에서 초밥 키오스크 700개를 운영하는 스노우폭스Snowfox와 합병했다. 우드로프의 아이디어가 통했다. 그는 미니스커트용 PVC를 대량으로 주문하지 않아도 되었다.

하지만 영국은 초밥 파티에 뒤늦게 합류한 편이었다. 오스트레일리아, 브라

요!스시의 설립자 사이먼 우드로프는 사업을 시작한 첫해에 100만 파운드를 벌어들였다.

질, 북아메리카 서부와 남부, 환태평양 지역에는 이미 일본인 이민자 사회가 형성되면서 초밥이 출현했다. 1960년대에는 북아메리카의 나머지 지역으로 퍼져나갔다. 20세기 초에는 일본인이 아메리카 대륙으로 대거 이주했지만 두 차례의 세계대전으로 이민이 끊겼다. 이후 1952년에 다시 일본인의 이민이 합법화되었고, 새로운 이민자들이 유입되는 동시에 기존 이민자들은 귀화 대상이 되었다.

이렇게 생긴 안전망 덕분에 일본계 미국인들은 문화적으로 확고히 뿌리를 내렸고 정치와 학문부터 예술, 비즈니스, 기술농업, 음식까지 모든 분야에서 근면하게 일하며 성공을 이루었다. 그리고 일본인 이민자 사회를 위한 레스토랑이 속속 문을 열었다. 미국을 여행하는 일본 사업가들은 스시 바에서 고향을 편안함을 찾았고, 일본 여행을 계획하는 미국인들은 일본 레스토랑에서 미리 일본의 문화와 풍습을 맛보았다.

크로우서는 이렇게 적었다. '일본 식당에 일류의 지위를 부여한 일본적인 모든 것에 감사하다.' 매장에서나 주방에서나 직원이 주로 일본인이라서 진짜 일본에 온 느낌이 들고, 음식은 미학적으로 훌륭하고 예술적인 간결함과 건강이 느껴졌다.

미국에서 초밥이 널리 퍼져나간 현상의 또 하나의 의의는 모든 세계화가 미국화

1958

이거나 서구화라는 개념에 도전장을 던졌다는 점이다. 일본이나 중국에 미국의 햄버거 체인이 들어설 때는 그들의 문화가 '미국화'되었다고 하지만 캘리포니아 사람들이 일상적으로 초밥을 먹을 때는 누구도 그들이 '일본화'되었다고 말하지 않는다.

물론 타코가 조악한 수준으로 만들어졌듯이(제11장 참조) 초밥도 마찬가지였다. 참치 대신 아보카도를 얹어 캘리포니아롤을 처음 만든 사람들은 로스앤젤레스(1955년에 새로운 리틀 도쿄 구역에 최초의 일본 레스토랑이 문을 열었다)의 일본인 요리사이지만 일본 초밥 전문가들은 생선이 올라가지 않은 것을 초밥으로 인정해주지 않았다. 하지만 캘리포니아롤은 미국인이 제대로 된 초밥에 맛을 들이게 된 계기가 되었다. 그래서 캘리포니아롤을 진정한 초밥으로 가는 관문이라고들 했다. 미국인이 초밥을 받아들인 후 사과와 아보카도와 연어를 섞어 뉴욕롤을 만들고 크림치즈와 연어를 섞어 필라델피아롤을 만들고 (순수파라면 분명 고개를 돌릴 만하지만) 소고기와 오이를 섞어 텍사스롤을 만들 때 진정한 초밥 애호가들이 얼마나 고통스러웠을지 짐작이 간다.

1972년 〈뉴욕 타임스New York Times〉는 뉴욕에 첫 초밥집이 생겼다는 소식을 표지 기사로 실었다(엘리트 회원 전용 하버드 클럽 안에 있는 초밥집이었다). 1988년과 1998년 사이 미국에서는 초밥집이 네 배로 증가했다. 2006년에 세계적으로 권위 있는 레스토랑 안내서 '자갓Zagat'은 레스토랑 설문조사 결과로 미국의 거의 모든 도시에서 초밥집이 가장 큰 인기를 끈다는 놀라운 통계치를 제시했다. 현재 미국 전역에 초밥집이 5,000개 이상이다.

영국과 유럽이 뒤처진 이유는 일본인 이민자가 적었기 때문이다. 유럽에 문을 연 일본 레스토랑은 주로 현지인보다 일본인 사업가와 외교관과 관광객을 위한 곳이었다. 1980년대 대처 정부를 지지하는 영국의 여피족이 런던의 특권층을 위한 몇몇 초밥집의 희소성과 가격에 끌리기는 했지만(해러즈 백화점 식당가에 유명한 초밥집이 있었다), 1990년대 말에 초밥이 널리 유행한 데는 회전초밥이 나오면서 가격이 저렴해져서였다. 팝햄은 이렇게 썼다. '회전초밥은 초밥을 고급스럽고 은밀하고 값비싼 경험에서 햄버거나 국수처럼 편리하고 대중적이고 가벼운 음식으로 바꿔놓은 하나의 혁신이었다.' 샌드위치가 대세인 문화에서 초밥이 새로운 점심 메뉴로 떠오른 것이다.

그리하여 회전율이 높은 초밥집 체인이 저마다 독점 특허권인 듯 보이는 것들을 가지고 출발하여 세계 각지에서 큰돈을 벌어들였다(다시 말하지만 특허권이 있어도 남들이 컨베이어벨트를 설치하는 것을 막을 수는 없어 보였다). 하지만 초밥이 세계로 퍼져나가는 현상은 음식의 역사에서 가장 큰 딜레마를 보여준다. 끊임없이 갸우뚱하면서도 해결책은 딱히 없어 보이는 딜레마다.

시라이시 요시아키가 초밥집을 낼 때는 사업적 이유가 있었다. 군에서 제대한 그에게는 가족을 먹여 살릴 사업이 필요했다. 그는 사업을 확장하는 방법을 고민하면서 풍부한 지략과 혁신적인 자세로 과감히 위험을 감수했다. 위험을 감수한 만큼 성과를 올렸고, 그의 아이디어가 일본 전역으로 퍼져나가고 수십 년 사이 대양을 넘어 다른 문화에도 이식되었다.

그가 성공한 주된 요인 중 하나는 소수의 부유층만 누리던 영역을 다수의 대중에게 열어주었다는 점이다. 그는 초밥을 민주화했다. 초밥 가격을 낮추었다. 전 세계에서 노동자들이 점심시간에 초밥집 카운터 앞에 앉아 초밥과 회를 토닥이듯 집어 먹으며 아삭아삭한 초생강을 우물거릴 수 있게 되었다. 얇게 저민 참치나 장어나 새우나 연어 조각과 밥 사이에 들어 있는 소량의 와사비를 즐길 수 있고, 초밥을 간장 종지에 찍을 수도 있었다. 약간의 의식이 간단한 샌드위치나 파이나 타코보다 훨씬 이국적이었고, 전통과 기술이 적절히 섞인 요리가 고된 일상에 약간의 즐거움을 선사했다. 그냥 생선이 아니라 건강한 음식이었다. 와사비(항균 기능이 풍부함)와 김(칼슘, 마그네슘, 인, 철분 등이 풍부함)도 조연 역할을 톡톡히 했다. 순수하고 친환경적인 나무젓가락은 두말할 것도 없었다.

요시아키가 질이 떨어지는 초밥을 내놓았을지는 몰라도 아무도 불평하지 않았다. 그의 초밥집에 가거나 가지 않고, 지갑을 열거나 열지 않는 정도로 의사 표현을 했다. 남들도 이 사업에서 기회를 엿보고 새로운 영역에서 사업 모형을 복제했다. 결과적으로 많은 사람과 업계에 혜택이 돌아갔다. 건물주는 가게를 임대하고, 건설업자는 건물을 개조하고, 인테리어 디자이너는 벽면의 색상과 가구를 제안하고, 웨이터와 웨이트리스는 일자리를 얻고, 어부는 생선을 팔았다.

그리고 대기업이 어업에 뛰어들었다. 일본에서는 자동차 제조사 미쓰비시Mitsubishi가 대규모로 개입했다. 오늘날 미쓰비시의 자회사인 서마크Cermaq는 세계 최대의 생선

생산업체이자 두 번째로 규모가 큰 대서양 연어 양식업체로서 (문자 그대로) 전 세계에서 그물을 던지고 있고 현재 캐나다 노바스코샤 지역에서 연어 양식장과 부화장과 처리 공장을 건설할 계획을 세우고 있다.

도쿄의 어시장은 매년 생선 가격을 경신한다. 2012년에는 269킬로그램짜리 참치 한 마리가 73만 6,000달러에 팔렸다. 이듬해에는 222킬로그램짜리 참치가 170만 달러에 낙찰되었다. 2019년에 긴자로 이전한 어시장에서는 278킬로그램짜리 참다랑어가 310만 달러에 팔렸다. 구매자는 일본 전역에서 스시잔마이 체인을 운영하는 업체로, 경외와 감탄 속에서 낙찰을 받아 분점에 홍보 효과를 주었다. 일본에서만 전 세계에서 잡힌 참치의 3분의 1, 연간 약 60만 톤을 소비한다. 환경운동가들이 전 세계 참치의 개체 수가 지난 35년에 걸쳐 90퍼센트나 감소했다는 계산을 내놓는 것도 놀랄 일은 아니다.

2004년에 영국의 저널리스트 찰스 클로버Charles Clover는 생선을 먹는 것이 '서양 소비자들에게는 식습관의 부적처럼 인식되었다. 영양학자들이 생선은 몸에 좋다고 말하고…… 생선을 섭취하면 노화가 늦춰진다는 연구 결과도 있다. 날씬한 모델들이…… 더는 몸매를 유지하기 위해 담배를 피우지 않아도 된다. 생선을 먹기만 하면 된다'고 썼다. 클로버의 저서와 이후의 다큐멘터리 「이 길의 끝The End of the Line」에서는 현대 어업의 통계치와 특색을 제시하며 많은 사람에게 충격을 안겨주었다. 그의 책은 일종의 경고로, '산업 기술과 억제되지 않는 시장 원리와 양심의 결핍이 바다에 무슨 짓을 하는지'를 밝혀내려 했다.

그의 분석은 충격적이었다. '현대적 기술로 조업하는 방법은 대량 말살 수단이며 지구상에서 가장 파괴적인 활동이다.' 그의 책은 '메뉴판에 적혀 있지 않은 생선의 진짜 가격'을 보여준다. 〈파이낸셜 타임스Financial Times〉의 한 기자는 많은 사람의 생각을 대변한다. '이 책을 읽고 구역질이 났다. 이 책은 매우 효과적으로 나를 부끄럽게 만들고 절망하고 불안하게 만들며…… 무엇보다도 죄책감에 빠지게 만들었다.' 혁신가들이 맛있는 음식 문화의 개념을 퍼뜨리고, 소비자들이 그 개념을 즐기기 위해 줄을 서고, 그들의 미뢰味蕾가 건드려지고, 문화적 지평이 넓어지고, 대화가 풍성해진다. 그리고 모두가 이기적으로 지구를 파괴한 행위에 가담한 대가로 혹독한 형벌을 받는다.

어디서 많이 듣던 이야기다. 인구가 증가하고 세계화가 가속화되고 중산층이 증가한다. 소비자의 열망이 커지고 기업가는 수요를 맞추기 위해 수단과 방법을 가리지 않는다. 커피부터 소고기까지, 물부터 밀까지, 식품을 포장하고 발송하고 배송하고 구매하고 소비하는 모든 순간에 새로이 무언가가 파괴된다. 저임금을 받으며 장시간 농사를 짓고 수확하는 노동력이 발생하고, 땅이 살충제에 오염되고 연이은 파종과 수확으로 황폐해지고, 운송 과정에서 탄소가 발생하고, 포장하기 위한 플라스틱이 필요하고, 냉장하기 위한 에너지가 필요하고…….

생선과 같은 식품의 수요를 감당하느라 독창적인 과학자를 비롯한 사람들은 자연을 모방하고 비용을 절감하기 위해 전혀 자연스럽지 않은 서식지를 만들었다. 실험실에서 연어를 부화시켜 바다 양식장에서 수천 마리씩 양식한다(빠르게 성장해서 극찬을 받는 분홍빛 살이 찌도록 먹이를 준다). 연어가 자라면 양식장에서 빨아들여 컨베이어벨트에 올려놓고 머리를 때리거나 지느러미를 잘라서 피를 흘리다 죽게 만든다. 이를테면 바다의 공장식 양계장이다. 이들의 연쇄 효과(가령 양식 어종이 야생 연어와 섞이는 경우)에 관해서는 아직 제대로 밝혀지지 않았다.

초밥을 먹으면 몸에 좋다고(오메가-3 지방산이 뇌에 기적을 일으킨다고) 배웠다면, 위험한 수준으로 수은을 다량 섭취해서 신경계에 문제를 일으킬 수 있다는 점도 알아야 한다. 김과 간장은 염분이 높다. 염분을 과도하게 섭취하면 혈압이 높아지고 주요 장기와 동맥이 혹사당하고 심장발작이나 치매를 일으킬 수 있다. 사이먼 우드로프가 '요!스시'를 외친 지 20년 만에 환경운동가들이 단호히 '노! 스시No! Sushi'를 외치기 시작했다.

클로버의 저서가 출간되고 오래지 않아 〈사이언스Science〉에서는 생태학자와 경제학자가 4년간 조사한 결과를 소개했다. 계산에 따르면 인간이 현재와 같은 속도로 생선을 잡아먹는다면 2048년에는 지구상의 해산물이 멸종될 것이다. 작가 해티 엘리스Hattie Ellis는 『무엇을 먹을 것인가What to Eat』라는 책에 이렇게 썼다. '위성 사냥 장비와 웸블리 경기장 크기의 그물 같은 최신 기술을 장착한 채 개체 수가 감소하는 어종과 추격전을 벌이는 배가 지나치게 많다.' 더불어 산업화된 어업이 얼마나 낭비적인지도 지적했다. '낭비가 심한 유럽에서는 북해에서 잡힌 생선의 절반을 죽은 채로 배 밖으로 내던진다. 육지에서 버리면 불법이고 판매용으로 가치가 없기 때문이다.'

소비자가 이런 측면을 걱정하지만, 정작 생선을 먹는 사람들이 관심을 갖지 않는다면 큰 딜레마가 생긴다. 생선을 먹는 것이 몸에도 좋고 즐거운 경험을 선사하는데도 생선 섭취 자체를 끊어야 할까? 영국 해양보존협회Marine Conservation Society, MCS에서는 어종의 지속 가능성에 따라 등급을 매겨서 먹어도 되는 어종 144가지를 제시한다. 하지만 이내 일관되고 신속한 규칙이 없는 것이 드러난다. 가령 참치는 조업

대규모 어업의 현실. 우드로프가 '요!스시'를 외친 지 20년 만에 환경운동가들이 '노! 스시'를 외치기 시작했다.

유형과 방식에 따라 먹을 수 있다. 대구 같은 어종은 지속 가능하지만 20센티미터 이상 자라야만 잡을 수 있다.

피시 앤 칩스 매장에서 파는 어종에 MCS 등급과 승인을 받으려면 비용이 들어간다. 생선을 세심하게 조달하지만 MCS 인증을 받을 형편이 안 되는 피시 앤 칩스 매장도 있다. 게다가 런던의 일부 고급 레스토랑에서 MCS 인증을 받지 않은 생선을 파는 반면에, 찰스 클로버가 지적하듯이 맥도날드의 필레 오 피시(생선가스 버거)는 지속 가능한 생선을 공급받는다.

모시모시의 캐롤린 베네트는 주문한 참다랑어가 도착하지 않았을 때 지속 가능성 문제를 인식했다. 그녀는 세계자연보호기금World Wildlife Fund과 그린피스Greenpeace에 연락한 후 비영리 자연보호단체인 블루오션협회Blue Ocean Institute의 설립자 칼 새피너Carl Safina와 통화했다. 그가 "참다랑어는 위험에 처해 있어요. 코뿔소를 먹는 것과 같아요"라고 말했고, 베네트는 그 말을 듣고 자신이 '완전히 달라졌다'고 했다.

요!스시가 문을 연 1997년에 베네트는 모시모시의 메뉴에서 참다랑어를 뺐다. 그러면서 '그 불쌍한 생선은 너무 맛있어서 탈이다'고 말했다. 2012년에는 생선 레스토랑을 지속 가능한 소규모 양식장과 연결해주는 사업을 구상했다. 하지만 실의에 빠진 환경운동가들의 말처럼 영국같이 작은 나라가 움직여봐야 나머지 세계가 계속 참다랑어를 잡고 초밥에 열광한다면 아무런 성과도 없을 것이다. 엘리스의 말처럼 바다 문제의 해결책을 찾는 데는 '여러 분야에 종사하는 사람들, 가령 어부, 소비자, 규제 기관, 소매업자의 공동 노력이 필요하다'. 베네트는 소비자를 위한 여섯 가지의 방안을 제시했다. 모두 소비자가 자유롭게 선택할 수 있는 방법이다. 취향을 넓혀라. 포획 방법을 확인하라. 조개류를 즐겨라. '기름기가 많은' 생선을 먹어라. 양식 어종에 관해 생각하라. 지역산을 소중히 여겨라. 사실 양식이 아니라면 생선은 근본적으로 야생이라는 점을 기억해야 한다.

그런데 클로버의 다큐멘터리는 여파가 컸다. 470만 명이 이 다큐멘터리를 직접 보거나 들어서 안다. 어느 신문 광고는 멸종 위기에 처한 생선을 파는 런던의 레스토랑을 거명해서 망신을 주었다. 유명인이 많이 찾는 노부Nobu에서 참다랑어를 파는 것으로 드러났다. 노부에서는 참다랑어에 별표를 붙이고 '환경적으로 위험에 처한'

이라고 표기하면서 먹을지 말지에 대한 책임을 소비자에게 떠넘겼다. 환경운동가들은 곱게 보지 않았다.

영국의 일부 슈퍼마켓은 위기에 처한 어종을 진열대에서 뺐다. 현재 많은 생선 레스토랑에서 지속 가능한 메뉴를 기반으로 영업하지만, 사실 생선 레스토랑이 할 수 있는 가장 윤리적인 행동은 문을 열지 않는 것이다.

궁극적으로 정부가 과감히 나쁜 관행을 금지시키고 세금을 매겨 소멸시켜야 한다. 불쌍한 소비자가 초밥집 안에서 돌아가는 초밥 접시를 감탄하듯 바라보며 생선 맛보기를 원할 뿐인데 머리를 긁적이며 죄책감으로 괴로워하면서 떠난다면 안타까운 일이다.

14

르가브로슈, 런던에 문을 열다

알베르와 미셸 루 형제가 런던에 르가브로슈를 열고 버크셔의 브레이에 워터사이드인을
열면서 영국에서 레스토랑 혁명을 일으키고 새로운 세대의 요리사들을 길러냈다.

프랑스의 형제가 얼마나 흥분했을지 눈에 선하다. 1964년에 스물세 살의 개
인 요리사 미셸 루Michel Roux가 역시 개인 요리사인 형 스물아홉 살의 알베르
루Albert Roux를 찾아갔다. 로스차일드 가문의 개인 요리사 미셸은 주로 파리의 저택에
서 일하다가 코트다쥐르의 여름 별장에서도 일했고, 알베르는 잉글랜드 남부의 켄
트에서 카자레 가문의 개인 요리사였다.

알베르는 아내 모니크와 살았고, 미셸이 아내 프랑수아즈와 함께 형을 찾아왔
다. 넷은 런던에서 저녁 시간을 보낸 후 켄트에 있는 알베르의 집으로 갔다. 알베르
는 두 집 부부가 함께 가볼 만한 레스토랑 목록을 만들어두었다. 그중에 디 엠프레
스, 르 코크 도르, 라 벨레 뫼니에르, 프루니에가 있었다. 모두 영국에서 접할 수 있는
최고의 레스토랑이었다.

정통 프랑스 요리에 엄격한 남편들만큼이나 모니크와 프랑수아즈도 그날 밤
의 형편없는 저녁 식사를 황당해했다. 그들은 샬롯 스트리트에 가서 1950년대에
문을 연 프랑스 레스토랑 라 벨레 뫼니에르에서 식사했다. 에스칼로프 메종escalope
maison(송아지고기)은 노상강도를 무찌를 만큼 질겼다. 크레페 수제트crêpe suzette는 척 봐
도 주문을 받고 만든 게 아니라 냉장고에 있던 걸 꺼내 와서 질감이 좋지 않고 갑자
기 우그러지고 독한 싸구려 브랜디가 표면에서 철벅거렸다. 실망스러울 만큼 단출
한 프랑스 와인 리스트에 잉글랜드 바스의 맥주와 워딩턴의 에일이 같은 가격으로
끼여 있었다.

프랑스인 웨이터의 우울할 정도로 심드렁한 태도가 그날의 저녁 식사를 한마디로 요약하는 듯했다. 그러니 두 부인은 남편들이 영국의 수도에서 형편없는 '고급 식당'을 또 발견하고 신난 듯 보여서 어리둥절했을 것이다. 형제가 런던을 방문한 이유가 바로 그것이었다. 미셸은 훗날 '그곳에서 우리의 편견을 확인했다'고 회고했다. 아내들에게도 설명했지만 사실 레스토랑이 열악할수록 그들에게 기회는 커졌다. '음식은 맛없고 서비스는 형편없었다. 덕분에 영국에서 사업을 시작하겠다는 우리의 결심이 굳어졌다.'

부유한 상류층의 개인 요리사였던 루 형제는 프랑스 요리에 관한 한 완벽주의자였다. 주방에서는 재료와 요리법과 질서와 청결에 집착했고, 홀에서는 올바르고 정중한 서비스에 집착했다. 미셸은 (당시에는 몰랐더라도) 그 가문의 귀부인인 세실 드 로스차일드Cécile de Rothschild에게 훈련을 받았다. 미셸의 표현을 빌리자면 로스차일드 부인은 '일상을…… 오페레타의 멜로드라마'로 만드는 사람이었다. 만찬 시간과 귀빈의 수가 끊임없이 바뀌었지만 항상 높은 수준과 완벽한 취향을 요구했다. '나는 요리사로서 가장 중요한 자질로 미식가가 되는 법을 배웠다.'

그는 로스차일드 부인에게서 음식 재료를 향한, 지독할 정도로 철두철미한 자세를 배웠다. 꿩고기는 암컷만 쓰고, 앙트르코트(스테이크용 갈빗살)는 세 살 된 어린 암소를 쓰고, 양고기 다리는 암양만 써야 했다. 그처럼 부드럽고 육즙이 풍부하고 섬세한 맛을 또 어디서 얻겠는가? 파리에서는 토마토를 식탁에 올리지 않았다. 프로방스에서만 햇빛에 잘 익은 토마토를 따서 과육이 아직 햇살의 온기를 머금은 그대로 사용했다.

로스차일드 부인의 세심한 기준은 요리법에서 서빙까지, 와인부터 주방 상태에 이르기까지 모든 부분에 적용되었다. 부인은 밤늦게 불시에 주방을 점검하면서 청결하고 모든 물건이 제자리에 들어가 있는지 확인했다. 또한 음식은 모양만 좋다고 끝나는 게 아니었다. 언젠가 부인이 어린 미셸에게 말했다. "명심해라. 요리는 보기도 좋아야 하지만 모양은 덜해도 맛이 좋은 게 낫다." 부인은 '맛과 음식에 관한 지식의 백과사전'이었다. 부인은 미셸에게 관리 기술을 가르치고 접시가 화려한지 소박한지에 따라 맛에 영향을 받지 않는 방법도 가르쳐주었다. 제대로 된 요리 교육이었

다. '나에게 로스차일드 저택은 완벽한 학교였다.'

알베르도 귀족 집안에서 비슷한 교육을 받았다. 열여덟 살에 처음 들어간 저택의 영국인 주인은 레이디 낸시, 곧 애스터 자작 부인이었다. 미국 출신으로 영국 의회에서 의원으로 활동한 적도 있는 논란이 많은 인물이었다. 저택은 버크셔의 클리브덴에 있었다. 로스차일드 가문만큼 요리의 맛에 강박적으로 집착하지는 않았지만 스타일과 위엄을 중시하는 집안이었다. 형제는 18세기 말 귀족 가문의 개인 요리사(제6장 참조)에 뿌리를 두었다. 하지만 18세기의 요리사들이 혁명의 화를 피하려고 프랑스를 탈출한 데 반해, 루 형제는 기회를 엿보고 영국으로 건너왔다. 그 기회가 결국 혁명에 이르렀고, 그것은 획기적인 미각의 혁명이었다.

루 형제가 영국에서 레스토랑 시장조사를 한 시점은 제2차 세계대전 이후의 침체기였다(제12장 참조). 『좋은 음식 안내서』의 첫 번째 편집자인 레이먼드 포스트게이트가 개선되기를 바랐던 그 분위기였다. 또한 헝가리의 작가 에곤 로네이_{Egon Ronay}는

헝가리 출신의 에곤 로네이는 전혀 다른 유형의 안내서를 줄간했다. 그 안내서에는 독설이 가득했다. 그는 레스토랑 주인들이 '더는 살인을 저지르고 모면할 수 없다'고 말했다.

영국이 어느 정도는 자초한 그 지옥 같은 상태에서 벗어나도록 도와주기 위해 또 다른 안내서를 썼다. 그의 안내서는 1957년에 처음 출간되었다(3만 부 판매). 이후로도 그는 계속 조사관들을 고용했다. 전업 조사관들이 익명으로 매주 11회 식사하고 공짜 브랜디도 받아 마시지 않았다. 그들은 매달 직접 운전하거나 기차를 타거나 수백 킬로미터를 날아가야 했다.

언젠가 로네이는 이렇게 말했다. "멋진 인생이죠. 아니, 적어도 2주간은. 그 뒤로는 지옥이에요."

로네이의 안내서에는 포스트게이트의 안내서에 없는 가혹한 구석이 있었다. 그는 기차역 카페, 지방 호텔, 고속도로 휴게소를 혹독하게 비난했다. 버나드 레빈이 1960년대 초의 어느 날 밤 텔레비전에서 포르테 경을 공격하면서 그를 격분시킨 시설들이다(제12장 참조). 로네이의 안내서는 '사람들에게 더는 살인을 저지르고 모면할 수 없다고(내가 폭로할 테니까) 말해주는' 효과가 있었다. 그는 돌려 말하지 않았다. 고속도로 휴게소에서 파는 음식을 '구정물'이라고까지 표현했다.

로네이의 첫 번째 안내서가 나올 당시에는 영국에 프랑스나 이탈리아식 레스토랑이 아닌 레스토랑이 있다면 이상한 일이었다. 런던 켄싱턴의 브롬튼 로드에 있던 엘 쿠바노는 파테Pathé 뉴스영화에서 '다양성과 현대화에 대한 현대적인 요구를 반영하는 음식'을 파는 곳으로 보도되었다. 여자 종업원은 스페인 집시처럼 옷을 입고 트리니다드 출신의 남자 종업원은 앵무새를 어깨에 얹고 돌아다녔다. 블랙커피와 함께 저민 오렌지 껍질 한 조각이 나왔다. 오픈 샌드위치에는 신선한 과일과 호두와 크림치즈를 섞은 것이 올라갔다.

눈에 띄게 독특한 식당들도 있었다. 1952년 조지 페리 스미스George Perry-Smith가 바스에 홀 인 더 월Hole in the Wall이라는 레스토랑을 연 것이다. 레스토랑 중앙의 테이블에 샤퀴트리(돼지고기 육가공품 - 옮긴이)와 통조림 생선과 파테처럼 손님들이 첫 코스로 먹을 만한 음식을 차려놓았다. 주방에서 전채 요리를 만들지 않아도 되어서 요리사들의 중압감이 줄어드는 동시에 레스토랑에 들어선 모두의 시선을 사로잡는 효과가 있었다.

지방에 있던 또 하나의 오아시스는 케네스 벨Kenneth Bell이 1950년대 말에 옥스퍼

런던 브롬튼 로드의 레스토랑 엘 쿠바노는 현대의 완벽한 본보기였다. 남자 종업원이 어깨에 앵무새를 얹고 돌아다니고, 신선한 과일과 호두와 크림치즈가 올라간 샌드위치를 팔았다.

드에서 문을 연 레스토랑 엘리자베스Restaurant Elizabeth였다. 납 창틀 너머로 크라이스트처치 칼리지가 내다보이는 레스토랑으로, 겨울밤에는 열정적이고 탐욕스러운 교수와 부유한 대학생들이 와인으로 뭉근히 끓여서 풍성한 맛을 살린 소꼬리를 먹으러 왔다. 이 가게의 와인 리스트는 영국에서 최고로 꼽혔다. 벨과 페리 스미스의 모토는 요령을 피우지 않고 가격과 상관없이 최고의 재료로 진정한 음식을 만드는 것이었다.

　1960년대 영국의 레스토랑 풍경은 완만하게 발전한 1950년대보다는 조금 나아졌다. 프랑스와 이탈리아 레스토랑들이 살아남았고, 영국의 식당 문화에 새로운 개념이 생겼다. 이 개념을 영국의 음식 편집자이자 작가인 캐롤린 스테이시Caroline Stacey는 '희석된 프랑스 레스토랑과 이탈리아의 트라토리아와 학교 급식이 혼합된 형태로서 최상의 진정한 유럽 요리로부터의 낙수효과'라고 표현했다.

이 개념에 맞서는 '브리탈리안Britalian' 음식점이 있었다. 고급 이탈리아 레스토랑의 저렴한 형태로, 메뉴에 지나치게 이국적인 요리가 없어서 영국인의 입맛에도 부담 없는 곳이었다[(볼로냐에서는 아무도 들어본 적이 없어서 여전히 논쟁거리인) 볼로네제 스파게티와 감자튀김이 함께 나온다]. 이런 곳은 정통 레스토랑으로 쳐주지 않았다. 적어도 '피아스코' 밀짚 바구니에 든 키안티 와인병이 천장에 매달려 있지 않았다.

카페와 중간 규모의 레스토랑에서는 어느 나라 음식인지와 상관없이[중국과 인도 레스토랑이 지방으로 퍼져나가고 있었다(제16장 참조)] 스테이크는 '등심'이고 치킨 키예프(뼈를 발라낸 닭 가슴살에 조미한 버터를 바른 다음 빵가루를 입혀서 기름으로 튀긴 러시아 요리 - 옮긴이)가 새우 칵테일만큼이나 많고 또 전채 요리로 아보카도의 설익은 과육을 발라내고 그 속에 '프렌치드레싱'을 채운 요리를 맛볼 수 있었다. 1931년에 태어난 디자이너이자 소매업자인 테런스 콘랜Terence Conran(제16장 참조)이 1950년대에 차린 레스토랑 두 곳도 살아남았다. 수프 키친Soup Kitchen과 오렐리Orrery라는 레스토랑이다. 두 곳 모두 부유층이 모여 사는 세련되고 활기찬 동네인 첼시에 있었다.

루 형제가 아는 프랑스 요리를 파는 레스토랑은 없었다. 말하자면 귀족 저택의 요리만큼 모든 면에서 훌륭한 요리를 파는 고급 식당은 없었다. 미셸과 알베르는 1964년에 런던을 함께 방문한 후 2년에 걸쳐 여름마다 며칠을 런던에서 함께 보냈다. 계속 외식을 하면서 돌아다녔다. 그리고 매번 기분 좋게 실망했다. 만나지 못하는 기간에는 편지를 주고받으며 각자의 주인을 위해 요리하는 음식을 설명하고 둘이 함께 만들 레스토랑의 메뉴 초안을 짰다.

그리고 알베르가 주말에 시장과 경매소를 돌아다니며 은식기와 도자기 그릇을 사 모으며 뼈대만 있던 계획에 살을 붙여나갔다. 차고에 물품을 보관해서 미셸이 다음에 올 때 보여줄 수 있게 해놓았다. 또한 런던에서 매물로 나온 레스토랑 자리를 찾아다녔다. 미셸은 파리로 날아오는 편지를 기다렸다. 그리고 답장을 보냈다. 알베르는 며칠 내로 답장이 오지 않으면 미셸에게 전화해 자신의 아이디어가 도중에 분실된 건 아닌지 확인했다.

형제는 1966년 여름에 다시 만나 루 레스토랑 주식회사를 설립할 시기를 정했다. 알베르는 그동안 저축한 돈과 그를 후원하는 카자레 가문과 친구들에게 받은 투자금을 투입했다. 알베르는 몇 년 후 이렇게 회고했다. '시설을 모두 갖추는 데 1,500파운드가 드는데…… 우리에게는 500파운드밖에 없었다. 카자레 가문이 퇴직금으로 500파운드를 주고 그 집안의 친구들이 추가로 500파운드를 마련해주었다.' 미셸도 알베르가 마련한 투자금에 맞추기 위해 최선을 다했다. 그는 프랑스 프랑으로 돈을 가져왔다. '나는 저축한 5만 프랑을 파운드당 13.60의 매우 불리한 비율로 바꾸어 사업 자금에 보탰다(약 3,600파운드).'

그들은 레스토랑이 없는 레스토랑 회사를 설립했다. 하지만 그들에게는 기막힌 아이디어가 있었다. 프랑스의 작은 도시 샤롤에서 가족이 운영하는 샤퀴트리 가게 위층에서 태어난 두 소년에게는 대단한 성취였다. 형제는 원래 제빵사가 되기로 했다. 알베르는 몇 걸음 앞서서 파리의 영국 대사관 주방의 부주방장이 되었고, 동생도 그곳에서 제빵사로 일하도록 주선했다. 그러다 병역의무로 일을 그만두었고, 제대후 대사관에서 일할 때 만난 인맥을 통해 각자 개인 요리사의 세계로 들어갔다.

1966년 겨울, 알베르는 그간 봐둔 가게 하나를 점찍고 미셸에게 전화해서 로어 슬로운 스트리트에 있는 그 가게에 관해 설명했다. 캐노바Canova라는 이탈리아 레스토랑이 폐업하게 되어 알베르가 그 가게를 빌렸다. 미셸은 형의 열정과 판단력을 믿고 세실 드 로스차일드에게 사직 의사를 밝히려 했지만 2주나 기다린 끝에 부인을 만날 수 있었다. 로스차일드 부인은 제자가 둥지를 떠날까봐 만나주지 않았던 듯하다.

'부인은 내 말을 다 듣고 머리카락을 꼬았다. 처음에 나를 받아주기로 한 그날처럼.' 그는 3개월 더 일하기로 하고 1967년 4월 3일 도버에 도착했다.

그를 맞이한 것은 우중충한 하늘과 주야장천 내리는 비였다. 잉글랜드는 켄트의 여름보다 더 음울해 보였다. 그는 영어를 한마디도 못하고, 가족과 친구들의 걱정에 가슴이 무겁게 짓눌렸다. '내 결정을 이해해주는 사람이 아무도 없었다.' 모두가 파리보다 런던에서 레스토랑 설비를 갖추는 비용이 훨씬 더 많이 들고, 공급업자를 구하는 일부터 은행에서 추가로 자금을 빌리는 일까지 그가 직면할 거대한 문제들을 지적했다.

하지만 그는 긍정적인 마음가짐을 잃지 않으려고 애쓰면서 르노 4에 짐을 가득 싣고 프랑수아즈를 옆자리에 태우고 도버에서 런던으로 터덜터덜 달렸다(일단 자리를 잡으면 어린 두 딸도 데려오기로 했다). 트렁크에는 그릇과 날붙이류, 요리사 재킷과 바지 등이 가득 실려 있었다. 맨 위에는 그가 몽마르트르의 시장 가판대에서 발견한 그림 한 점이 있었다. 프랑스어로 '가브로슈gavroche'라는 전형적인 파리의 부랑아를 그린 유화였다. 그가 차에 짐을 싣고 맨 위에 그 그림을 얹자 프랑수아즈가 눈을 굴렸다.

런던에서 레스토랑 개장 준비를 하느라 여념이 없던 알베르는 캐노바를 운영하던 안토니오 바티스텔라Antonio Battistella에게 도움을 받았다. 바티스텔라는 이탈리아인 웨이터 다섯 명을 고용했고, 알베르는 요리사를 구했고, 미셸은 파리의 로스차일드 가문 주방에서 같이 일하던 옛 동료들의 도움을 받았다.

레스토랑이 문을 열기 전에 정신없는 몇 주 동안 형제는 건축업자를 비롯한 여러 업자와 함께 일했고, 알베르가 동생을 위해 통역해주었다. '내가 형을 얼마나 의지하게 될지 깨달았다.' 미셸의 말이다. 그래도 그는 중요한 계획에 대한 권리를 주장할 수 있었다. '그건 내 아이디어였다. 그 유명한 거리의 부랑아는 돈이 없었고, 나도 무일푼까지는 아니어도 돈이 거의 없었다. 나는 그 대담한 소년의 결단력에 감명을 받았다.' 레스토랑 이름을 '루 형제'라고 짓거나 어떻게든 그들의 이름을 간판에 넣는 것이 옳다고 생각했지만 미셸은 몽마르트르에서 구입한 초상화의 소년에게서 영감을 얻었다.

레스토랑을 열기 며칠 전, 미셸은 그 그림을 걸 공간을 찾았다. 그림을 걸고 한 걸음 뒤로 물러섰다. 알베르도 지나가다가 멈추었다. 둘이 함께 그림을 감상하면서 자신들의 대담한 계획을 머릿속에 그렸을 것이다. '우리의 상징이 될 그림이었다.' 실제로 몇 년 후 그들은 새 그릇 세트를 제작하면서 접시마다 그 작은 소년을 새겨넣도록 디자인했다. 초라한 소년은 형제에게 좋은 동행이 되었다. 카자레 가문에서도 '르가브로슈' 레스토랑을 위해 그림을 여러 점 빌려주었다. 부랑아가 당당하게 샤갈, 미로, 달리의 옆자리에 나란히 걸렸다. 예술 작품들 덕에 초창기의 손님들은 루 형제가 일을 제대로 할 줄 아는 사람들이라는 인상을 받았다. 루 형제가 요리 실력은 뛰어나도 레스토랑을 운영해본 경험이 없는 줄은 몰랐을 것이다.

첫째 날 밤은 카자레 가문에서 손님 명단에 맞게 뷔페 형식의 파티를 준비하기로 했다. 그리고 루 형제는 몇 시간을 들여 둘째 날을 위한 메뉴를 짰다. 서른 가지의 요리를 넣고 프랑스어로 메뉴를 적었다. 수프, 오르되브르(전채), 생선, 조개류, 채소, 육류, 가금류를 넣었지만 프루니에 같은 런던의 다른 프랑스 레스토랑에서 내놓는 메뉴의 절반 정도였다. 결정적인 차이가 또 하나 있었다. 훈제 연어, 포티드 쉬림프, 새우 칵테일이 없었다.

미셸과 알베르는 런던 사람들이 좋아하든 말든 진정한 프랑스 미식을 선보였다. 불만도 터져 나왔다. '양이 너무 적다'는 것이 가장 큰 불만이었다. 주로 파리 레스토랑의 고객보다 한참 허름한 차림새의 커플들이 터뜨리는 불평이었다. "이건 프랑스 미식입니다." 미셸은 레스토랑을 열고 며칠 후 그런 커플에게 최대한 매력적인 미소를 지으면서 영어로 또박또박 말하며 깊은 인상을 심어주었다. 그리고 훗날 그는 이렇게 회고했다.

'우리는 비판과 모욕을 받아들일 각오를 해야 했다. 우리가 평범한 이탈리아 레스토랑이나 리옹 코너 하우스 같은 레스토랑이 지배하던 런던에 문화적 충격을 던지고 있었기 때문이다. 나는 내 주위의 평범성을 뛰어넘으려면 엄청난 힘을 끌어내야 한다는 것을 깨달았다.'

가끔 불만 섞인 목소리가 들리기는 해도 첫날부터 런던 사람들이 레스토랑을 가득 메웠다. 1968년 3월에 이르자 르가브로슈는 유명해졌다. 알베르는 공급업자들에 관해 이렇게 말했다. '우리는 좋은 양고기와 소고기를 공급받을 수 있었고, 어부들에게는 잡히는 족족 보내라고 했다. 우리 레스토랑에서 생선을 신선하게 내놓기 위해서였다.' 하지만 닭고기와 같은 몇 가지 재료는 영국에서 조달하기 어려웠다. 형제에게는 프랑스 농산물이 필요했다. 그래서 알베르는 독창적인 계획을 세웠다.

'모니크가 매주 좋은 소고기와 양고기를 차에 가득 싣고 파리로 가서 질 좋은 닭고기, 푸아그라, 버섯, 돼지고기와 바꿔 오곤 했다.' 모니크는 부두의 세관원에게 활짝 미소를 지었지만 가끔은 세관원들이 트렁크를 조사하고 모니크를 돌려보냈다. 모니크는 남편을 실망시키고 싶지 않았기에 다른 부두로 가서 다시 시도했다. '불법

르가브로슈를 설립한 알베르와 미셸 루 형제(1988년). 1960년대에 런던은 황금 같은 기회를 제공하는 요리의 불모지였다.

이고 위험한 일이었지만 결과적으로 좋은 성과를 거두었고, 모니크는 해협을 건너지 못한 적이 없었다.' 알베르는 1967년에 여러 행사에서 당시 농업, 어업, 식품부 장관인 프레드 피어트Fred Peart에게 프랑스의 진미를 한 가지씩 차려내면서 무척 기뻐했다. '나는 그분이 대체 어디서 이런 요리가 나왔는지 생각하는 표정을 보고 무슨 말을 해야 할지 몰랐다!'

40년이 흐르고 2007년 5월에 작가 마거릿 클랜시Margaret Clancy는 『요식업자The Caterer』라는 책에서 루 형제가 메뉴를 구성하여 1960년대 후반의 런던에 선보인 것이 얼마나 대단한 일인지에 관해 이렇게 적었다. '40년 전 고급 레스토랑을 운영하면서 공급 문제를 어떻게 감당했을지 지금으로서는 상상할 수도 없다. 당시 영국은 배급을 끝낸 지 얼마 되지 않았고[불과 13년 전이었다(제12장 참조)], 특수작물을 재배하는 사람이 있다거나 영국 안에서 최고의 음식 재료가 난다는 말을 들어본 적이 없었다.'

1970년 루 형제는 런던에서 레스토랑을 두 개 더 열었다. 그리고 1972년에 미셸은 '나는 지쳤다. …… 그리고 조금 지루하기도 했다'고 말했다. 그때까지는 요리의 불모지를 개척하는 전략이 성공적이었다. 이제는 런던을 벗어난 지역으로 진출하는 방법을 고민할 때였다. 부유층이 사는데도 좋은 식당이 없는 곳.

그래서 1972년 어느 봄날, 서른한 살의 미셸은 잉글랜드 버크셔의 브레이라는 시골 마을에서 허름하고 낡은 펍을 둘러보았다. 강가의 펍이었고, 밝은 대낮에 지저분한 그곳 주위에 빛나는 것이라곤 은은하게 반짝이며 흐르는 강물뿐이었다. 부동산 중개인(화이트브레드라는 대형 주조 회사를 운영하는 펍의 주인을 위해 일하는 사람)은 실망한 표정이었다. 프랑스인 요리사가 그런 외딴곳의 허름한 펍을 사들일 리가 있겠는가? 하지만 루 형제는 런던을 답사할 때처럼 차를 몰고 버크셔의 시골을 돌아다니며 말로우와 헨리 같은 소도시에서 고가의 차가 서 있는 대저택을 둘러본 터였다.

워터사이드인Waterside Inn이라는 이름의 그 낡은 펍 앞은 포석이 깨져서 미끄럽고 상태가 심각해 보였다. 내부는 지저분했다. 미셸은 이렇게 회고했다.

'눅눅한 실내를 가로질러 창밖으로 강을 내다보았다. 그런데 강이 보이지 않았다. 면도날로 긁어야 할 만큼 창문에 때가 잔뜩 끼어 있어서였다. 우중충하고 지저분하고 냄새 나는 펍이었다. 고약한 냄새가 났다.'

미셸은 부동산업자에게 일단 공중전화를 찾아서 형과 통화해야 한다고 말했다. 미셸이 전화하고 돌아왔을 때 부동산업자는 이번에도 계약이 성사되지 않을 거라고 마음의 준비를 한 눈치였다. 미셸은 손을 내밀어 악수를 청했다. "계약합시다. 완벽해요."

미셸은 몇십 년이 지난 뒤 이렇게 회고했다. '우리가 그 가게를 제대로 개조할 수 있을 거라는 확신이 들기까지 나 자신을 설득해야 했다. 하지만 강가에 아름다운 버드나무 한 그루가 서 있고 오후의 햇살에 버드나무 잎이 하늘거렸다. 그걸 보자 희망이 생겼다.'

넉 달 후 건축업자들이 공사를 마무리하고 떠나려 할 즈음 미셸은 완전히 달라진 식당에서 티 없이 깨끗한 창문 너머로 템스 강이 보이는 창가 자리에 앉아 메뉴를 구성했다. 옆에는 그의 첫 번째 수석 요리사인 피에르 코프만Pierre Koffmann이 있었다. 며칠 후 9월 초, 르가브로슈가 문을 연 지 5년 만에 워터사이드인이 문을 열었다.

코프만은 럭비 경기를 보러 잉글랜드에 왔다가 눌러앉았고, 르가브로슈에서도 일한 적이 있었다. 그는 성실히 일하면서 장래성을 보여주어 두 달 만에 부주방장으로 승진했다. 스물네 살의 코프만은 워터사이드인의 주방장이 될 생각에 들떴다. 그는 르가브로슈의 음식이 '나쁘지는 않지만 프랑스 요리와는 한참 거리가 멀다'고 여기던 터였다. 그래도 당시의 주변 상황에 비하면 괜찮은 편이었다. '당시에는 전체적으로 음식이 아주 형편없었다.'

코프만은 워터사이드인에서 '내가 하고 싶은 요리를 할 수 있었다. 아무도 간섭하지 않았고, 나는 진심으로 일을 즐겼다'. 게다가 루 형제가 '그쪽으로는 잘 오지 않으니 내 가게를 운영하는 느낌이었다'고 말했다.

르가브로슈와 달리 워터사이드인에서는 첫날부터 장사가 잘되지 않았다. 미셸은 이렇게 회고했다. '처음 2~3년간은 잘 풀리지 않았다. 주중에는 쥐 죽은 듯이 조용했다. 점심과 저녁 시간에 손님이 열 명에서 스무 명 정도만 찾아왔다. 하지만 주말에는 북적거렸다. 직원을 소수만 두었고, 나와 피에르가 나란히 서서 요리를 했다.'

다행히 다른 레스토랑[칩사이드의 르풀보, 올드베일리(런던의 중앙형사법원) 옆의 브라세리 브누아, 르가브로슈]에서 장사가 잘된 덕에 루 형제의 새 레스토랑도 버틸 수 있었다. 그러다 1973년 에곤 로네이가 워터사이드인을 찾아왔다. 당시 〈데일리 텔레그래프Daily Telegraph〉에 실린 그의 기사는 외식 장소를 찾는 사람들에게 좋은 정보를 제공했다. 로네이는 이렇게 적었다. '워터사이드인은 언젠가 영국 최고의 레스토랑이 될 것이다.' 로네이의 기사는 워터사이드인에 매우 긍정적인 영향을 미쳤다. 미셸은 이렇게 설명했다. '그 기사 덕에 멀리서 고객들이 찾아왔다. 우리는 손익분기점을 넘겼다. 인생이 우리에게 미소를 지어주기 시작했다.'

이듬해 미슐랭(제17장 참조)이 워터사이드인에 별 하나를 주면서 위대한 레스토랑으로 발전하는 여정에 박차를 가했다. 그즈음 워터사이드인은 좋은 위치(저녁 식사 전에 강가 테라스에서 술 한잔을 마시기에 완벽한 장소였다)와 세련된 복장의 웨이터들이 제공하는 완벽한 서비스로 유명해졌다. 메뉴에는 미셸의 정통 프랑스 요리와 코프만의 프랑스 남서부 요리가 섞여 있었다.

메뉴는 수프와 전채 요리, 갑각류 요리, 생선 요리, 주요리, 채소 요리, 치즈와 디저트로 구성되었다. 다만 모두 프랑스어로 적혀 있었다. 가령 수프는 'potage Parisien'이나 'consommé royale'로 적혀 있었다. 미셸은 회고록에 이렇게 기술했다. '워터사이드인에서는 점심 메뉴로 수프가 나오지 않는 날이 단 하루도 없었다. 내가 수프를 좋아해서다. 나는 손님들에게 내가 좋아하는 음식을 대접할 뿐이다.' 수프 메뉴 중에는 텃밭에서 키운 팽이밥으로 만든 가벼운 벨루테와 완두콩 수프, 바닷가재나 왕새우로 만든 콩소메, 손으로 조그맣게 빚은 라비올리를 띄운 부드러운 수프가 있었다. 그리고 'velouté de coquillages aux huitres(조개와 굴이 들어간 수프)'라고 조개류를 잔뜩 넣어 만든 요리로, 육수를 남겨서 생선 스톡과 허브와 크림을 넣어 만든 유명한 수프가 있었다. 마지막에 뭉근히 끓여낸 수프의 가운데에 익히지 않은 굴을 올려서 내주는 요리였다.

초창기의 오르되브르로는 바욘 햄과 여러 가지의 파테가 나오고 각종 달걀 요리도 빠지지 않았다. 생선 요리로는 가자미나 서대기를 그릴에 구워서 베어네이즈 소스를 곁들인 요리가 나왔다. 주요리는 모두 육류였고, 소고기와 양고기 중 독특한 카술레 툴루즈cassoulet Toulousain가 있었다. 앙트르메entremet(디저트)로는 레몬타르트와 과일 셔벗이 나왔다. 치즈는 모두 프랑스산이었다. 르가브로슈처럼 메뉴가 프랑스 요리이고 프랑스어로 적혀 있고 사실상 재료도 모두 프랑스에서 들여왔다. 그리고 미셸과 코프만을 비롯한 요리사도 모두 프랑스인이었다. 하지만 루 형제의 사업이 커나가고 요리사를 제대로 훈련시키고 싶은 형제의 열정이 더해져 점차 요리사의 국적이 다양해졌다. 흔히 이 부분을 미셸과 알베르가 영국의 레스토랑 세계에 미친 영향의 결정적 측면이라고 본다.

그리하여 2007년에 르가브로슈의 40년 역사를 돌아본 〈옵저버Observer〉의 레스토랑 평론가 제이 레이너Jay Rayner는 이렇게 평했다. '르가브로슈가 중요한 이유는 그곳을 거쳐간 사람들 때문이다. 르가브로슈와 미셸과 알베르 루 형제가 없었다면 현재 잘나가는 영국의 레스토랑 세계는 지금과 전혀 다른 모습이었을 것이다.'

실제로 루 형제의 주방에서 일하고 1980년대와 1990년대 이후에 영국의 훌륭한 레스토랑을 만든 요리사의 면면을 보면 마르코 피에르 화이트Marco Pierre White, 로울리 리Rowley Leigh, 고든 램지Gordon Ramsay, 마커스 웨어링Marcus Wareing이 있다.

마르코 피에르 화이트가 1981년 알베르 루의 사무실을 노크했을 때 르가브로슈는 1974년과 1977년에 미슐랭 가이드로부터 별 두 개를 받은 상태였다. 그즈음 명품 거리 메이페어의 한 건물로 이전하기도 했다. 손님들은 어퍼 브룩 스트리트로 난 문으로 들어가 지하의 식당으로 내려갔다. 자연광이 거의 없고 바깥 풍경이 전혀 보이지 않아 손님들은 오로지 음식과 서비스에만 집중할 수 있었다.

스무 살의 화이트는 웨스트요크셔에서 주머니에 단돈 7.36파운드와 책이 든 작은 상자 하나와 옷 가방 하나만 달랑 들고 런던에 왔다. 알베르는 그를 흘깃 보고는 "화요일에 이리로 오게"라고 말했다. 화이트는 부주방장의 보조로 일을 시작했다. 알베르는 덥수룩한 장발과 날카로운 푸른 눈빛에 야망에 집착하는 듯한 청년을 눈여겨보고는 약간의 반어법으로 그를 '나의 꼬마 토끼'라고 불렀다.

꼬마 토끼는 르가브로슈에서 주방은 규율 없이 돌아가지 않는다는 사실을 배웠다고 말했다. 그는 자서전에서 '규율은 공포에서 탄생한다'면서 이렇게 썼다.

최고급 레스토랑의 시스템에는 마피아와 비슷한 면이 있다. 물론 알베르가 대부, 곧 보스 중의 보스였다. 말론 브란도가 말을 법한 역할이었다. …… 앞치마를 두른 말

1986년의 마르코 피에르 화이트. 음울한 장발의 록 스타처럼 생긴 그의 입에는 항상 담배가 물려 있었다. 그는 '규율은 공포에서 탄생한다'고 말했다.

론 브란도. 그는 존재감이 강한 아버지상이고 대부처럼 철학적으로 이야기했다. 그 밑에서 일할 때는 그분에게 보호받는 느낌이었다. 보스와 같은 편이라는 느낌을 받았다.

1982년에 르가브로슈는 미슐랭에서 세 번째 별을 받았다. 화이트는 워터사이드인에서 일하다 나가서 자기 사업을 시작한 피에르 코프만 밑으로 들어갔다. 이후 1987년에는 런던의 원즈워스 커먼에 하비스Harveys라는 레스토랑을 차렸다. 그는 불같은 성격의 요리사로 명성을 쌓았다. 메뉴가 바뀔 때마다 요리사들이 나가떨어졌고, 거기에 화이트가 있었다. 음울한 장발의 고독한 록 스타 같은 모습으로. 사진 속 그는 거의 언제나 담배를 입에 물고 있다. 그리고 그는 고약한 손님들을 내쫓기도 했다. 주방의 규율이 인정사정없이 엄격하다는 말도 있고, 치즈 트롤리가 완벽하지 않다는 이유로 벽에 내던져졌다는 소문도 있고, 요리사들이 덥다고 불평하자 화이트가 돈 안 드는 냉방을 위해 요리사들의 흰옷을 찢어 구멍을 냈다는 이야기도 있었다.
1995년 1월, 서른세 살의 화이트는 미슐랭에서 세 번째 별을 받은 최초이자 최연소 영국인 요리사가 되었다. 그의 요리[구운 가리비에 오징어와 (오징어 먹물로 검은색을 띤) 네로 소스를 곁들인 요리, 샴페인 사바용을 곁들인 굴 요리, 셀러리와 수란 벨루테, 돼지족발]는 그가 발전시키고 완성한 프랑스 정통 요리였다. 그런데 정작 그는 프랑스에 가본 적도 없었다. 결국 화이트도 루 형제처럼 새로운 세대의 성공적인 요리사들을 배출했고, 다들 훗날 화이트의 주방에서 살아남은 이야기를 유쾌하게 회고했다.

현재 영국 요리계는 화이트의 독특한 멘토링으로 훈련받은 몇 사람이 주도한다. 고든 램지, 필 하워드Phil Howard, 브린 윌리엄스Bryn Williams, 제이슨 애서튼Jason Atherton 같은 요리사다. 하지만 영국 최고의 레스토랑이 어디냐는 질문에 화이트는 이렇게 답했다. "르가브로슈나 워터사이드인입니다. 과거의 정취와 낭만이 숨 쉬는 곳이에요. 거기서 최고의 요리가 나오냐고요? 아뇨, 다만 전체적으로 최고의 경험을 선사합니다." 그리고 그 경험에는 루 형제가 변화시키려 한 레스토랑 사업의 또 하나의 요소인 서비스가 포함된다.

1974년에 이탈리아인 실바노 지랄딘Silvano Giraldin이 르가브로슈의 총지배인이 되었다. 그는 1971년에 웨이터로 일하기 시작했다. 다른 이탈리아인인 디에고 마시아가Diego Masciaga는 1983년 르가브로슈에 들어갔다가 워터사이드인의 총지배인이 되었다. 지랄딘은 르가브로슈에서 37년간 일했고, 마시아가는 워터사이드인에서 30년간 일했다. 두 사람은 레스토랑 서비스의 새로운 기준을 세웠다. 서비스직을 누구나 동경할 만한 직업으로 만들었다. 영국과 해외에서 젊은이들이 훌륭한 서비스를 배우기 위해 이들 레스토랑의 문을 두드렸다.

"나는 그들이 여기에 그냥 일하러 온 게 아니라 중요한 전문직에 종사하기 위해 온 거라는 점을 일깨워주었습니다." 마시아가는 언젠가 젊은 종업원들에게 고객 서비스 기술을 훈련하면서 와인을 따르고 오리고기를 자르며 말했다. "결국 이 일로 행복해지기만 하는 것이 아닙니다. 돈도 벌 수 있습니다. 손님들이 항상 다시 우리를 찾으니까요."

마시아가와 지랄딘은 서비스에 관한 인터뷰도 하고 책도 쓰고 잡지에 소개되고 서비스에 관한 세미나를 열고 케이터링 칼리지에서 강의도 맡았다. 반항적인 청년 버나드 레빈(제12장 참조)은 자신의 눈을 믿지 못했을 것이다.

1980년대 중반에 알베르와 미셸 형제의 동업이 흔들리기 시작했다. 동업 초기에 미셸은 영어를 잘하는 형 알베르에게 주도권을 내주었다. 하지만 20년쯤 지나자 미셸은 기울어진 채 굳어진 형과의 관계에 불만을 품었다. 둘 사이에 끊임없이 다툼이 있었다. 알베르가 시장에 가서 재료를 구입하는 역할을 맡았는데, 미셸에 따르면 알베르가 '함께 상의한 대로 재료를 사 오지 않았다. 양고기나 연어를 지나치게 많이 사다놓았다. …… 그래서 아무것도 버리고 싶지 않은 요리사들은 분통을 터뜨렸다'. 설상가상으로 '알베르는 의사 결정에서 나를 배제했다. 10년 넘게 별 탈 없이 협력해오던 둘의 관계가 심각하게 긴장되었다'. 첼시에서 메이페어로 옮기기로 한 계획이 굳어질 때 '형이 내게는 레스토랑의 새 부지나 장식이나 주방의 구체적인 계획에 대해 상의하지 않는다는 걸 알았다'.

1982년에 르가브로슈가 영국 최초로 미슐랭 별 세 개짜리 레스토랑이 되었을 때 미셸은 '형이 르가브로슈가 자기 거라고 주장했다'면서 격분했다. '그때까지 우리는 항상 모든 것을 공유했다.' 2년 후 형제의 어머니 저메인이 그들과 함께 BBC 프로그램을 촬영했다. 그녀는 아들들을 야단쳤다. "너희는 요리하는 시간보다 싸우는 시간이 많구나. 너희가 창피하다."

이제 형제는 동업을 끝내기로 했다. 미셸은 워터사이드인을 맡았고, 알베르는 르가브로슈를 가져갔다. 불화는 이후로도 몇십 년간 이어졌다. "걘 스위스 산속에나 가서 살아야 해요." 알베르가 언젠가 미셸이 알프스의 크랑몬타나라는 마을에 집을 구입한 걸 두고 한 말이다. 알베르는 동생을 손님으로 맞을 용의가 있느냐는 질문에 "걘 발도 들여놓지 못하게 할 겁니다"라고 대답했다.

1980년대에 미셸은 아일랜드의 브레이에서 살았다. 그의 새 아내 로빈은 바다를 건너 워터사이드인의 실내장식을 감독하러 가곤 했다. 그가 사업에 몰두하느라 첫 번째 결혼은 실패로 돌아간 터였다. 알베르도 모니크와 이혼하고 두 번째 부인인 셰릴과 결혼했다. 레스토랑 역사에서는 흔한 이야기다. 1943년에 태어난 영국의 레스토랑 경영자 키스 플로이드 Keith Floyd는 1980년대에 텔레비전을 통해 영국 대중에게 음식 문화를 조명한 인물이다. "레스토랑 사업에 뛰어들지 마세요. 결혼 생활도 실패하고 인간관계도 망치고 인생이 끝납니다. 다 끝장납니다. 전처가 넷이나 되는 제가 누구보다 잘 알죠."

루 왕국은 미셸과 알베르의 자녀들을 통해 살아남았다. 현재 미셸의 아들 알렝이 워터사이드인의 요리사이자 경영자로 일하고 있으며, 그의 사촌인 알베르의 아들 미셸 주니어도 르가브로슈를 물려받았다. 루 형제는 하나의 제국과 문화를 이룩했다. 그들의 후손 중 일부는 불과 열정으로 미식의 기술을 갈고닦았다. 한편 로울리 리 같은 요리사들은 좀 더 최적화된 주방을 만들었다. 그는 원래 루 형제에게 요리 훈련을 받았지만 조지 페리 스미스와 엘리자베스 데이비드의 뿌리에 더 가까운 새 시대의 요리사가 되었다. 이런 흐름의 요리사로 사이먼 홉킨슨Simon Hopkinson(제16장 참조), 샐리 클라크Sally Clarke, 앨러스테어 리틀Alastair Little을 꼽을 수 있다. 이들은 다시 8,000킬로미터 떨어진 샌프란시스코의 조용한 교외에서 평온하게 혁명을 일으킨 한 인물에게 영향을 받는다.

15

요리로 정치를 말하다

천천히, 조용히, 때로는 속삭이듯이 앨리스 워터스가 음식 혁명을 일으키며
요리사와 농부를 연결했다. 그녀는 학교 무상급식을 주장하면서
요리사와 주방장과 작가들에게 거대한 짐승 같은
미국의 패스트푸드에 맞서 분연히 일어나라고 촉구했다.

1960년대 후반에 샌프란시스코 동쪽 버클리에서 차 한 대가 언덕 많은 이 도시의 베이브리지를 넘어갔다. 스물일곱 살의 여자가 작은 레스토랑을 열었다. 그녀는 훗날 이렇게 적었다. '나는 정치에 환멸을 느끼고 돈 버는 방법을 찾아야 했다.'

정치적 측면을 과소평가할 수는 없다. 사실 알 만한 사람이라면 셰파니스Chez Panisse에서 나오는 음식으로 정치 성향을 유추할 수 있었다. 당시 이곳에서는 대다수의 미국인에게 익숙하지 않은 채소와 샐러드와 허브가 주로 나왔다. 앨리스 워터스Alice Waters는 음식에 대한 열정과 갈망이 넘쳤고, 젊은 시절 잠시 프랑스에서 보낸 경험에서 영감을 얻었지만 정치 성향으로 인해 역사상 다른 레스토랑 주인들과는 다른 길을 걸었다.

사실 프리무스 여관이 폼페이 사람들에게 음식을 판 데는 배를 채워주는 것 이상의 이유가 없었고(제1장 참조), 귀족의 개인 요리사들이 18세기 말과 19세기 초에 파리에서 레스토랑을 연 이유는 일자리가 필요한 데다 요리와 접대가 그들이 잘 아는 일이어서였다(제6장 참조). 코이누르 가족이 1920년대 초에 봄베이에서 카페를 시작한 건 영국인 식민지 관리들에게 양념이 강하지 않은 음식이 필요해서였다(제10장 참조). 코이누르의 카페에서 다양한 계급과 정치 성향이 각기 다른 사람들이 섞이기는

앨리스 워터스의 레스토랑 셰파니스는 1960년대 초 미국의 사회적 불안에서 자양분을 얻었다.

했지만 주인이 의도한 것은 아니었다. 또 1960년대 말과 1970년대 초에 루 형제가 런던에서 미식을 널리 퍼뜨린 것은 당시에 그런 레스토랑이 없어서였다(제14장 참조).

한편 셰파니스 주방의 음식 재료와 요리법은 가치관의 구현이자 현대적이고 산업화된 미국에 이제는 바뀔 수 있고 바뀌어야 한다고 알리려는 시도였다. 문화적·정치적·사회적 전쟁에서 절묘하고 풍미 있는 선전포고였던 셈이다. 그 시도가 효율적이었는지는 의문의 여지가 있지만 동기만큼은 명확했다.

셰파니스(프랑스 영화의 주인공 이름을 땄다)는 1971년에 문을 열었다. 하지만 이 레스토랑의 철학은 사회적으로 불안하던 1960년대 초 미국의 과열된 시대에서 자양분을 얻었다. 앨리스 워터스가 1964년 UC 버클리에서 학업을 시작했을 때는 미국의 대학에서 전례 없이 정치 운동이 활발한 시대였다. 그해 여름 린든 B. 존슨Lyndon B. Johnson 대통령이 북베트남에 폭격 명령을 내렸다. 베트남의 어뢰정이 통킹 만에서 미군 구축함 두 척을 공격한 데 따른 보복 공격이었다. 북베트남에서 폭격이 자주 일어나던 이듬해 2월에 사람들은 미국의 주장처럼 정말로 미군의 공격이 남베트남을 공산주의자들의 공격으로부터 보호해주기 위한 민주주의 전쟁에 뛰어든 것인지 의문을 품었다.

3년 후 미군이 1만 5,000명 이상 전사하고 부상병이 10만 명을 넘자 각계각층에서 광범위하게 반전운동이 일어났다. 저항의 불꽃은 UC 버클리 같은 곳에서 학생과 교수들 사이에서 타올랐다. 워터스가 다니던 대학 당국은 학생들의 주장과 상충하는 노선을 선택했다. 당시 총장이던 피터 반 하우튼Peter Van Houten은 대학에서 그만의 전체주의적 체제를 구축하면서 정치 활동과 관련된 기금을 모금하지 못하게 했다. 그런데 그는 윗세대의 나이 먹은 괴팍한 교수가 아니었다. 고작 서른 살이었다.

'캠퍼스에서 베트남에 관해 목소리를 높이는 학생이 있으면 대학 경찰에게 끌려나갔다.' 워터스의 말이다. 그럴수록 학생들은 저항 정치를 받아들였다. 교수들도 분노하기는 마찬가지였다. 당시 교수들도 교단에 서려면 충성 서약에 서명해야 했다.

워터스는 1750~1850년의 프랑스 문화사를 전공으로 택했다. '물론 프랑스 혁명 시대다.' 그녀는 웃으며 말했다. 이후 워터스는 친구와 함께 학업을 위해 프랑스에서 1년을 보냈다. 그 시기에 음식의 가능성에 관한 생각의 지평이 넓어졌다. 그전에는 음식에 크게 관심을 가져본 적이 없었다. 뉴저지에서 태어나 아버지의 직장 때문에 캘리포니아로 이사하면서 그녀는 늘 음식에 까탈스러웠다. '난 빼빼 말랐고 먹는 걸 별로 좋아하지 않았다.' 학교 음식은 '냄새가 고약하고 전부 거무스름해 보였다'. 그녀는 파리와 프랑스 남부를 발견하기 전에는 음식에서 즐거움을 얻을 수 있다는 것을 몰랐다. 그녀는 프랑스에 '탐욕스럽게' 빠져들었다.

그녀는 처음 머문 파리의 호텔에서 나온 채소 수프의 오묘한 단순성을 기억했다. '맑은 호박 수프에 떠 있는, 깍둑썰기를 한 작은 채소 조각들.' 그녀는 지극히 단순한 발견으로 기쁨에 넘쳤다. 한 번도 본 적 없는 다채로운 양배추, 프랑스 사람들은 디저트에 앞서 입 안을 가시는 코스로 샐러드를 내놓는다는 사실, 파리에서 리오넬 푸알란Lionel Poilâne이 굽는 시큼한 빵. 그리고 브르타뉴에서는 메뉴를 선택하지 못하는 식사를 경험했다. 이 식사는 세 가지 코스로 이루어졌다. 햄과 멜론, 버터를 갈색으로 녹여서 아몬드를 볶아 곁들인 송어 요리, 라즈베리 타르트가 나왔다.

그리고 메스클런이라는 어린잎 모듬 샐러드도 접했다. 워터스는 씨앗을 미국으로 가지고 돌아와 직접 재배했다. 이들 채소는 이후 셰파니스에서 주요 메뉴에 올랐다. 다른 레스토랑들도 이런 채소를 원해서 농부들이 재배하기 시작했다. 그녀는 『내 감각으로 돌아오기Coming to My Senses』라는 회고록에 이렇게 적었다. '내가 이 나라 미국에서 해내야 할 한 가지가 있다면, 진정한 샐러드를 보급하는 일이다.'

미국으로 돌아온 워터스는 프랑스의 방식대로 요리를 하려 했다. 하지만 농산물을 구하기가 쉽지 않았다. 1960년대 후반 미국의 슈퍼마켓에는 '냉동식품과 통조림만 가득하고…… 프랑스의 시장과는 정반대였다'. 워터스는 웨이트리스로 일하고 아이들을 가르치면서 협동조합과 얼마 안 되는 전문점에서 대량으로 산 몇 가지의 재료로 친구들에게 자주 저녁을 차려주었다. 그리고 정치적으로 진보적인 신문인 〈샌프란시스코 익스프레스 타임스San Francisco Express Times〉에 「앨리스의 레스토랑」이라는 칼럼을 써서 그녀가 상상하는 레스토랑에서 파는 메뉴의 조리법을 소개했다.

그녀는 친구들을 자주 불러 요리를 해주다가 요리의 폭을 넓히고 싶었던 모양이다. 친구들이 맛있게 먹어준다면 더 넓은 시장에서도 분명……. 워터스는 레스토랑을 차릴 장소를 물색했다. 많아야 40명이 들어갈 만한 작은 공간이면 충분했다. 장소를 찾으면서 정치 활동도 병행했다. 시위, 모임, 토론……. 워터스는 친구도 연인도 모두 정치 활동을 통해 만나고 발전시켰다. 그녀는 정치에 빠져 살았다. 그녀가 지지하는 (그녀가 유세에 나선) 사람들이 의회에 진출하지 못하면 '심각하게 우울해졌고…… 완전히 절망했다'.

음악부터 음식까지 모든 것이 정치적이었다. 섀톡 애비뉴 517번지에서 셰파니스 자리를 발견했을 때 그 자리가 적절하다고 생각한 이유는 근처에 노동자 협동조합에서 운영하는 치즈 가게가 있고 직접 로스팅한 원두를 소량 판매하는 피츠커피Peet's Coffee라는 가게도 있어서였다. (피츠커피는 이후 엄청난 괴물을 낳는다. 설립자 알프레드 피트Alfred Peet가 세 남자에게 자신의 사업 방식과 공급에 관해 상세히 알려주었는데, 그 세 남자가 훗날 스타벅스Starbucks를 시작한 것이다.)

워터스는 3년 후 2만 8,000달러에 선매수 권한 옵션을 끼고 가게를 임차했다. 배관공 작업장을 개조해 1971년 8월 28일 밤에 문을 연 레스토랑에는 중고로 구입한 의자와 가구를 들여놓고 체크무늬 식탁보를 씌우고 벼룩시장에서 산 짝이 맞지 않는 접시와 오래된 유리컵을 놓고 생화로 장식했다. 프랑스의 어느 비스트로 분위기가 났다. 와인 리스트에는 세 가지가 올랐다. 가까운 나파밸리의 몬다비 와이너리에서 생산되는 레드와인과 화이트와인, 그리고 소테른 디저트 와인이었다. 단일 메뉴로는 파슬리와 피클과 머스터드를 곁들인 파테 앙쿠르트, 올리브를 곁들인 구운 오리, 자두 타르트 코스를 내놓았다.

워터스는 직원이 부족할까봐 55명이나 고용해 손님 50명을 접대하게 했다. 주방에서는 혼돈이 펼쳐지고 전채 요리와 주요리 사이에 한 시간이 걸렸다.

'한마디로 아수라장이었다. 우리는…… 주먹구구식으로 해나갔다. 완전히 미친 짓이었다.' 어느 친구는 '광대극'이라고 표현했다. 하지만 어찌어찌해서 손님들이 주문한 음식이 모두 나갔고, 워터스는 훗날 자주 그랬듯이 '퓌메 블랑 한 병을 따서 밤새 술잔을 부딪쳤다'.

그날 밤과 이후 많은 밤에 어떤 요리가 나갔는지에 관해 워터스는 이렇게 말한다. '음식은 우리의 삶에서 가장 정치적인 것이다. 먹는 행위는 날마다 하는 것이고, 무엇을 먹을지에 관한 결정이 날마다 결과를 낳는다. 그리고 날마다 나오는 결과가 세상을 바꿀 수 있다.' 워터스와 그녀의 친구와 지인들은 셰파니스를 당시의 반체제 문화를 구현하는 공간, 저항 문화의 산실로 보았다. 이 작은 레스토랑은 당시 거대한 제도권에 보내는 승리의 브이v였다. 그리고 단일 메뉴는 캘리포니아나 그 너머의 어느 도시에서도 들어본 적이 없는 새로운 방식이었다.

미국인들은 아직 나날이 늘어가는 햄버거 체인점에서 소고기를 먹으며 전후의 자유를 누리고 있었다. 큰 것이 아름다운 것이었다. 슈퍼마켓이든 레스토랑이든. 1970년의 미국은 신속하고 즉각적인 만족에 대한 새로운 꿈을 꾸었다. 많은 사람이 에어로졸캔에서 나오는 치즈를 최고로 훌륭하고 흥미로운 치즈로 여겼다.

미국의 작가 엘리사 앨트먼Elissa Altman은 워터스의 방식을 '선명한 도덕적 문제에 대한 외골수 같은 확신으로, 좋은 음식(정직하게 재배하고 제철에 수확하고 간소하게 조리하고 아름답게 담고 천천히 즐겁게 먹는 음식)을 누구나 누릴 수 있어야 한다고 믿은 자세'라고 표현했다.

워터스는 이렇게 말했다. '우리 레스토랑은 여느 레스토랑과 달라 보였다. 우리의 가치관도 남들과 달랐다.' 여자가 레스토랑을 운영하는 경우도 드물고, 여자가 주방에서 요리하는 것도 매우 드문 시절이었다. 게다가 직원 대다수가 경험이 없는 사람들이었다. 워터스의 레스토랑은 다른 느낌을 주었다. 배고픈 미국인들의 마음을 사로잡은 맥도날드, 피자헛, KFC, 타코벨(제11장 참조)과는 전혀 달랐다. 워터스는 손님 테이블로 직접 음식을 서빙하며 그녀의 음식과 그 음식의 기원에 관해 설명했다.

이후 몇 달에 걸쳐 그녀는 농부와 생산자들을 찾아다니며 특정 작물을 재배해달라고 부탁했다. 이후 담당자를 따로 내정해서 농작물을 찾아내고 어부부터 목장주인까지 소규모 생산자들을 찾아내는 일을 맡겼다. 워터스는 생산자들에게 적정 가격으로 보이는 금액을 지불하고 손님들과도 그 점에 관해 의논했다. '우리가 쓰는 재료 중 일부는 비싸다. 하지만 농장 일꾼들에게 정당한 대가를 지불하려면 그럴 수밖에 없다.' 워터스는 그렇게 말하면서 메뉴판에 농부의 이름을 올리는 방식을 자랑스럽게 생각했다. '여러분의 접시에 올라간 음식은 사회 정의의 구현이다.'

셰파니스의 설립자인 앨리스 워터스. 여자가 레스토랑을 운영하는 경우도 드물고, 여자가 주방에서 요리하는 것은 더 드문 시대였다.

워터스의 고객들은 그런 방식을 기꺼이 받아들였다. 고객들 다수가 반문화의 선봉에 선 영화감독, 기자, 사진작가, 작가들이었다. 워터스가 농부와 고객을 연결하면서 '농장에서 포크까지'라는 구호가 생겼다. 초창기의 며칠, 몇 달, 그리고 몇 년 동안 셰파니스는 공급처를 확보하면서 베이 지역의 농장과 목장의 네트워크를 구축했다. 앨리스 워터스는 레스토랑을 시작하고 42년이 지난 후 거대하고 늙은 삼나무 아래에 갓 딴 살구가 담긴 작은 그릇이 놓인 흰색 철제 정원 테이블 앞에서 녹차를 마시며 초창기를 돌아보았다. "저는 농부들을 사랑하고 귀하게 여깁니다." 농부들은 "땅의 지배인입니다".

셰파니스가 출발할 때는 워터스의 시도를 지지해주는 농부가 충분하지 않고 레스토랑이 성공하는 데 필요한 재료를 안정적으로 공급받지 못할 것으로 보였다. 하지만 워터스는 이렇게 설명했다.

농부들에게 정당한 값을 치르고 옳은 일을 하도록 격려하면 더 많은 변화가 일어날 것이다. 우리가 농부들에게 농산물을 구입하면서 제값을 치르기 시작하자 농부들이 모여들었다. 이제 우리가 그들에게 의지하고 그들이 우리에게 의지한다. 참으로 아름다운 일이다.

셰파니스에서 나오는 음식은 더 나은 방식이 가능하다는 것을 보여준다. 하지만 음식과 대화와 시대정신이 모두 정치에 얽혀 있고, 그것도 특정 유형의 정치였다. 바로 좌파 정치였다. 반체제 저항 문화는 1969년 전설의 음악 페스티벌 우드스탁Woodstock에서 절정에 이르렀다. 단지 '사흘간의 평화와 음악'이었는지는 몰라도 전설은 영원히 남았다. 그리고 우드스탁의 아름다움과 진흙과 사랑의 불꽃이 셰파니스에 완전히 녹아들었다. 앨리스 워터스는 스스로 성적으로 자유분방하다고 인정했다. 그녀는 『내 감각으로 돌아오기』(부제는 '저항 문화 요리사의 재료')에서 '우리는 모두 자유롭고 편안했다'고 적었다. 2019년 NPR의 가이 래즈Guy Raz가 진행하는 팟캐스트에서 워터스는 이렇게 말했다. "당시에는 언론 자유 운동과 성혁명과 마약이 있었어요. 이 모든 것이 있었습니다. …… 정말로 흥미로운 시대였죠."

워터스의 연인 중 한 명인 제리 버드릭Jerry Budrick은 셰파니스 1주년 기념일에 "앨리스가 바로 이 레스토랑에서 절 유혹했습니다"라고 말했다. 친구인 바브라 칼리츠Barbara Carlitz는 더 나아가 "셰파니스의 역사가 이렇게 복잡한 이유 중 하나는 앨리스가 수많은 남자와 얽혀 있었기 때문입니다"라고 말했다.

게다가 워터스가 마약을 하지 않았다고 해도(LSD를 한 번 한 적이 있다고는 밝혔다) 셰파니스의 직원들이 마약을 했다는 소문, 웨이터들이 손님 테이블에 음식을 서빙하면서 마리화나 냄새를 풍겼다는 소문이 무성했다. 사실 워터스가 레스토랑을 차리면서 부모의 지원을 받기는 했지만, 작가 제시 자노우Jesse Jarnow는 『헤즈 : 환각에 빠진 아메리카 전기 Heads: A Biography of Psychedelic America』에서 셰파니스의 투자자 중 다수가 마약상이었다고 폭로했다. '마약상은 유일하게 돈이 있는 사람들이었다. 그들은 저항 문화 안에서 유일하게 돈을 가진 부류였다. 은행에서 돈을 빌릴 수는 없었다. 알게 뭔가.'

미국의 잡지 〈타운 앤 컨트리Town & Country〉의 음식과 와인 편집자인 제임스 빌라스James Villas는 한때 셰파니스를 '마약에 절은 히피들의 놀이방'이라고 표현했다. 토머스 맥내미Thomas McNamee가 쓴 워터스의 전기 『앨리스 워터스와 셰파니스 : 낭만적이고 비현실적이고 때로는 유별나고 지극히 근사하게 음식의 혁명을 이루는 이야기 Alice Waters and Chez Panisse: The Romantic, Impractical, Often Eccentric, Ultimately Brilliant Making of a Food Revolution』에서도 셰파니스의 주방에서 벌어진 드라마에 관해, 마약과 섹스가 뒤엉킨 서비스에 관해 이야기한다. 요리사 윌리 비숍Willy Bishop은 맥내미가 'LSD를 약간 하고 브런치 만드는 걸 좋아했다'고 말했다. 그리고 상자형 냉동고 위에 코카인을 놓고 코로 흡입했다고도 밝혔다.

온화하고 조용한 워터스에 관해 미국의 요리사 앤서니 부르댕Anthony Bourdain은 워터스의 음식 방향은 '크메르루주'(1970년대에 캄보디아를 통치한 급진적인 공산주의 세력으로, 주요 통치 수단이 처형과 강제 노동이었다)였다고 말했고, 미국의 블로거 토드 클리먼Todd Kliman은 워터스의 42년간의 활동을 두고 '미식의 올바름에 대한 경직된 태도'라고 지적하고 '요리는 결국 정의를 구현하는 일이 아니라 좋은 맛을 내는 일'이라고 일갈했다. 〈뉴욕 타임스〉에서도 워터스를 '자신을 드라마로 만드는 미국 요리계의 잔 다르크'라고 평했고, 〈배니티 페어Vanity Fair〉의 데이비드 캠프David Camp는 '셰파니스의 위대한 업적은 특유의 감상적인 과대망상증에 희석되었다. 셰파니스는 자기네가 중요하다는 태도를 버린 적이 없고 1973년에 이미 한정판 포스터로 기념일을 자축한 레스토랑이다'라고 말했다.

재정 상태 역시 뿌연 마리화나 연기 속에 있었다고 봐야 할 것이다. 초기의 4달러 50센트짜리 세트 메뉴를 만드는 데 6달러가 들었다. 부채가 급속히 쌓였고, 워터스는 몇 주 만에 약 4만 달러의 빚을 졌다. 후원자들이 워터스를 말렸지만 영국의 음식 작가 엘프레다 파우널Elfreda Pownall은 '돈처럼 하찮은 것이 그녀를 막지는 못했을 것'이라고 적었다. 워터스를 비판하는 사람들도 셰파니스의 부채에 이맛살을 찌푸렸다. 그녀의 철학은 농부들에게 정당한 값을 치르는 것인데, 초반에 부채가 쌓이자 결국에는 상당수의 농부에게 한 푼도 주지 못한 듯하다.

셰파니스는 8년 정도 계속 손실을 보았다. 하지만 시애틀에서 활동하는 저널리스트 데이비드 래스킨David Laskin에 따르면 '카르마와 시대정신이 한데 모인' 덕에 계속 살아남았다고 한다. 셰파니스는 자신의 독특한 위치에 단단히 뿌리를 내리고 캘리포니아와 미국 전역에서 사람들의 관심을 끌었다. 더불어 다른 매우 중요한 집단인 요리사들의 상상력을 사로잡았다. 르가브로슈와 워터사이드인(제14장 참조)이 훌륭한 음식으로 영국 전역에 퍼져나간 한 세대의 요리사들을 길러냈듯이 셰파니스에서 일하다가 미국 요리계의 스타가 된 요리사들의 면면도 대단했다.

그들 중에 주디 로저스Judy Rodgers(샌프란시스코의 주니 카페로 유명하고 주니 레시피 책은 때로 미국인 요리사가 쓴 최고의 요리책으로 손꼽힌다), 영향력 있는 〈뉴욕 타임스〉 칼럼니스트 데이비드 태니스David Tanis, 유명한 요리사 겸 레스토랑 경영자 마크 밀러Mark Miller, 뉴욕·애틀랜타·내슈빌에서 수많은 레스토랑을 운영하는 맨해튼 기반의 요리사 겸 레스토랑 경영자 조너선 왁스먼Jonathan Waxman, 로스앤젤레스에서 활동하는 수전 고인Suzanne Goin(로스앤젤레스의 고급 레스토랑으로 유명하다), 유명한 제빵사 스티븐 설리번Steven Sullivan이 있다.

그리고 제러미어 타워Jeremiah Tower도 있다. 타워는 평생 워터스와 불화를 빚었다. 워터스가 미국 음식 혁명의 어머니라면, 타워는 자칭 아버지였다. 미국의 저널리스트 대너 굿이어Dana Goodyear는 2017년 〈뉴요커New Yorker〉에 타워가 워터스와 함께 일하기 시작하면서 셰파니스는 '친구들끼리 모여 워터스가 브르타뉴에서 먹은 음식을 떠올리게 하는 음식을 먹는 장소에서 세계적인 레스토랑'으로 변모했다고 지적했다. 실제로 미국의 유명 와인 작가 로버트 피네건Robert Finegan도 셰파니스에 관해 이렇게 말했다. '원래는 학생이나 젊은 교수들이 비프스튜와 과일 타르트를 먹던 비스트로였다. 그게 다였다. 타워가 등장하면서 모든 게 달라졌다. 그는 실질적으로 이

레스토랑을 만들었다.'

1975년 잡지 〈고메이Gourmet〉에 실린 셰파니스에 관한 평론에서는 타워가 '모든 활력과 신선함과 다채로움으로 진정한 프랑스 요리를 유쾌하게 탐색하고, 다른 레스토랑에서 천편일률적으로 나오는 뻔한 프랑스 요리는 무시함'으로써 환영받았다고 썼다. 훗날 타워는 워터스가 그를 셰파니스의 역사에서 배제시켰다고 비난했다. 그는 워터스가 첫 번째 셰파니스 요리책을 보여준 일을 떠올리며 '내가 아이디어를 내고 메뉴를 짜고 요리한 만찬을 모두 빼앗아가 자기가 한 것처럼 말하는' 걸 보고 경악했다. 사실 그 요리책에는 워터스와 함께 일하고 협조한 사람이 서른 명 가까이나 언급되는데, 제러미어 타워에 관해서는 한마디도 없다.

둘 사이의 불화는 수십 년에 걸쳐 끓어올랐다. 타워는 셰파니스에 합류한 지 28년이 지난 후 〈뉴욕 타임스〉와 인터뷰하면서 우선 셰파니스에 관해 말하는 건 그만두겠다고 밝혔다. 앨리스 워터스에 관한 주제로 끌려가지 않겠다고 했다. 본인도 어쩔 수 없을 때를 제외하고는. 인터뷰가 끝나갈 즈음 그는 '워터스는 상한 채소 하나 골라낼 줄 몰랐다'고 말했다. 그리고 2016년 앤서니 부르댕의 다큐멘터리에 출연하기로 하면서 워터스 때리기는 없어야 한다는 조건을 내걸었다. 하지만 『제러미 타워 : 마지막 위대한 요리사 Jeremy Tower: The Last Magnificent』를 소개하는 영상의 처음 몇 초 만에 타워는 자신이 이뤄낸 업적을 워터스가 가로챘다고 비난했다.

타워는 참을 수 없었던 듯하다. 하지만 두 사람의 관계는 매우 복합적이었다. 타워는 독학으로 요리를 배운 열정적인 요리사였다. 제대로 된 요리 경험도 없이 1973년 겨울에 셰파니스에 들어갔다. 1942년에 태어났고 하버드를 졸업하고 서레이 카운티의 기숙학교에서 영국식 억양을 습득한 그는 신문에서 광고 하나를 보았다. '오픈이 임박한 작고 혁신적인 프랑스 레스토랑에서 매주 앙트레 한 가지씩 다섯 가지 코스 요리를 엘리자베스 데이비드와 페르낭 푸엥 Fernand Point 식으로 메뉴를 짜고 요리할 창의적이고 열정적인 요리사를 구합니다.' 문법을 무시한 광고 문구가 눈길을 끌었다.

그는 돈이 궁하던 차에 샘플 메뉴 몇 가지를 준비해 그 레스토랑으로 찾아갔다. 면접이 오후 6시로 정해졌는데, 레스토랑이 사전 준비로 한창 바쁜 시간대라 의외라고 생각했다. 마음을 단단히 먹고 레스토랑에 들어섰을 때 요리사 워터스가 바쁘니까 다음 날 다시 와달라고 했다. 그는 부유한 집안 출신이지만 그 당시에는 거의 무일푼이었다. 레스토랑까지 가는 길에 수중에 있던 돈을 다 써버렸다. 그는 레스토랑 계단을 내려오다가 한 번 더 시도해보기로 했다. 이번에는 주방으로 들어갔다. 입구를 찾아서 조심조심 안으로 들어가 자신을 소개하고는 자그마한 체구의 워터스와 대면했다. 워터스는 그를 쓱 보고는 "저 수프 좀 어떻게 해볼래요?"라고 말한 뒤 급히 나갔다.

스토브 위에는 거대한 알루미늄 냄비 안에서 퓌레가 끓고 있었다. 그는 손가락으로 맛을 보고 소금을 더 넣어야겠다고 생각해서 둘러보다가 화이트와인과 크림을 발견하고 그것도 넣었다. 워터스는 주방으로 돌아와 수프를 맛보고는 "같이 일합시다"라고 말한 뒤 다시 다른 일을 보러 나갔다. 하지만 다른 요리사들이 지원자를 더 면접해서 며칠 동안 '오디션'을 치르게 하자고 의견을 모았다.

결국에는 타워가 그 자리를 따내고 셰파니스에서 5년간 일했다. 그는 동성애자였고, 당시 워터스도 사귀는 사람이 있었다. 하지만 둘이 결국 사귀었다. 그런데 타워가 워터스의 남자친구와 함께 하와이로 휴가를 갔다고도 하는데……. 사실 주방에 긴장감이 흐르면 생산적이었다. 두 사람은 서로 싸우고 유혹하면서 진지하고 획기적인 레스토랑을 만들어나갔다. 워터스의 이상주의와 타워의 향수를 향한 열정이 결합한 것이다. 타워는 셰파니스의 주방에서 요리로 구현하는 어지러운 저항 문화에 질서를 부여했다. 굿이어는 타워가 '아름다운 정식 메뉴를 만들고 프랑스의 위대한 요리사들에 관한 학위논문을 쓰고 음식의 미래에 대한 선언문을 작성했다'고 적었다.

타워는 지역 생산자들에게서 선별해서 공급받은 재료로 근사한 요리를 만들었다. 그는 소노마에서 나는 토마토와 캘리포니아에서 나는 신선한 염소치즈로 요리를 했다. 부야베스bouillabaisse는 지중해 지방에서만 만들 수 있다는 엘리자베스 데이비드의 원칙에도 도전했다. 지역산 조개, 새우, 오징어, 바닷가재, 게, 양파, 사프란, 마늘, 회향을 넣어 만든 요리는 획기적이었다. 게다가 타워는 메뉴에 생산자의 이름을 넣자고 제안한 사람이 자신이었다고 주장했다. 그가 셰파니스에서 일하던 후반

 부에 나왔고 아직도 남아 있는 메뉴로 '몬터레이 베이 새우'와 '캘리포니아산 거위'가 있다.

워터스가 반다나를 머리에 두른 완벽한 모습으로 조용히 식당 안을 걸어 다니며 부지런히 손님을 접대하는 사람이었다면, 타워는 좀 더 화려한 쪽이었다. 그는 주목받고 싶어 한다는 인상을 풍기든 말든 상관하지 않았다. 그는 주방에서도 활력이 넘쳤다.

1974년 셰파니스의 3주년 기념일에 타워는 유난히 축 늘어졌다. '다들 내게 샴페인을 사줘서 더 늘어졌다.' 훗날 그는 회고했다. 요리사가 기운이 없어 보인다는 말이 돌자 잠시 후 그는 허리 높이의 냉동고 앞으로 불려갔다. 웨이터가 그 위에 코카인을 으깨어 몇 줄을 만들어놓고 타워에게 돌돌 만 20달러짜리 지폐를 건넸다. '나는 당장 스토브 앞으로 돌아갈 수 있었다.' 주방 뒤편에 사람들이 줄줄이 늘어서 춤을 추었다. '그날 밤은 대성공이었다. 마약 덕분에 주방에서 장시간 일하는 게 가능했고, 그러다 다시 불가능해졌다.'

5년이 지난 1978년에 타워는 셰파니스를 떠났고, 워터스는 안도한 것 같았다. 그가 셰파니스에서 일하던 시기에 관해 워터스는 예의를 차리며 이렇게 말했다.

그때 나는 재료 구하는 역할을, 타워는 요리를 주로 맡아서 우리는 서로 잘 맞았다. 나는 항상 셰파니스가 작고 소박한 공간이 되기를 원했다. 그 이상을 바

잉글랜드의 엘리자베스 데이비드는 앨리스 워터스에게 영감을 주었고, 워터스는 다시 영국의 요리사 샐리 클라크에게 영감을 주었다.

란 적이 없고, 지금도 그 이상을 원하지 않는다. 타워는 음식에 대해 전혀 다른 견해를 가지고 있었다. 타워가 원하는 음식은…… 내가 만들지 않는 종류였다. 그때는 그래서 마음에 들었다.

8년이 지난 뒤 타워는 여러 곳에서 요리를 가르치고 요리도 하다가 스타스Stars를 차렸다. 스타스는 베이 지역에서 가장 잘나가는 레스토랑으로 발전했다. 그는 정치적 올바름이나 지구를 구한다는 사명에 얽매이지 않고 메뉴와 식당을 통해 자신의 화려한 면모를 발산했다. 부르댕 같은 요리사들에 따르면 타워가 제대로 요리사 대접을 받은 건 스타스에서였다고 한다. 부르댕은 이렇게 말했다.

타워는 레스토랑과 레스토랑 요리의 세계를 바꿔놓았다. …… 타워 이전에 요리사는 뒤에서 도와주는 역할이었다. 레스토랑에 오는 사람들은 요리사가 어떤 의견을 가지고 있는지, 요리사가 손님에게 어떤 요리를 선보이려 하는지에 딱히 관심이 없었다. 요리사는 손님에게 봉사하는 사람이었다. 하지만 이제는 제러미어 타워를 보려고 그가 운영하는 레스토랑에 사람들이 찾아왔다. 그의 궤도 안에 머물고 싶어서.

부르댕은 이어서 스타스에서 타워는 '주방을 오픈해서 요리사를 보고 싶은 사람은 누구나 들어갈 수 있는 레스토랑을 만들었다. 그전에는 누구도 레스토랑에서 요리사를 보고 싶어 하지 않았고 요리사의 의견 따위는 더더욱 듣고 싶어 하지 않았다. 스타스에서는 손님들이 그러기를 고집했다'고 말했다.

미국의 요리사와 음식에 관한 글을 쓰는 루스 라이클Ruth Reichl에 따르면 '스타스의 타워는 현대 미국의 레스토랑이 도달할 수 있는 새로운 경지를 보여주었다'. 타워는 요리를 마치고 나서 손님과 간단히 인사를 나누는 정도가 아니라 레스토랑을 파티장으로 만들었다. 그는 미국의 다른 도시에도 스타스 레스토랑을 차리고 해외로 나가 마닐라와 싱가포르에 분점을 내고 홍콩에 피크 카페Peak Café를 열었다.

타워는 고급 레스토랑 브랜드를 세계로 퍼뜨린 최초의 요리사 중 한 명이었다. 하지만 1990년대가 끝나갈 무렵 그는 사업체를 매각하고 새천년이 시작될 때는 요

요리사 제러미어 타워는 셰파니스를 떠나 메뉴와 레스토랑 모두에 화려함을 담은 레스토랑을 열었고, 그의 레스토랑에서는 요리사가 스타가 되었다.

식업계를 완전히 떠나 조용한 삶을 찾아 멕시코로 넘어갔다. 지금은 부드럽게 말하고 점잖고 재치 있는 재담꾼으로, 함께 식사하면 유쾌한 사람으로 살아간다. 사실 그의 어조와 태도는 앨리스 워터스와 크게 다르지 않다. 다만 타워가 달콤한 은퇴 생활을 누리면서 후진을 양성하는 데 반해, 앨리스 워터스는 사회운동을 멈추지 않았다.

워터스는 분점을 낸 적이 없지만, 농산물 직판장과 유기농 농산물에 대한 열정으로 전국에서 새로운 현상을 일으켰다. 엘리사 앨트먼은 이렇게 적었다. '미국과 더 넓은 지역의 모든 도시에 농산물 직판장이 생기고, 유기농 농산물을 흔하게 구할 수 있게 되었다. 소규모 유기농 텃밭이 도심에서 교외 주거지의 텃밭으로, 백악관까지 퍼져나갔다.'

워터스가 가진 또 하나의 사명은 아이들의 마음을 사로잡아 아이들이 음식을 감사히 여기고, 나아가 농부가 되고 싶어 하게 만드는 것이었다. "아이들에게 먼저 다가가야 합니다." 워터스가 거대한 삼나무 그늘 아래서 말했다.

아이들에게 감당할 수 있는 비용과 책임감에 관해 가르칠 수 있습니다. 유치원에서 음식을 소개해야 합니다. 셈을 가르칠 때 과일을 이용하고 미술 시간에는 음식을 그리게 하고 연극 수업에서는 요리하는 연기를 가르쳐야 합니다. 음식은 삶의 근간이자 지구 생명의 근간입니다. 이보다 더 중요하게 가르쳐야 하는 것은 없습니다.

워터스는 1995년에 에더블 스쿨야드 Edible Schoolyard (먹을 수 있는 학교)를 만들었다. '유기농 텃밭과 풍경을 조성해 교과과정과 문화와 음식 프로그램을 완전히 통합하는' 이 학교는 2019년 현재 32개국에서 운영되고 있다. 패스트푸드를 영속시키는 거대 기업을 비판하고 수치심을 안겨주겠다는 사명은 70대 중반을 바라보는 나이에도 여전히 수그러들 기미가 보이지 않았다. "이 일이 힘든 이유가 있어요. 패스트푸드 산업은 돈을 쌓아놓고 상상을 초월하는 방식으로 로비를 펼치며 상·하원 의원들에게 영향을 미치기 때문이에요. 무서운 일이죠." 그녀는 여러 번 오바마 대통령을 만날 기회를 얻어서 그의 귀에 단 세 마디를 속삭이곤 했다. "학교. 무상. 급식."

패스트푸드 먹는 것을 자랑으로 떠벌리는 대통령이 통치하던 트럼프 시대에 워터스의 로비 활동은 더욱 험난해졌다. 사실 워터스가 실제로 변화를 일으켰는지 의문이 들 수도 있다. 워터스가 살고 있는 버클리 인근 학교에서조차 그녀의 기준에 맞는 음식을 제공하지 않으니 말이다.

2020년에 미국의 패스트푸드 산업은 2,230억 달러 이상의 가치가 있는 것으로 전망된다. 프랜차이즈 패스트푸드점 수가 지난 10년간 2만 8,000배 증가했다.

하지만 제철 식품, 지역산 농산물, 소박한 식품, 함께 나누는 음식을 먹어야 한다는 워터스의 열정적인 메시지는 세계적으로 반향을 일으켰다. 2014년에 〈타임 Time〉은 워터스를 세계에서 가장 영향력 있는 인물 중 한 명으로 꼽았다. '셰파니스가 우리 시대의 가장 영향력 있는 레스토랑이라는 데는 이견이 없지만 워터스의 유산은 그 이상으로 확장된다. 워터스는 요리사의 힘을 증명하고 열정적인 한 사람이 한 나라의 식습관을 바꿔놓을 수 있다는 것을 보여주었다.'

워터스의 제자 중 셰파니스의 주방에서 일한 적은 없지만 파리의 르코르동블루 Le Cordon Bleu 에서 공부하고 1979년 말리부에서 일자리를 구한 영국인 요리사가 있다. 샐리 클라크라는 이 요리사는 셰파니스를 알고 있었고, 말리부에 자리를 잡자 한 두 주 후 테이블을 예약하고 오클랜드 공항으로 날아가 곧장 셰파니스로 향했다.

그 레스토랑의 손잡이를 잡은 순간 나는 마법에 걸렸다. 그곳에는 내가 열두 살인가 열세 살 때부터 꿈꿔온 광경이 펼쳐졌다. 내 생각에 레스토랑을 운영하는 유일한 방법은 집에서 식사를 준비하듯이 요리하는 것이다. 그러니까 텃밭이나 시장에서 최상의 재료를 골라서 가장 적절한 요리를 정하는 방식으로 메뉴를 짜는 것이다.

클라크는 셰파니스에 들어가 자리를 잡고 바닷가의 석양이 실내로 스며들 때 그녀의 인생을 바꿔놓은 종이 한 장을 받았다. 선택권이 없는 메뉴판이었다. '이런 아이디어가 실제로 통할 수 있음을 목격했고, 런던에서 시도해볼까 하는 생각이 들었다.'

이후 몇 달에 걸쳐 클라크는 쉬는 주말마다 비행기를 타고 오클랜드 공항으로 날아가 곧장 셰파니스로 향했다.

'거기서 점심과 저녁을 먹고, 또 점심과 저녁을 먹었다. 계속 먹기만 했다. 셰파니스에서 일한 적은 없고 가만히 앉아 있었다. 주변 사람들을 모두 그 레스토랑으로 데려갔다. 내가 머물고 싶은 단 한 곳이었다.'

샐리 클라크는 1984년에 런던 노팅힐에 클락스Clarke's를 열었다. 그리고 이 레스토랑은 영국의 많은 젊은 요리사와 함께 또 하나의 혁명을 일으킨다. 하지만 이번에는 지극히 영국적인 사건이 될 터였다. 그곳에는 클라크와 함께 로울리 리, 앨러스테어 리틀, 사이먼 홉킨슨이라는 청년이 있었다. 루 형제와 그들의 고급 레스토랑이 지배하던 프랑스 점령기(제14장 참조)가 저물고 런던은 이제 완전히 새로운 무언가를 맛보게 되었다.

16

요리의 장르가 뒤섞이다

1987

요리사 사이먼 홉킨슨은 디자이너이자 레스토랑 경영자인 테런스 콘랜과 함께
런던에 비벤덤을 열었다. 주방에서는 주로 프랑스 요리를 만들지만
레스토랑의 분위기는 여느 프랑스 레스토랑과 전혀 달랐다. 편안하고 딱딱하지 않고
활기찼다. 홉킨슨은 대처의 능력주의 시대가 전성기에 이른 시기에
요식업에 종사한 새로운 유형의 요리사였다. 외식은 영국인의 진지한 취미가 되어
또 하나의 현상을 만들었다. 바로 레스토랑 홍보이다.

서른두 살의 요리사 사이먼 홉킨슨이 런던 서쪽의 레스토랑 일레흐Hilaire의 주방에서 일할 때 그의 인생을 바꿔놓은 쪽지 한 장이 도착했다. 테런스 콘랜에게서 온 것이었다. 홉킨슨은 올드 브롬튼 로드의 작은 레스토랑에서 점심 장사를 마치고 잠시 숨을 돌리다가 쪽지를 펼쳤다. 쪽지에는 작은 스케치가 있고 그 아래에 두 단어가 적혀 있었다. 몸이 타이어가 쌓인 모양으로 둥글둥글한 미슐랭의 남자 몽슈 비벤덤Monsieur Bibendum을 그린 연필 스케치였다. 그 아래에 '나 따냈어요'라고 적혀 있었다.

홉킨슨은 흥미진진한 일이 벌어질 것을 예감했다. 그리고 몇 달 후 비벤덤이 문을 열었다. 콘랜은 홉킨슨을 주주로 만들었고, 그의 레스토랑은 사우스켄싱턴에서 재개발된 미슐랭 건물에 있었다. 콘랜이 경쟁해서 그 자리를 차지한 것이다. 타이어 회사인 미슐랭의 영국 본사이자 1911년에 타이어 창고로 문을 연 이곳은 당시로서는 새로운 건축자재인 콘크리트로 지어진 장식적 건축물이었다.

1985년에는 건물이 더 이상 타이어 회사와 어울리지 않았다. 매물로 나오자 런던에서 가장 세련된 구역에 위치한 이 건물에 눈독을 들이는 사람이 많았다. 콘랜은 경쟁에 뛰어들었고, 출판업자인 폴 햄린Paul Hamlyn도 마찬가지였다. 두 사람은 친구

이지만 각자 어떤 야망을 품고 있는지 숨기고 있던 터라 처음에는 서로 경쟁하는 줄도 몰랐다. 둘은 결국 그 사실을 알고 뜻을 모아 다른 입찰자들을 물리치기로 하고 800만 파운드에 낙찰받았다. 그러고는 건물을 개조해 햄린의 출판사가 들어가고 콘랜의 가게와 바와 레스토랑이 들어가기로 했다.

콘랜은 일레흐에서 요리사 홉킨슨을 만난 적이 있었다. 그는 홉킨슨의 팬이 되어 매주 일레흐에서 식사하며 홉킨슨과 친분을 쌓았다. 어느 날 저녁, 가벼운 대화 중에 홉킨슨이 콘랜에게 물었다. "내 레스토랑을 차리고 싶은데, 날 도와주겠습니까?" 마침 새 레스토랑을 열고 싶었던 콘랜에게는 손쉬운 결정이었다.

홉킨슨은 어릴 때 수줍음이 많은 소년이었다. 노래를 잘 부르고(옥스퍼드 세인트 존 칼리지 스쿨에 다닐 때 성가대원이었다) 랭커셔의 버리에서 치과 의사인 아버지와 교사인 어머니 사이에서 두 아들 중 하나로 태어났다. 학창 시절에 그는 방학 동안 버틀의 프랑스 레스토랑에서 일했고, 스무 살 때는 웰시 펨브룩셔 해안가의 피시가드 근처에 테이블 다섯 개가 들어갈 정도의 더 셰드The Shed라는 레스토랑을 열었다. 그러다 에곤 로네이(제14장 참조)의 눈에 띄어 별을 받았고, 이후 런던으로 가서 일레흐에 들어간 것이다.

홉킨슨은 자기 일을 제대로 해내는 데 집착하면서 자신감을 키웠다. 샌프란시스코에 있는 스타스 레스토랑에 가보고 제러미어 타워(제15장 참조)에게서도 영감을 얻었다. 홉킨슨은 30년 후 이렇게 회고했다. '그에게 반했다. 그는 프랑스 전통 요리를 사랑했고, 대담하고 화려한 요리사이자 약간의 스타이기도 했고, 나는 그가 동성애자인 것도 알았다.' 홉킨슨의 유명한 저서 『로스트치킨과 여러 이야기Roast Chicken and Other Stories』(요리사 린지 베어햄Lindsey Bareham과 함께 쓰고 1994년에 처음 출간된 책)에서 처음에 소개하는 레시피는 '제러미어 타워의 몽펠리에 버터'다. 타워에 대한 경의이기도 하고 그 자체로 훌륭한 요리이기 때문이다.

하지만 1987년 11월에 비벤덤이 문을 열었을 때 런던의 레스토랑 단골이 홉킨슨의 메뉴를 대충 보았다면 한숨을 쉬었을지도 모른다. 요리 목록이 길고 대부분 프랑스어로 적혀 있었다. 수프 드 푸아송soup de poisson, 엉디브 오 그라탱endives au gratin, 에스카르고 드 부르고뉴escargots de Bourgogne, 어프 앙 므레트oeufs en meurette, 풀렝 드 브레

홉킨슨과 콘랜의 비벤덤은 영국의 새로운 능력주의 계층에 특이한 프랑스 부르주아의 요리를 선보였다. 얼마 후 비벤덤은 런던에서 가장 앞서가는 레스토랑이 되었다.

세 로티poulet de Bresse rôti, 소테 드 보 오 모리유sauté de veau aux morilles가 있었다. 런던이 여전히 프랑스에 비굴하게 굽실거린 걸까? 당대 최고의 디자이너 중 한 명이 문을 연 완전히 새로운 레스토랑에서도?

하지만 메뉴가 거의 프랑스어로 적혀 있어도 ('게살 마요네즈', '셀러리 수프 크림', '갈릭 버터로 구운 바닷가재' 같은 영국 요리가 몇 가지 있긴 했지만) 음식은 전혀 달랐다. 결코 최고급 요리라고 할 수 없었다. 콘랜과 홉킨슨은 비벤덤에서 어떤 음식을 팔지에 관해 충분히 상의했을 뿐 아니라 프랑스로 답사도 다녀왔다. 그들이 가본 어느 레스토랑은 미슐랭 별 세 개짜리였는데, 모두 섬세하고 예쁜 가니시garnish로 장식한 다채로운 요리를 팔았다. "이런 구닥다리에 조그만 음식은 못 참겠어." 콘랜이 말했다. 비벤덤은 완전히 달라야 했다. 강렬하면서도 정통성이 있고, 홉킨슨의 표현을 빌리자면 '강렬한 프랑스 부르주아의 브라세리 요리'여야 했다.

비벤덤 안에는 빛이 가득 들어왔다. 천장이 높고 창문이 커서 '부산하고 요란하고 유쾌하고 전혀 딱딱하지 않은' 공간이었다. 홉킨슨은 이런 분위기를 굳히기 위해 존 데이비John Davey를 지배인으로 스카우트했다. 따라서 손님이 들어서자마자 굽실거리며 비위를 맞추고 아부하는 프랑스인이나 이탈리아인이 아니라 다정하고 사교적인 영국인이 맞아준다.

'그는 편안하면서도 똑똑했다.' 홉킨슨이 말했다. 데이비가 있으니 무거운 분위기가 온화해졌다. 하지만 사치스러우면서도 편안해서 이내 런던의 신흥 부자 세대의 단골 레스토랑이 되었다. 패션과 디자인, TV와 정치계 사람들이 모이는 레스토랑이 되었다. TV 진행자 데이비드 프로스트 같은 사람에게는 지정석이 따로 있을 정도였다. 이 레스토랑의 즐거움 중 하나는 입구의 안내 데스크에서 테이블로 가는 길이었다. 데이비는 손님을 예약된 자리로 안내하면서 거의 모든 테이블에서 친구들과 인사하느라 걸음을 멈추어야 했다.

비벤덤은 루 형제(제14장 참조)의 레스토랑과 전혀 달랐다. 르가브로슈와 워터사이드인은 더 고급스럽고 조용한 분위기였다. 요리도 훨씬 더 아름답고 섬세했다. 그래도 홉킨슨은 여전히 루 형제에게 의지했다. 특히 공급업체에 관해서라면. 홉킨슨에게 필요한 대부분의 재료는 루 형제가 설립한 공급업체를 통해서만 구할 수 있었다. 가금류와 퍼프 페이스트리(밀가루 반죽에 유지를 넣어 많은 결을 낸 페이스트리 - 옮긴이)부터 그물버섯(영국의 페니번, 이탈리아의 포치니)과 특정 채소에 이르기까지 비벤덤과 당시 다른 좋은 레스토랑이 루 형제에게 의존했다.

홉킨슨은 디저트도 다르게 만들었다. 그는 영국인들이 최고로 잘하는 디저트인 푸딩에 집중했다. 그래서 메뉴에는 퀸 오브 푸딩(푸딩의 여왕)과 찐 생강 푸딩이 있었다. 타르트 피네 오 폼므tarte fine aux pommes(정통 프랑스식 사과파이)와 초콜릿 피티비에 같은 프랑스식 디저트도 있었다. (홉킨슨이 초콜릿 피티비에를 맛본 건 프랑스 남서부에서 외제니레뱅에 있는 요리사 미셸 게라드Michel Guérard의 레스토랑에서였다. 홉킨슨은 '레시피를 알려달라고 하자 그 요리사는 그저 할 말을 잃었다'고 적었다. 홉킨슨은 런던으로 돌아와 혼자서 만들어보고는 나중에 '결국 내 요리가 더 맛있었다'고 단언했다.)

이렇게 장르를 섞는(프랑스 브라세리와 영국의 전통적인 최고의 요리를 편안한 분위기의 웅장한 레스토랑에서 제공하는) 자신감은 완전히 새로운 것이었다. 그리고 런던은 그것을 사랑했다. 콘랜은 동업하여 만든 레스토랑을 둘러보며 그가 영국의 능력주의 계층에 요리를 제공하는 방식을 한껏 즐겼다. 마거릿 대처Margaret Thatcher가 내리 세 번을 선거에서 승리하고, 특히 두 번을 압도적 표차로 이긴 지 불과 몇 달 지나지 않았을 때였다. 비벤덤은 단숨에 런던 서쪽 구역의 가장 고급스러운 레스토랑이 되었다. 유명 인사들이 사람들의 눈에 띄고 싶어서가 아니라 정말로 원해서 비벤덤을 찾았다. 홉킨슨은 알렉 기네스Alec Guinness, 로렌 바콜Lauren Bacall, 앨런 베넷Alan Bennett이 함께 식사하는 장면을 떠올렸다. 훗날 그는 이렇게 적었다.

런던 사람들의 입맛이 바뀌고 있었고, 특별한 시도를 해볼 만한 최적의 기회가 주어졌다. 우리는 완전히 새로운 것을 창조하고 싶었다. 파리 브라세리의 편안한 분위기와 고급스러운 메이페어 호텔에 있는 콘너트 같은 레스토랑의 까다롭고 우아한 격식 사이의 어딘가를 만들어내고 싶었다. 내게도 분수령이 된 순간으로, 내가 처음으로 진지하게 미식의 사다리에 오른 순간이었다.

비벤덤이 성공하자 콘랜은 자신감을 얻고 런던 각지에 레스토랑 여러 개를 열었다. 비판적이던 사람들이 극찬하기 시작했다. 홉킨슨이 '유럽식'이라는 말의 명성을 되살려 복원한 데 감동한 사람이 많았다. 사실 전후 시대에 이 말은 오로지 음울한 의미만 안겨주었다. 홉킨슨은 자신의 요리를 '지극히 유럽적인 것'으로 제안하면서도 스파게티와 감자튀김(제14장 참조)을 끼워 넣는 만행을 저지르거나 당시로서는 이국적이던 아보카도와 프렌치드레싱을 넣었다.

그의 메뉴에는 테트 드 보tête de veau(송아지 머리), 곱창(소나 양의 위), 머스터드소스를 곁들인 토끼고기와 부댕 블랑boudin blanc(돼지고기 백소시지)이 있었다. 피시 앤 칩스도 팔고, 일요일에는 로스트비프도 팔았다. 〈가디언〉의 평론가 폴 레비Paul Levy는 비벤덤의 요리에 감탄하면서 '복고풍 미식, 복고풍의 세련된 프랑스 비스트로 요리 : 청어, 삶은 엔다이브, 분홍색 구운 송아지고기, 초콜릿 피티비에, 음……'이라고 적었다. 한편 주방에는 젊은 영국인 요리사들이 있었다. 헨리와 매튜 해리스Henry & Matthew Harris 형제, 필 하워드, 브루스 풀Bruce Poole이 있었고, 이들은 모두 훗날 각자의 레스토랑을 차리고 영국 요리계에 새로운 혁명을 일으켰다.

마침내 영국인 요리사가 런던의 고급 레스토랑을 이끌었다. 게다가 그 혼자가 아니었다. 비슷한 길을 걷는 또 한 명의 영국인이 앨러스테어 리틀이었다. 그는 1985년에 소호에서 자신의 이름을 내건 레스토랑을 열었다. 케임브리지를 졸업한 그는 엘리자베스 데이비드의 레시피에 푹 빠졌다. 그는 테이블에 식탁보를 씌우지 않고 종이 냅킨을 제공하고 가볍고 신선하고 소박한 음식을 선보이며 '현대 영국 요리의 대부'라는 명예를 얻었다.

로울리 리는 루 형제에게 훈련받았고, 역시나 엘리자베스 데이비드를 선망하는 요리사였다. 그는 비벤덤이 문을 연 해에 런던 노팅힐에서 켄싱턴 플레이스Kensington Place라는 레스토랑을 열었다. 켄싱턴 플레이스는 비벤덤처럼 널찍하고 한쪽 벽 전면의 통유리창 너머로 켄싱턴 처치 스트리트의 상단이 내다보였다. 리는 닉 스몰우드Nick Smallwood와 사이먼 슬레이터Simon Slater라는 요리사와 힘을 합쳤다. 르가브로슈에서 요리를 시작한 리는 루 형제의 런던 레스토랑인 르폴보Le Poulbot의 주방장이 되었고, 런던 요식업계를 둘러보다가 고급 레스토랑이나 가성비가 좋은 식당만 있다는

요리사 앨러스테어 리틀은 로울리 리, 사이먼 홉킨슨과 함께 영국 요리계 스타들의 '성 삼위일체'를 이루었다.

점을 포착했다. '런던 어디에도 고급 레스토랑을 지향하지 않는 레스토랑이 없었다.'

리의 메뉴에는 간단한 오믈렛(엘리자베스 데이비드의 레시피로 요리), 그의 독창적인 '닭고기와 염소치즈 무스', 옥수수 팬케이크에 신선한 푸아그라를 통째로 부쳐서 올린 요리, 소시지와 으깬 감자가 포함되었다. 혁신적이고 대중적이고 흥미로웠다. 켄싱턴 플레이스는 믿기지 않을 만큼 소란스러웠고, 고객 구성이 비벤덤과 비슷하지만 위치 덕에(켄싱턴 궁에서 걸어서 갈 수 있는 거리에 있었다) 한쪽 끝에서 다이애나 황태자비가 식사하고 반대편 끝에서는 근처의 〈데일리 메일 Daily Mail〉 기자들이 식사하곤 했다.

BBC 라디오의 프로듀서이자 음식 작가인 댄 살라디노Dan Saladino는 켄싱턴 플레이스가 '영국 레스토랑 역사에서 사람들의 입에 가장 자주 오르내리는 식당'이라고 평했다. 1980년대 말에 켄싱턴 플레이스의 주방에서 일한 요리사 캐스 그래드웰Cath Gradwell은 이 레스토랑의 메뉴를 한마디로 '용감하다'고 평했다. '누구도 메뉴에 감자튀김을 넣고 성공할 수는 없었을 것이다. 하나의 혁명이자 변화가 일어난 순간이었다.'

하지만 1984년에 리의 노팅힐 레스토랑 건너편에 클락스가 문을 열었다. 샐리 클라크가 셰파니스(제15장 참조)에서 점심과 저녁을 줄기차게 먹어보고 영감을 얻어 셰파니스의 단일 메뉴를 가져왔다. "저는 채소, 허브, 샐러드에서 영감을 얻어요. 그

241

래서 오전 7시 30분에서 8시 사이에 출근해서 어떤 재료가 있는지 보고 머릿속으로 메뉴의 균형을 결정해요."

클라크도 앨리스 워터스처럼 체인은커녕 분점도 내지 않았다. 셰 파니스는 변함없는 영감의 원천이었다. 언젠가 클라크는 이렇게 말했다. "셰파니스는 세계 최고예요. 그곳의 정신과 그곳에서 일하는 사람들과 그곳을 지지하는 사람들과 서로 주고받는 사랑까지. 저는 날마다 그런 정신을 추구해요. 앨리스가 항상 제 어깨에 앉아 있어요. 요리를 만들 때마다 앨리스가 좋아할지 제 자신에게 물어봐요." 실제로 2014년 클락스의 30주년을 기념하여 앨리스 워터스가 런던에 와서 1주일간 그곳 지배인 역할을 해주기도 했다.

1980년대 후반에 켄싱턴 플레이스와 앨러스테어 리틀과 클락스와 비벤덤 사이에는 중요한 차이가 있었다. 바로 가격이다. 홉킨슨 자신도 '비벤덤은 무척 비싸다'고 인정했다. 작가이자 레스토랑 경영자인 니콜라스 랜더Nicholas Lander는 이렇게 적었다. '당시 나는 둘이서 저녁을 먹는 데 100파운드 이상 지불해야 한다는 말에 겁을 먹었다.'

홉킨슨은 가격이 비싼 이유는 비용 때문이라고 해명했다. 그들은 종업원을 많이 고용하고(약 90명) 재료를 아끼지 않았다. 고급 요리 전문점이 아닌 레스토랑에서 이렇게 높은 가격을 청구할 수 있다는 데 놀랄 수도 있지만, 사실 사업에는 손해가 아니었다. 어쨌든 해리 엔필드Harry Enfield의 '로자머니Loadsamoney'라는 캐릭터(돈을 많이 벌었다고 떠벌리면서 대처 정부의 정책을 비아냥거리는 캐릭터 - 옮긴이)가 영국의 스크린을 장악하던 해였으니…….

헨리 해리스는 동생이 비벤덤에 남아 있는 동안 나이츠브리지에 라신Racine이라는 비스트로를 열었다. 그는 홉킨슨과 리와 리틀을 '성 삼위일체'와 같은 사람들이라고 일컬었다. 세 사람은 점잖은 요리사이기도 했다. 홉킨슨은 그의 주방에서 '처음에는 다소 고성이 오갔지만' 그와 전혀 다른 부류인 마르코 피에르 화이트가 젊은 요리사들에게 퍼붓는 폭언과는 비교할 수 없다고 말했다. 화이트는 같은 해에 강 건너 도시 반대편의 원즈워스 커먼에서 하비스라는 레스토랑을 열었다(제14장 참조).

화이트의 제자 고든 램지는 그만의 레스토랑 제국을 건설하면서 거친 주방 분위기를 예술로 승화시켰다. 램지가 욕설을 퍼붓는 모습에서 영감을 받아 TV 프로그램까지 제작되었다. 램지는 이렇게 쌓인 명성으로 레스토랑을 열었다. (항상 성공하지는 않지만) 명성이 손님을 끌어들이는 데 도움이 된다는 원칙을 따른 것이다. 반면에 홉킨슨은 요리사들에게 진정성과 맛과 정석대로 요리하는 자세의 중요성을 강조했다. 그는 요리사들에게 그가 멘토로 삼은 엘리자베스 데이비드와 프랑스의 음식작가 리처드 올니Richard Olney의 책을 읽도록 권했다.

마르코 피에르 화이트가 덥다고 투덜대는 요리사의 셔츠를 찢고 앞치마를 벗기는 데 반해, 해리스가 전하는 홉킨슨은 이러했다. '그가 나를 앉혀놓고 리처드 올니의 책에서 육수 만드는 법을 찾아 읽어준 기억이 난다.' 홉킨슨은 이렇게 말했다. '나는 어떤 사람을 이해하고 그 사람이 똑똑하다는 생각이 들 때 그에게 문제를 고민하고 아이디어를 내도록 이끌어준다. 그럴 때 행복하고 흥분된다.'

로울리 리는 자신의 요리법을 '치료'라고 말했다. 하지만 그 역시 정확하고 올바른 행동에 집착했다. 그는 직원들만 질책한 게 아니었다. 그는 레스토랑에서 소란을 피우는 손님이 있으면 이튿날 주방 위에 있는 자신의 사무실로 불러 고약한 행동을 호되게 나무랐다. 반면에 앨러스테어 리틀은 요리사라기보다 푸근한 교사 같은 수염을 기르고 안경을 쓰고 장난스러운 표정을 잘 지었다.

홉킨슨과 마르코 피에르 화이트는 스타일이나 기질이나 요리사 교육의 측면에

마르코 피에르 화이트의 제자 고든 램지는 스승의 주방에서 벌어지던 무자비한 만행을 돈벌이가 되는 예술로 승화시켰다.

서 여러모로 정반대인 인물이지만 둘 사이에는 연결고리가 있었다. 바로 요리사를 불 앞의 노예에서 스타로 승격시켜준 앨런 크롬튼 배트Alan Crompton-Batt라는 사람이다. 홉킨슨은 1970년대 말에 에곤 로네이 안내서의 조사관으로 일하다가 개인 요리사가 되었다. 그때 조사관으로 같이 일하던 앨런 크롬튼 배트는 대걸레 같은 노랑머리가 눈을 덮어서 재킷에 넥타이까지 매고도 후줄근해 보이는 남자였다.

크롬튼 배트는 음식과 술에 관해 말할 때 한껏 들떴다. 두 사람이 친해져서 한동안 같이 살았다는 게 놀랍지는 않다. 1970년대에 음악계에서 일하면서 사이키델릭 퍼스Psychedelic Furs라는 밴드를 비롯해 펑크 밴드의 매니저로 일하던 크롬튼 배트는 더 좋아하는 분야인 요리에 뛰어들기로 했다. 그의 미각은 페낭의 영국인 기숙학교에 다닐 때 깨어났다. 그의 가족은 영국 공군이던 아버지를 따라 싱가포르에서 살았다.

그는 로네이의 실기 시험을 통과하고 20대 중반에 전국을 여행하면서, 먹으면서 돈 버는 일을 시작했다. 그는 좋은 레스토랑이 되는 요인이 무엇이고 최고의 레스토랑은 어떻게 운영되는지를 터득했다. 그렇게 몇 년이 지나자 하루에 두 번 먹는 것이 고역으로 느껴지고 (사람들과 어울리기 좋아하는 사람으로서) 혼자 식사하는 것을 견딜 수가 없었다. 그래서 그는 케네디 브룩스Kennedy Brooks라는 레스토랑 기업에 입사해 처음에는 레스토랑 관리자로 일하다가 나중에는 마케팅 담당자로 일했다. 그는 이 기업에서 틈새를 개척하여 기자들의 비위를 맞추며 이 회사 소유의 레스토랑에서 식사를 대접했다.

그는 회사 경비로 기자들을 접대하고 주방에서 일하는 사람들을 띄워주었다. 그는 사이먼 홉킨슨의 성공에도 자신의 공이 있다고 자부했다. 홉킨슨에게 레스토랑을 그만두고 일레흐에 들어가 일하라고 제안한 사람도 그였다. 홉킨슨이 테런스 콘랜의 눈에 띈 것도 일레흐이며, 아마도 크롬튼 배트가 연결했을 것이다.

얼마 후 크롬튼 배트는 직접 사업을 시작하기로 했다. 그리고 앨런 크롬튼 배트의 홍보로 체크무늬 바지를 입은 조용한 주방의 예술가들이 영국의 고급 잡지를 장식하기 시작했다. 오늘날에는 수많은 홍보회사가 앞다투어 런던과 영국의 레스토랑과 요리사들을 언론에 알리려 한다. 1980년대 중반부터 말까지는 크롬튼 배트의

ACBPR이 이 분야를 석권하다시피 했다.

크롬튼 배트는 끊임없이 젊고 예쁜 조수를 두었다. 그의 아내이자 동업자인 엘리자베스는 (1995년에 이혼하기 전까지) 그에 대처해야만 했다. 조수들은 '배트의 여자들Battettes'이라고 불렸다. 이들은 거의 다 금발이었고, 크롬튼 배트도 원래 옅은 머리색이지만 더 짙은 금발로 염색하기로 했다. 1980년대였다. 그는 뉴로맨틱풍의 긴 머리와 정장에 어울리는 흰색 BMW를 구입했다. '그는 그 차를 몰고 여러 약속 장소로 때로는 이리저리 추월하며 급히 달렸다.' 영국의 레스토랑 평론가 페이 매슐러Fay Maschler가 2004년에 크롬튼 배트가 쉰 살의 나이로 일찍 세상을 떠난 후 그를 회고하며 쓴 글이다.

기자들은 크롬튼 배트의 점심 초대에 기꺼이 응했다. 그런 자리는 길고 매우 유동적이고 물론 공짜였다. 그래서 기자들은 크롬튼 배트가 그의 고객들을 스타로 만들어주는 작업에 기꺼이 동조하여 신문 증보판과 가십난에 기사를 써주었다. 그런 스타 중 한 명이 마르코 피에르 화이트였다. 화이트는 르가브로슈에서 일하던 시절에 크롬튼 배트를 처음 만났고 훗날 그를 이렇게 기억했다.

'나는 매일 밤 킹스 로드를 따라 집으로 걸어가면서 크롬튼 배트가 지배인으로 일하던 케네디라는 브라세리 앞에 멈추었다. 우리는 자주 대화했고, 그가 르가브로슈와 알베르와 레스토랑 사업 전반에 관해 들려주었다. 우리는 좋은 친구가 되었다.' 화이트는 크롬튼 배트의 요리에 대한 해박한 지식과 열정에 놀랐다. '크롬튼 배트는 요리에 사로잡혀 있었다. 자기가 먹은 요리와 그 요리를 먹은 장소를 사진처럼 정확히 기억했다.'

크롬튼 배트가 아내 엘리자베스와 함께 사업을 시작할 때 화이트는 누구보다도 먼저 그 소식을 들었다. '그는 내가 만난 누구보다도 다정했다. 내가 하비스를 열 때 그는 아무런 대가도 바라지 않고 홍보해주었다. 그는 내게 청구서를 내민 적이 없었다.' 또한 그는 '내가 요크셔에서 막 벗어난 열아홉 청년일 때부터 날 믿어주었다. 그는 내가 영국인 최초로 별 세 개를 받는 요리사가 될 거라고 말해주었다'.

ACBPR의 고객 중에는 까다롭기로 악명 높은 니코 래드니스Nico Ladenis가 있었다. 그리스 출신 레스토랑 경영자인 그는 고객이 소금을 달라는 식의 '범죄'를 저지르면 레스토랑에서 쫓아내기로 유명했다. 그는 손님이 그의 요리를 구부정하게 앉아 먹는 걸 몹시 싫어했다. 한번은 다소 지나치게 편안한 자세로 앉은 손님의 의자 다리를 걷어차면서 윽박질렀다. "내 레스토랑에서는 똑바로 앉아요!"

화이트가 래드니스 밑에서 일한 적이 있으니 분명 그에게 배웠을 것이다. 화이트가 좋아한 묘기는 '쉭'이라는 것이다. 그의 명령에도 손님이 떠나려 하지 않으면 웨이터들이 그 테이블로 가서 그릇과 날붙이류를 모두 치우고, 그런 다음에는 지배인이 최후의 일격으로 식탁보를 '쉭' 치워버린다. 하지만 언론에서 이러한 일이 대대적으로 다루어진 후 화이트는 쉭 조치를 중단했다. 사기꾼들과 술에 취한 친구들이 정말로 쫓겨나는지 보려고 찾아와 별짓을 다 하는 것을 알아서였다.

크롬튼 배트는 이런 불미스러운 일이 신문에 실리는 것을 막지 않았다. 〈텔레그래프〉에 실린 크롬튼 배트의 부고에는 이렇게 적혀 있었다.

기자가 어느 고객에 얽힌 소문을 확인해달라고 요청하면 크롬튼 배트는 이렇게 답할 것이다. "맞습니다. 그분은 이렇게 말할 겁니다." 그러면서 그 고객을 완벽하게 연기하면서 말투를 흉내 내고 연극조로 대사를 칠 것이다. 그리고 그는 그 고객이 자기가 언론에 말했는지도 기억하지 못할 거라고 진심으로 믿었다.

크롬튼 배트는 화이트를 영국 요리계의 스타로 만들어주었다. 사진작가 밥 카를로스 클라크Bob Carlos Clarke가 찍은 이미지도 화이트를 스타로 만들어주는 데 한몫했다. 화이트는 이렇게 말했다. "앨런이 레스토랑 홍보라는 것을 발명했어요. 그리고 밥과 함께 요리사에 대한 일종의 종교를 만들어냈지요." 크롬튼 배트가 이른 나이에 세상을 떠났지만 화이트는 그를 이렇게 기억했다. "그 친구는 내가 아는 누구보다도 미각이 뛰어났습니다. 훌륭한 요리사 같았지만 요리는 못했어요."

1980년대는 크롬튼 배트의 전성기였지만 이후에 홍보회사들이 생겼고(한때 '배트의 여자들'이었던 여자들이 만든 업체도 있었다. 그리고 이들 업체에서 일한 직원들이 다시 새로운 홍보회사를 차리는 식이었다), 요즘은 영국에서 어느 정도 잘되는 레스토랑은 거의 다 자체 홍보 책임자를 두고 있다.

레비는 이렇게 적었다. '앨런 크롬튼 배트는 영국 레스토랑 혁명의 선봉에 서 있었다. 레스토랑에서 외식이 여가 활동이 되고 요리가 일상의 노동이 아니라 취미가 된 현대인의 삶에 일조한 인물이었다.'

하지만 유행이 바뀌고 ACBPR의 금속성의 밝은 감색 정장과 황금 장신구도 한물가고 현란하던 1980년대도 저물었다. 1990년대에는 경제 한파가 몰아쳐서 요리사도, 레스토랑 주인도 홍보를 위해 점심을 대접하는 데 큰돈을 쓰려 하지 않았다. 오후 시간을 통째로 내어 술을 마시며 흥청거릴 수 있는 기자도 줄어들었다. ACBPR도 활력을 잃었다. 크롬튼 배트는 한때 이렇게 말했다. '모두에게 돈이 마르고 내게는 선택지가 사라졌다. 누군가에게 전화해서 해로우에서 오리로 엄청나게 재미난 요리를 할 거라고 말할 수 있는 시대가 아니었다. 어찌 보면 우리가 자초한 일이었다. 우리가 거품을 만들었고, 거품이 터졌다.'

하지만 크롬튼 배트 개인의 거품이 터졌는지는 몰라도 1990년대에도 특히 런던에 새로운 레스토랑이 속속 문을 열었다. 1994년에는 퍼거스 헨더슨Fergus Henderson의 세인트 존St John이 문을 열었고, 헤스턴 블루멘설Heston Blumenthal이 1995년에 브레이에서 팻덕Fat Duck을 열었고, 1998년에는 고든 램지가 첼시에서 레스토랑을 열었다. 1998년에 〈푸드 일러스트레이티드Food Illustrated〉라는 고급 잡지가 창간되면서 영국의 레스토랑과 요리사와 이들에게 공급하는 소규모 생산자의 새로운 시대가 열렸다.

세련된 잡지와 신문 증보판이 영국 요리계의 새 물결에 주목하고 1980년대와 1990년대의 '현대 영국 요리'를 정의하려 했지만 음식 작가와 평론가들이 간과한 레스토랑이 있었다. 바로 '인도 레스토랑'이라는 새로운 현상이었다. 음식 작가와 평론가와 레스토랑 조사관은 인도 레스토랑의 벽지를 조롱하고 그들의 음악 장르를 '커리 하우스 뮤직'이라고 비방할 만큼 우습게 여겼지만 실제로 영국에는 비벤덤보다 테이스트 오브 인디아Taste of India가 훨씬 많았다.

인도 레스토랑이 가장 빠르게 성장한 시기는 1980년과 2000년 사이로, 전체 점포 수가 3,000개에서 8,000개로 증가했다. 영국의 레스토랑 업계는 제2차 세계대전 이후 지리멸렬했지만 커리 하우스만큼은 크게 성공했다. 방글라데시인과 파키스탄인 이민자가 영국 전역으로 퍼져나가면서 소도시마다 인도 레스토랑이 하나만 생기는 게 아니라 몇 개씩 들어섰다. 역사학자 리지 콜링햄Lizzie Collingham은 『커리 : 요리사와 정복자의 이야기Curry: A Tale of Cooks and Conquerors』라는 책에 '레밍턴 스파에 관해 이야기할 때 커리 하우스가 먼저 떠오르지는 않는다'라고 적었지만 1975년에 레밍턴 스파에 간 사람은 커리 하우스를 다섯 개나 보았다. 일찍 앞서나간 장르였다.

인도 요리는 동인도회사(제10장 참조)로 인해 1800년대 초에 이미 런던에 등장했다. 사실 1811년의 〈타임스〉에는 '힌두스테인 커피하우스Hindoostane Coffee House'가 새로 문을 열었다는 광고가 실렸다. 동인도회사에서 퇴직한 관리들에게 '최고로 완벽한 인도 요리'를 제공하는 식당이었다. 영국령 인도 제국에서 고생하는 영국인들의 예민한 입맛을 달래기 위해 인도 곳곳에서 지극히 영국적인 클럽이 문을 열었던 시대를 생각하면(제9장 참조) 영광스러운 역설이다. 그 영국인들이 고국으로 돌아와 이국의 요리를 그리워한 것이다. 인도식 실내장식과 대나무를 엮어 만든 의자와 물담배와 커리는 이런 영국인 '관리들'을 화려한 옛 시절로 데려다주었다. 커리는 19세기의 요리책에 점점 더 많이 실렸고, 향신료와 처트니와 커리 페이스트를 파는 가게가 속속 문을 열었다.

하지만 현대적인 인도 레스토랑의 씨는 1940년대에 뿌려졌다. 런던에서 브릭 레인과 커머셜 로드 같은 곳에 방글라데시의 실헷 지방에서 건너온 선원들의 공동체를 지탱하는 카페가 성장한 것이다. 캘커타에서 출발하는 선박을 타고 끔찍한 항해를 견디고 가까스로 살아남은 선원들 다수는 사우샘프턴이나 카디프에서 하선하여 런던의 이스트엔드로 흘러 들어왔다.

1926년 리젠트 스트리트에서 문을 연 비라스와미Veeraswamy 같은 세련된 인도 레스토랑도 있었다. 1800년대 초의 인도풍 커피하우스와 마찬가지로, 이들 인도 레스토랑도 인도에서 일하다 은퇴한 사람들(전직 군인이나 관리)을 상대했고, 주로 실헷 출신의 선원과 그들의 가족을 고용했다. 실제로 이들은 사업에 뛰어들면서 제2차 세계대전 후 런던 곳곳에 흩어져 있던 폭격 맞고 버려진 카페를 사들였다. 중국과 그리스와 키프로스에서 온 이민자들도 이런 기회를 놓치지 않았다.

1950년대와 1960년대에는 영국의 크고 작은 도시에 인도 레스토랑이 늘어났고, 저렴해서 학생들이 자주 찾는 곳이 되었다. 결국 그저 방글라데시인으로 통칭되

영국에서 인도 레스토랑의 씨가 뿌려진 때는 1940년대였다. 방글라데시의 실헷 지방에서 건너온 선원들의 공동체에 음식을 제공하기 위한 카페가 런던 동부에 문을 열면서부터였다.

는 실헷 사람들은 인도에 거주한 적이 있는 영국인의 입맛에 맞추려 했지만 그들의 음식은 처음 접한 사람들에게도 인기를 끌었다. 아몬드를 뿌린 부드러운 코르마 커리, 레몬즙을 짜 넣은 매운 마드라스 커리, 색깔이 있는 필라프가 그러했다. 영국인의 입맛에는 버거웠지만 지나칠 정도는 아니었다. 콜링햄은 '인도 레스토랑은 음식이 빨리 나오는 저렴한 식당으로 손님을 끌었다'고 적었다. 이후에 맥주가 메뉴에 통합되었고, 포파덤과 처트니가 전채 요리가 되었으며, 볼티(고기나 채소로 만드는 파키스탄 요리. 보통 볼티라고 불리는 둥근 금속 냄비에 담겨 나온다 – 옮긴이)가 등장했다. 사실 이 중 어느 것도 인도에서는 보지 못했을 것이다.

　런던에서 게이로드Gaylord가 탄두르 화덕을 설치했을 때(1968년 『좋은 음식 안내서』에서는 '제대로 된 진흙 오븐'이라고 표현했다) 더욱 흥미진진한 상황이 벌어졌다. 콜링햄은 '인도 레스토랑의 음식은 인도 아대륙의 음식과는 별개로 나름의 생명력을 얻었다'고 적었다. 영국인들은 인도 커리를 자기네 음식으로 여기기 시작했고, 커리가 로스트비프만큼이나 주식이 되었다. 이후 다시 역사의 진자가 오가는 사이에 정통성 없이 조악하게 만든 영국식 커리 대신 인도 지역과 진정한 인도 요리를 선보이는 새로운 유형의 레스토랑을 낸 새로운 인도 요리사 세대가 등장했다.

　이렇게 성공한 요리사들 중 아툴 코차Atul Kochhar는 2001년 메이페어의 타마린

드Tamarind라는 레스토랑에서 인도인 최초로 미슐랭 별을 받았다. 그는 2019년에도 왕성하게 활동하면서 카니슈카Kanishka라는 레스토랑을 열었다. 이곳에서는 특히 인도 북서 지방(아루나찰프라데시, 아삼, 메갈라야, 마니푸르, 미조람, 나갈랜드, 트리푸라)의 음식을 팔았다. 이런 새로운 분위기가 런던 사람들에게는 별다른 의미가 아니었을 수 있다. 그래도 누구도 새로운 인도 레스토랑의 등장에 불평하지 않았다.

인도 레스토랑을 시작으로 2000년대에는 영국으로 지구상 거의 모든 지역의 음식이 들어오는 새로운 외식 열풍이 일어났다. 하지만 1980년대 영국 음식 혁명의 몇몇 주역은 앞치마를 벗어던졌다. 요리사로 오래 일해온 앨러스테어 리틀은 레스토랑 사업을 접고 런던의 웨스트본 그로브에 타볼라Tavola라는 매장을 열었다. '나는 요리를 준비하고 생산자를 상대하는 일을 좋아했다. 서비스는 길고 힘들고 지루했다. …… 음식을 접시에 담아 내보내는 과정도 그러했다.' 2003년 영국의 음식 작가 캐롤린 스테이시는 〈인디펜던트〉에 '사이먼 홉킨슨과 로울리 리와 리틀처럼 동시대의 글을 읽고 쓸 줄 아는 사람들은 (더 이상) 매일 밤 냄비와 팬을 달그락거리지 않는다'고 적었다.

홉킨슨도 끝없는 서비스의 압박이 지나치다고 여겼다. 비벤덤을 열고 7년 후 그는 레스토랑 주방 일을 완전히 그만두었다. 훗날 그는 이렇게 말했다. '모든 게 선을 넘었다. 나는 무너졌다. 끔찍하고 괴로웠다. 그걸로 끝이었다. 더는 그 일을 할 수 없었다. 나는 무서웠다. 손가락을 벨 것만 같았다.' 한편 리는 베이스워터에 카페 앙글레Café Anglais를 열었고, 이곳에서 그의 '닭고기와 염소치즈 무스'만큼이나 역사적인 요리, 즉 안초비 토스트에 곁들이는 파르메산 커스터드를 만들었다.

홉킨슨, 리, 리틀, 클라크는 영국의 외식 세계를 완전히 바꿔놓았다. 그들은 평론가로부터 박수갈채를 받고 신문 기사에서 찬사를 받았다. 하지만 그들이 관심을 가졌든 아니든 그들을 비켜간 한 가지가 있었다. 미슐랭 별…….

17

미슐랭 별,
그리고 셰프의 죽음

유명 요리사 베르나르 루아조의 자살은 프랑스와 전 세계의 레스토랑 업계에 충격을
안겨주었다. 요리사가 받는 중압감과, 특히 미슐랭 가이드 같은 안내서의 영향력과
레스토랑 평론가의 권력에 의문이 제기되었다. 결국 이들의 권력도 도전을 받는다.
블로그라는 새로운 현상 때문이다.

2003년 2월 25일 화요일 오후 4시경, 부르고뉴의 솔리유라는 소
도시의 고급 레스토랑. 식당 한쪽 구석에 젊은 여자가 앉아
있고 사람들이 그 여자를 둘러싸고 귀를 기울이며 그녀의 말을 수첩에 받아 적었다.
스테파니 게이어티Stéphanie Gaitey는 빨갛게 충혈된 눈가에서 눈물을 찍으며 숨을 깊이
들이마시고는 이렇게 말했다. "그분이 왜 그러셨는지 저희도 몰라요."

이 레스토랑의 역사에서 가장 비극적인 사건이 벌어진 이튿날 오후에 점심 장
사가 끝난 후 기자들이 직원들에게 질문을 던질 수 있었다. 게이어티는 프랑스에서
가장 유명한 요리사 중 한 명인 베르나르 루아조Bernard Loiseau의 정식 조수였다. 루아
조에게 훈련받기 위해 많은 젊은 요리사가 그의 주방으로 몰려들었다. 세계 각지에
서 손님들이 찾아와, 통나무를 때는 벽난로가 있고 아름다운 가구로 장식된 방에서
식사를 하며 머물렀다.

그 전날 루아조는 앞치마를 고이 접어놓고 아무에게도 방해받지 않고 의식과
도 같은 낮잠 시간을 보내기 위해 자신이 머무는 코트도르 호텔(그의 레스토랑이 있는 호
텔)의 방으로 올라갔다. 다만 그날은 낮잠을 잘 생각이 없었다. 그는 문을 걸어 잠그
고 의자에 앉아 총구가 자신을 향하도록 엽총의 위치를 잡았다. 그리고 방아쇠를 당
겼다.

요리사 베르나르 루아조가 미슐랭 별 세 개짜리 레스토랑을 운영하던 오텔 드 라 코트도르. 완벽에 대한 집착이 비극으로 막을 내렸다.

그를 발견한 사람은 아내 도미니크였다. 5시 15분경에 호텔과 레스토랑으로 돌아온 그녀는 방에 서류를 찾으러 들어간 터였다. 문이 꿈쩍도 하지 않아서 돌아가 다른 문을 열었다. 몇 년 전부터 자물쇠가 고장 나서 그냥 열리는 문이었다. 하지만 뭔가가 문을 막아서 세게 밀쳤고, 앞으로 평생 머릿속에서 지우려고 안간힘을 쓰게 될 장면과 마주했다. 그녀는 그를 발견한 사람이 자신이라서, 아이들이 아니라서 다행이라고 말했다. 그가 사용한 무기는 그녀가 선물한 것이었다.

그날 밤 미슐랭 별 세 개짜리 레스토랑의 저녁 시간은 순조로웠다. 10년쯤 지나 루아조의 주방장 패트릭 베르트랑Patrick Bertrand은 그날을 이렇게 떠올렸다. "우리는 그때까지 손님들을 맞이했어요. 손님들은 이튿날에야 소식을 들었어요. 우리는 연극을 하듯 계속 서빙을 했어요. 쇼는 계속되어야 하고 요리도 계속되어야 하니까요." 루아조의 아내는 손님들을 그냥 돌려보낼 수 없었다. 다들 몇 달 전부터 예약하고 멀리서 찾아온 손님이었다. "물론 그날 저녁 시간에도 서빙을 했어요. 우리는 행복을 파는 사람들이니까요." 이튿날 점심 장사도 비슷하게 치러냈지만, 그날 아침에 프랑스의 모든 TV 방송국에서 속보를 내보냈다.

화요일 저녁 시간 전에 레스토랑 앞에 줄지어 선 기자들이 안으로 들어갈 수 있었다. 루아조의 조수 게이어티는 기자들에게 해줄 말이 없었다. 눈물이 그렁그렁한 눈으로 고개만 저었다. 12년에 걸쳐 미슐랭 별 세 개를 받은 요리사가 왜 부르고뉴의 리옹에서 스스로 목숨을 끊었는지 게이어티가 말해주지 못했어도 루아조의 요리사와 친구들은 달리 의심할 것이 없었다. 미슐랭 별 세 개를 단 유명한 로베르주 뒤 퐁 드 콜롱주L'Auberge du Pont de Collonges와 브라세리 체인을 운영하는 폴 보퀴즈Paul Bocuse는 프랑스 일간지 〈르 파리지앵Le Parisien〉에서 그의 주방 사무실로 전화를 걸어오자 단도직입적으로 말했다.

"브라보, 고미요Gault Millau, 당신네가 이겼어요."

보퀴즈는 일요일에 친구 루아조와 마지막으로 통화했고, 루아조가 무척 괴로워

요리사 폴 보퀴즈는 친구의 죽음에 대해 프랑스의 〈고미요 가이드〉에 책임을 물으면서 "브라보, 고미요, 당신네가 이겼어요"라고 말했다.

했다고 전했다. 〈고미요 가이드Gault Millau Guide〉(레스토랑 평론가 앙리 고Henri Gault와 크리스티앙 미요Christian Millau가 1965년에 창간했다)가 (미슐랭 가이드만큼 유명하지는 않아도 상당한 영향력을 행사하는 잡지인데) 루아조에게 2003년에 출간할 예정인 책에서는 2점을 깎겠다고 통보했다는 것이다. 20점 만점에 기존의 19점에서 17점으로 내리겠다는 뜻이었다. 이어서 프랑스의 레스토랑 평론가 몇 명이 루아조의 소스가 예전만 못하다고 불평했다.

게다가 미슐랭이 그의 레스토랑에서 별을 하나 뺄지 고민 중이라는 소문까지 들려왔다. 루아조는 미슐랭의 높은 자리에 있는 인물을 만나는 자리에서 'Il n'y a pas de feu au lac(호수에 불이 없어요)'라는 말을 들었다. 소스에 특유의 풍미가 없다는 의미의 이 한마디에 위대한 요리사의 자신감이 무너진 듯했다. "난 끝났어, 난 전혀 잘하지 않아, 난 빵점짜리야." 그가 주방에서 그렇게 중얼거리는 걸 다른 요리사가 들었다고 했다. 이 회사의 재무이사인 베르나르 파브르Bernard Fabre도 심각하게 절망에 빠진 루아조를 보았다. "세 번째 별을 잃게 됐네. …… 그러면 돈도 잃고 파산해서 호텔도 빼앗기겠지." 루아조가 그에게 말했다.

그리고 며칠 후 프랑스 미식의 거장이 세상을 떠났다는 소식이 전해졌다. 루아조는 단지 전통적인 프랑스 요리를 만든 것만이 아니라 프랑스의 가장 훌륭한 요리 몇 가지를 세련되게 발전시켰다. 한 예로 마늘과 파슬리 소스를 곁들인 개구리 다리 요리는 단순하면서도 믿기지 않을 만큼 맛있었다. 개구리 다리를 버터에 튀기고 마늘을 넣고 일곱 번 정도 식혀서 잡내를 없애고 파슬리로 간단히 퓌레를 만들었다. 둥글게 펼친 초록색 퓌레를 중심으로 다리를 빙 둘러놓고 가운데에는 부드럽고 풍미가 좋은 마늘 소스로 작은 원을 만들었다. 고객은 손으로 다리를 집어 소스에 찍어 환상적이고 조화로운 맛을 즐겼다.

루아조는 그의 팀과 아내와 함께 오랜 시간에 걸쳐 꿈을 이루었다. 그는 아내에게 열다섯 살 때부터 언젠가는 별 세 개를 받는 요리사가 되겠다고 결심했다는 이야기를 들려주었다. "청년 시절에는 날마다 양말을 신으면서 '별 세 개를 받을 거야, 별 세 개를 받을 거야'라고 되뇌었지." 그는 세계에서 가장 맛있는 요리인 프랑스 요리를 가장 훌륭하게 만드는 요리사가 되었다. 그리고 세계 최고의 포도가 생산되는 부르고뉴 지방 초입의 가장 아름다운 정원 안에 아름다운 레스토랑과 호텔을 소유했다.

그는 1991년에 미슐랭 가이드의 나에겔렝M. Naegellen으로부터 전화를 받았다. "루아조 셰프님, 저희 다음 호에서 셰프님의 레스토랑에 별 세 개를 드린다는 소식을 알려드리려고 전화했습니다." 루아조는 전화를 끊은 뒤 아내를 부둥켜안고 "오늘이 내 인생에서 최고로 좋은 날이야"라고 말했다. 하지만 성공에는 대가가 따랐다. 루아조의 지배인이던 위베르 쿠이유Hubert Couilloud는 이렇게 말했다. '그분은 세 번째 별을 받고부터는 그 별을 잃어버릴까 노심초사했다.'

정신과 의사 라디슬라스 키스Ladislas Kiss 박사는 '루아조는 소박하면서도 멋지게 살 수 있다는 것을 몰랐다. 그는 완벽주의의 덫에 걸렸다'고 말했다. 물론 루아조는 일 중독자였다. 그의 아내 도미니크는 그가 단 하루도 쉰 적이 없었다고 말했다.

그이의 삶은 여기(레스토랑)에 있었지, 집에는 없었어요. 우리는 레스토랑 문을 닫은 적이 없어요. 그이는 취미를 가지려 하지도 않고 아이들(루아조가 사망할 때 열세 살, 열한 살, 여섯 살이었다)하고 많이 놀아주려 하지도 않아서 우리 가족은 함께 식사한 적이 많지 않았어요. 무척 힘들었지만 남편한테는 힘든 내색을 하지 않았어요. 그이의 인생이고 그이의 일이고, 결혼했다고 해서 그 사람을 바꿀 수는 없으니까요.

물론 루아조가 완벽을 추구한 요리사의 처음이자 마지막은 아니었다. 프랑스의 마리 앙투안 카렘(제8장 참조), 런던의 알렉시스 스와예(제9장 참조) 같은 19세기의 훌륭한 요리사들도 흠잡을 데 없이 정확하게 일하는 데 몰두했다. 그렇게 헌신한 덕분에 외식은 필수적 행위에서 사치스러운 여흥으로 승격되었다.

영국의 요리사이자 TV 진행자 키스 플로이드는 요식업에 관해 '결혼 생활도 실패하고 인간관계도 망치고 인생이 끝난다'(제14장 참조)고 말했다. 루아조가 우울증에 취약한 사람이었던 것으로 보이기는 하지만(도미니크의 말에 따르면 '그는 어느 날은 최고의 요리사이고 그다음 날은 최악의 요리사였다.') 그의 죽음은 정보 전달보다 오락을 위해 요리사를 비판하고 때로는 무자비하게 공격하는 일을 업으로 삼는 사람들에게 경종을 울렸다. 누구도 미슐랭 가이드의 잘못이라고 여기지는 않았지만 미슐랭 가이드가 휘두르는 권력과 요리사들에게 미치는 영향력에는 의문이 던져졌다.

루아조가 미슐랭의 발표에 대해 심각하게 걱정하던 시기에 미슐랭 가이드는 레스토랑 가이드 중 단연 돋보이는 매체였다. 조그만 빨간색 책자는 싱가포르에서 중동까지, 아프리카에서 아시아까지, 미국에서 유럽까지 레스토랑과 호텔에 대한 평가를 발표하면서 사람들을 안내했다. 각국에서 새로운 안내서가 제작되었지만 미슐랭을 왕좌에서 끌어내리지는 못했다. 평가 체계가 무엇이든, 가령 이탈리아의 감베로 로소 포크든, 미국자동차협회의 다이아몬드든, 영국 AA의 장미 모양 리본이든 미슐랭 별만큼, 그리고 그들의 별 세 개만큼의 의미를 지니지 못했다.

고든 램지의 제자로 2019년에 런던의 레스토랑 마커스Marcus에서 별 하나를 받은 영국의 요리사 마커스 웨어링은 이렇게 말했다. '그런 역사를 가진 그 책자의 그 작은 마카롱과 그 작은 별은 작지만 막강한 영향력을 행사한다.'

미슐랭 가이드는 원래 타이어 회사의 설립자 앙드레와 에두아르 미슐랭이 타이어 마케팅을 목적으로 제작한 안내서다. 지금은 그런 느낌이 들지 않을지 몰라도 이 책자의 존재 이유가 남아 있기는 하다. 미슐랭 가이드 자체가 대단한 사업이지만 이 책자가 발행되는 국가는 미슐랭이 타이어를 팔고 싶은 국가들이다.

자동차가 다니던 초창기에는 도로 상태가 좋지 않아 타이어가 자주 손상되었다. 그래서 프랑스 최초의 안내서인 미슐랭 가이드에는 차가 도로 위의 구멍을 만나 사람이 다칠 위험에 대비해 타이어를 수리할 정비소와 병원에 관한 상세한 정보를 실었다. 1908년에는 타이어 책자가 관광객에게 방문 지역과 장소에 관한 정보를 제공하는 책자로 발전했다. 이 책자로 사람들의 모험심이 발동할수록 타이어가 터질 가능성도 높아지고 미슐랭의 사업이 잘될 가능성도 높아졌을 것이다.

1926년에 미슐랭 가이드는 레스토랑에 별을 붙여주기 시작했고, 1933년에는 정식 등급 체계로 굳어졌다. 최고의 레스토랑을 인정해주는 체계는 지금도 변함이 없다. 별 하나는 '해당 범주에서 요리가 훌륭한 레스토랑'이고, 별 두 개는 점잖게 절제된 표현으로 '요리를 맛보기 위해 멀리서도 찾아갈 만한 레스토랑'이고, 별 세 개는 '요리를 맛보기 위해 여행도 아깝지 않은 레스토랑'을 의미한다. 조사관들이 원래는 익명으로 방문했고, 요즘은 별을 받거나 유지할 자격이 있는 레스토랑을 몇 차례 사전 조사한 후 직접 방문해서 주로 식사를 마친 다음 방문 목적을 알린다. 조사관들이 주방을 보자고 하는 경우가 많다.

미슐랭 가이드는 1960년대에 유럽 전역으로 뻗어나갔고, 1974년에는 첫 번째 〈미슐랭 가이드 : 영국과 아일랜드Michelin Guide: Great Britain & Ireland〉가 발행되었다. 미국에서는 첫 번째 호가 2005년에 나왔고, 2007년에는 도쿄에서도 나왔다. 현재 23개국이 미슐랭 가이드의 별을 받으려고 경쟁하고 미슐랭 가이드가 성장할수록 이 책자에 대한 논란도 증폭되었다.

일각에서는 미슐랭 가이드가 프랑스 정통 요리를 선호한다고 지적한다. 실제로 미슐랭에서 조사관으로 일한 적이 있는 파스칼 레미Pascal Remy는 이 회사에서 일한 경험을 책으로 쓰면서 프랑스의 두 요리사 폴 보퀴즈와 알랭 뒤카스Alain Ducasse는 '범접할 수 없는' 존재였다고 밝혔다. 또 그즈음 영국판 미슐랭 가이드에서 펍에도 별을 주기 시작하자 원칙을 깨뜨렸다고 비판하는 목소리가 나왔다.

한편 영국에서 최연소로 별 세 개를 받은 마르코 피에르 화이트(제14·16장 참조)는 미슐랭 가이드를 숭배했다고 알려졌다. '어릴 때는 미슐랭 별을 받는 것이 오스카상을 받는 것처럼 보였다.' 하지만 미슐랭은 갈수록 세계 각국의 다채로운 레스토랑 업계로 진출하려고 시도하면서 '일관성을 잃었다'고 그는 말한다. '현재 그들은 별을 색종이 조각처럼 붙여준다. 요리사들에게 환심을 사서 미슐랭 가이드를 홍보하려는 것 같다. 미슐랭은 자기네가 무슨 짓을 하는지 모르는 것 같다. 미슐랭은 혼란에 빠졌다.'

화이트는 별 세 개를 받은 지 5년 후인 1999년에 별을 반납하겠다고 발표했다. 그는 미슐랭 별을 받겠다는 꿈을 이루었고, 5년간 레스토랑의 일관성을 유지했다. 하지만 그에게는 다른 할 일이 있었다. 낚시도 하고 싶었다. '나는 거짓된 삶을 살고 싶지 않았다.' 그는 더 이상 매일 스토브 앞을 지킬 수 없으므로 미슐랭의 등급을 유지하는 것이 마땅하다고 생각하지 않았다. 9년 후 그는 싱가포르에서 레스토랑을 열면서 미슐랭 조사관이 오는 걸 안다면 레스토랑에 발을 들여놓지 못하게 할 거라고 말했다. '내게는 미슐랭이 필요하지 않고 그들에게도 내가 필요하지 않다. 그들은 타이어를 팔고 나는 음식을 판다.'

미국의 요리사 앤서니 부르댕은 미슐랭 가이드의 주요 원칙 중 하나로, 일관성은 타협할 수 없는 가치라는 원칙을 공격하기도 했다. '일관성이 전부인 직업이란 어디에도 없다. 뉴욕에서 최고 품질의 생선으로 최고의 요리를 만드는 것만으로는 충분하지 않다. 한 치의 오차도 없이 요리를 해야 하고 꾸준히 그렇게 해야 한다.' 이것이 건강한 방식은 아니라는 것이다.

영국의 요리사 스카이 귄겔Skye Gyngell은 미슐랭 가이드에 실리면 사람들이 그녀의 레스토랑에서 얻게 될 경험을 오해한다고 토로했다. 일종의 '저주'다. '사람들이 미슐랭 레스토랑에 거는 기대가 있지만 우리는 식탁보도 깔지 않고 공식적으로 정해진 서비스도 없다.'

일흔두 살의 노점상 제이 페이Jay Fai가 방콕에서 웍으로 요리한 해산물 요리로 별 하나를 받자 사람들이 몰려들어 한적한 동네를 어지럽히는 바람에 페이는 절대로 하지 않으려던 조치를 취해야 했다. 바로 예약제다. 게다가 홍콩에서는 레스토랑들이 별을 받고 가격을 올리자 요령 있는 건물주들이 한 걸음 더 나갔다. 2008년에 홍콩판 미슐랭 가이드에 소개된 몇몇 레스토랑은 월세를 올려주어야 했다. 그중 일부는 버티지 못하고 장사를 그만두어야 했다.

2017년에 요리사 세바스티앙 브라Sébastien Bras는 미슐랭에 다음 호에서 자신의 레스토랑 르 쉬케Le Suquet(프랑스 라귀올의 마시프 상트랄에 있다)를 빼달라고 직접 요청했다. 별 세 개를 받았지만 그 별들이 그와 그의 직원들에게 떠안기는 '막중한 압박'을 떨쳐내고 싶었던 것이다. 하지만 미슐랭은 그의 요청을 받아들이지 않았다. 2019년에 그는 다시 가이드에 실렸고, 이번에는 별 두 개였다.

일각에서는 미슐랭이 요리사들에게 가하는 압박은 미슐랭 별이라는 명예를 꿈꾸는 사람들의 정신 건강과 안녕을 심각하게 손상시킨다고 보았다. 마커스 웨어링은 1999년에 런던에서 페트러스Petrus라는 레스토랑을 차린 지 7개월 만에 미슐랭 별 하나를 받았지만, 과연 그 화려한 상찬이 그걸 받기까지 들어간 헌신과 노력만큼의 가치가 있는지 의문을 품었다. '훈련을 받을 때는 2년간 하루에 열여섯 시간에서 열여덟 시간씩 일했다. 새벽 2시 반 전에는 잠자리에 든 적이 없지만 원하는 걸 이루려면 그런 자세가 필요하다.'

그리고 목표를 달성하기 위해 열심히 노력하는 요리사 밑에서 일하는 팀원들은 어떨까? 고든 램지는 세세한 부분까지 지독할 정도로 챙기는 것으로 유명했다. '나는 2.70파운드짜리 가리비를 제대로 열지 못하는 직원에게 불같이 화를 냈다. 2.70파운드짜리 가리비 때문에 그만한 고통을 받아야 할까라는 생각이 들었다. 하지만 내가 가리비를 제대로 여는 건 중요하지 않다고 인정하는 날이 온다면 업계를 떠날 때가 된 것이다.' 그는 초반부터 크게 성공했지만 2001년이 되어서야 고든 램지 레스토랑에서 그 어렵다는 미슐랭의 세 번째 별을 받았다. '난생처음으로 뭔가를 이루었다는 느낌이다.'

세계 각지의 수많은 요리사가 화이트의 전철을 밟으며 그들이 받은 별을 거절하지만 미슐랭의 고위급 인사들은 별을 거부할 수 있다는 생각 자체를 받아들이지 않는 듯하다. 미슐랭 가이드의 국제 책임자인 미셸 엘리스Michael Ellis는 이렇게 말했다. '오스카와는 다르다. 실체적인 것이 아니다. 하나의 의견일 뿐이다. 인정해주는 것이다.' 미슐랭은 분명 그들이 휘두르는 권력을 즐기고 있다. 요식업 대학이나 처음 들어간 레스토랑에서 열심히 공부하고 일하는 젊은이들에게는 두 가지의 꿈이 있다. 자기 레스토랑을 내는 것과 별을 받는 것. 그리고 미슐랭 가이드의 전 이사 장 뤽 나레Jean-Luc Naret는 요리사들에게 그들의 꿈이 이뤄졌다는 소식을 전하는 순간에 관해 이렇게 말한다.

참으로 멋진 통화예요. 별 두 개에서 세 개로 넘어갈 때는 그 사람들의 꿈을 이뤄주는 겁니다. 놀랍고도 근사한 반응이 나오죠. 하지만 별 세 개를 주기로 하고 가이드를 발행하기 전날 밤에 직접 전화할 때 그들은 우리가 그들만을 위해 네 번째 별을 만들어주지 않을 걸 알아요. 한편으로는 어려운 통화죠.

이렇게 좋은 소식을 받은 요리사로 아툴 코차(제16장 참조)가 있었다. 2007년 1월에 런던 〈이브닝 스탠더드〉의 한 기자가 메이페어의 버클리 스퀘어 동쪽 끝에 위치한 인도 레스토랑 베나레스Benares에 전화를 걸었다. 가능하다면 코차의 소감을 함께 싣기 위해서였다. 한 소녀가 전화를 받아 주방으로 연결해주었다. 젊은 인도인 요리사가 전화를 받았다.

"아툴 코차와 통화할 수 있을까요?" 기자가 물었다.

"아뇨." 상대방이 대답했다. "무슨 일인데요?"

"그분께 미슐랭 별을 받은 소감을 여쭤려고요."

"저희는 미슐랭 별이 없는데요."

요리사는 그렇게 말하고 전화를 끊어버렸다. 기자는 그날 오전에 몇 번 더 전화해서 결국 코차와 연결되었다. 코차는 몇 년 후 이렇게 회고했다. "친구가 장난치는 줄 알았어요. 우리가 일반 인도 요리보다 조금 더 고급스럽게 요리했지만 미슐랭의 레이더에 걸릴 줄은 몰랐어요." 친구의 장난이 아니었고, 미슐랭 가이드의 별을 받은 뒤로 레스토랑의 운명과 아툴 코차의 경력이 달라졌다.

세계 곳곳에서 유사한 사연을 접할 수 있다. 헤스턴 블루멘설은 버크셔의 브레이에서 실험적이지만 손실을 내던 팻덕을 접으려는 순간에 별을 받았다. 레스토랑은 다시금 활기를 띠었고, 그는 세계적으로 유명해졌다. 반면에 워터사이드인 같은 레스토랑(제14장 참조)은 1960년대 말과 1970년대에 영국의 외식 문화를 바꾸고 1980년대에 영국의 새로운 음식 혁명을 선도하며 미슐랭 별 세 개를 유지하던 요리사들[사이먼 홉킨슨, 로울리 리, 앨러스테어 리틀, 샐리 클라크(제16장 참조)]을 배출했지만 정작 별을 받은 적은 없다. 마르코 피에르 화이트는 '이 나라에는 미슐랭 별이 없는 레스토랑이 있고, 그래서 혼란스럽다'고 말했다.

영국에서 가장 성공한 레스토랑 경영자 중 한 명인 제러미 킹Jeremy King은 동업자 크리스 코빈Chris Corbin과 함께 런던에서 가장 상징적인 레스토랑 몇 개를 만들었다. 르카프리스Le Caprice, 더아이비The Ivy, 제이 쉬키J. Sheekey, 더울슬리The Wolseley는 현대 레스토랑 역사에서 가장 유명한 이름이다. 하지만 어느 한 곳도 별을 받지는 못했다. 킹은 이렇게 말했다. '미슐랭은 매우 혼란스럽다. 나는 미슐랭의 카테고리가 뭔지 잠시라도 이해하는 척할 수조차 없다.' 별을 받은 일부 레스토랑은 그에게 고개를 갸우뚱하게 만들었다. 그는 이렇게 물었다. '레스토랑의 목적이 무엇인가? 레스토랑은 좋은 시간을 보내게 해주는 공간이다. 미슐랭이 요리에 관해 제대로 평가했을지는 몰라도 실제로 가고 싶은 레스토랑에 관해서는 아무것도 모른다.'

미국의 획기적인 레스토랑 평론가 크레이그 클레이본은 음식을 신문의 1면 기사로 만들었고 29년간 〈뉴욕 타임스〉에서 활동했다.

하지만 미슐랭 가이드만 사람들에게 외식에 관해 조언해주는 것은 아니다. 레스토랑은 또 하나의 괴물, 곧 평론가 집단을 낳았다. 역사적으로 음식에 관해 장황하게 평가를 늘어놓은 음식 작가들이 있었다. 시칠리아의 시인 아르케스트라토스Archestratus는 기원전 350년에 그리스의 도시 토로네에서 외식하다가 불만을 터뜨렸다. 상어 스테이크에 '찐득한 소스가 끼얹어지고 치즈는 녹아서 흘렀고 온통 기름투성이다'라고 평했다. 그리고 무스타파 알리(제2장 참조)는 1500년대에 이슬람교 사원에서 먹은 음식을 이렇게 평했다. '수프는 구정물 같고, 밥과 푸딩은 토사물처럼 보였다.'

존 맥컬로크(제7장 참조)는 1820년대에 스코틀랜드의 여관에서 먹은 음식에 대한 변명을 그럴듯하게 늘어놓았다. 하지만 20세기에 레스토랑이 급증하고 제2차 세계대전 이후 외식이 번성하면서 레스토랑에 관한 글도 하나의 예술로 발전했다. 21세기 초에 디지털 혁명이 일어나기 전 인쇄물의 세계에서는 레스토랑 평론계의 왕과 왕비들이 군림했다. 그 시대 미국의 걸출한 평론가가 크레이그 클레이본Craig Claiborne 이다. 그는 서른일곱 살인 1957년에 〈뉴욕 타임스〉에 음식 편집자로 들어갔다. 그전에는 〈고메이〉에서 일했다. 이후 29년간 그는 〈뉴욕 타임스〉의 레스토랑 평론가로 활동했다.

미국의 작가 토머스 맥내미는 미국이 제2차 세계대전이 끝나고 몇 년간 영국과 공유한 것이 있다고 지적했다(제12장 참조). 바로 살풍경이다. 혹은 '미식의 불모지'라는 점이다. 맥내미는 이어서 클레이본이 〈뉴욕 타임스〉에 들어가면서 '미국 음식의 척박한 풍경을 둘러보고 그에게 주어진 엄청난 기회를 깨달았다'고 적었다. 클레이본은 음식에 관한 글로 '같은 신문의 미술, 음악, 책, 연극 평론가들과 문화비평가로서 어깨를 나란히 했다. 그는 미국인들이 음식을 먹는 방식, 음식에 관해 생각하는 방식, 살아가는 방식을 바꾸었다'.

클레이본이 음식에 대해 쓰기 전에 레스토랑에 대한 평론은 광고처럼 느껴졌다. 실제로 레스토랑을 다루어주는 대신 돈이 오가는 경우가 비일비재했다. 돈이 오가지 않더라도 편집자와 그 가족이 아무 때나 그 레스토랑에 가서 공짜로 식사할 수 있었다. 물론 부정적인 평론은 없었다. 클레이본은 이런 문화를 완전히 뒤바꿔놓았다. 맥내미는 이렇게 적었다. '(1950년대에는) 음식 평론이란 게 없었다. 음식 평론가 자체가 없었다.'

클레이본은 레스토랑에 몇 차례 방문할 때 항상 익명으로 동행을 데리고 가서 평결을 내리고 4점 만점으로 점수를 매겼다. 그는 세세한 부분까지 볼 줄 알았고, 독학으로 요리를 공부해서 요리사의 실력에도 주목할 수 있었다. 한번은 레스토랑 지배인의 가슴 주머니에서 빨간색 연필이 튀어나온 걸 보고 수준이 '하락하는 우울한' 징표라고 적었다. 1950년대 말에는 그가 쓴 '품격 있는 요리'가 어떻게 쇠락의 길을 걷는지에 관해 쓴 기사가 신문 1면을 장식했다. 음식 이야기가 1면에 실리는 경우는 전례가 없었다.

'멋진 삶을 상징하는 두 가지 전통인 프랑스의 고급 요리와 품격 있는 서비스가 미국의 풍경에서 사라지고 있다.' 클레이본의 글이다. 그리고 패스트푸드가 미국 전역으로 퍼져나가는 현실(제11장 참조)을 비판했다. '레스토랑 요리의 수준이 떨어지는 이유는 미국인들이 항상 바빠 보이기 때문이다. 느긋하게 코스 요리를 즐길 시간이 없다.'

제임스 A. 비어드 James A. Beard(유명한 음식 작가로, 훗날 그를 추모하여 몇 가지 상이 만들어졌다)는 클레이본에게 이렇게 말했다. "이 나라는 전통 요리를 지키고 테이블 서비스의 수준을 높이기보다는 아메리카흰두루미와 버펄로를 보존하는 데 관심이 더 많습니다. 우리는 훗날 미국 미각의 쇠퇴와 추락으로 (정당하게) 일컬을 만한 시대에 살고 있습니다."

클레이본의 주간 칼럼은 짤막한 평가로 구성되었다가, 얼마 지나지 않아 한 레스토랑을 집중적으로 평가하기 시작했다. 칼럼이 길어지면서 표현은 조금 더 힘을 잃었을 수 있다. '실내장식은 편안하게 한담을 나누며 느긋하게 점심을 즐길 만한, 대화를 위한 분위기를 연출한다.' 그가 1959년 10월에 새로 문을 연 포시즌스Four Seasons에 관해 쓴 글이다. 그는 또한 평론에서 요리사들을 언급하면서 새로운 지평을 열었다. 앨런 크롬튼 배트가 1980년대에 영국에서 한 것처럼(제16장 참조) 클레이본은 요리사가 유명인이 될 수 있다는 개념의 씨를 심었다.

1960년대에 클레이본은 〈타임〉에 인물평이 실릴 만큼 영향력을 키웠다. 1965년 10월에는 〈타임〉에 이렇게 실렸다. '그가 어떤 레스토랑을 좋다고 말하면 그 레스토랑의 장사에 아주 많은 도움이 된다. 그가 나쁘다고 말하면 레스토랑으로서는 심각해질 수 있다.' 더 많은 평론가가 경쟁에 뛰어들었지만 작가 노라 에프런Nora Ephron은 1968년 9월 〈뉴욕 매거진 New York Magazine〉에 실린 글에서 클레이본은 '누구보다도 자기 일을 잘한다'고 적었다. 그는 레스토랑 하나를 끌어내릴 수도 있는 사람으로, '음식의 세계에서 시기와 존경과 저주를 가장 많이 받는 사람이 되었다'.

하지만 클레이본은 자신이 가진 힘을 즐기지 않았던 듯하다. 사실 밤잠을 설친다고 고백하기도 했다. 글 한 줄이 누군가의 인생을 바꿔놓을까 걱정하면서 '나에게 과연 어떤 요리사의 모르네이 소스를 고무풀 같다고 말할 자격이 있는지, 홀랜다이스 소스에서 나는 생경한 맛이 나의 판단대로 바질이나 로즈메리가 맞는지' 의문이 들었다. 결국 그는 '레스토랑 평론에 권태를 느꼈다'면서 이렇게 적었다.

가끔은 맨해튼의 모든 레스토랑이 이스트 강으로 떠밀려 들어가 사장되든 말든 눈곱만큼도 관심이 없었다. 그들이 모두 나이팅게일의 혀를 토스트에 올리고 천상의 만나와 벌꿀주를 내주었다고 해도 세상에는 혀로 음미할 수 있는 요리가 많고 인간의 몸(과 정신)이 받아들일 수 있는, 그리고 때로는 거부하는 것도 많고…… 나는 갈수록 술에 빠졌고, 그래야 하루 더 외식을 견딜 수 있었다.

1972년 1월에 클레이본은 평론을 그만두었다. 언젠가 그는 좋은 음식 평론가가 되려면 어떤 자질을 갖춰야 하느냐는 질문을 받았다. "글 쓰는 능력, 그리고 음식과 친해지는 능력이요." 그리고 이렇게 덧붙였다. "누구에게나 잘 읽히는 문장을 쓰는 재주는 타고나는 것 같습니다."

〈뉴욕 타임스〉에서 클레이본의 뒤를 이은 유명한 평론가는 프랭크 브루니Frank Bruni였다. 2004년부터 2009년까지 브루니의 칼럼이 실리면서 음식의 지위가 높아졌다. 그는 단지 레스토랑 세계에서 권력을 휘두르는 사람만이 아니었다. 영국의 신문 〈옵저버〉에서는 브루니가 '미국 미디어에서 가장 막강한 일을 하는 사람 중 한 명'이라고 평했다. 브루니는 음식 평론가라는 직업을 거의 끊임없이 먹고 그것을 체계화하는 복합적인 일로 만들었다. 그는 레스토랑에 여러 번(적어도 세 번) 방문한 내용으로 주간 평론을 쓰고 무수한 가짜 신분으로 레스토랑을 예약했다. 하지만 웹스터 씨라고 이름을 댔는지, 로저 씨인지, 포도르 씨인지, 프롬머 씨인지, 워튼 씨인지, 엘리엇 씨인지, 디디언 씨인지, 터로우 씨인지 생각나지 않아서 입구를 통과하는 데 애를 먹은 적이 많았다.

'레스토랑 평론가는 그저 잘 먹기만 하면 되는 일이 아니란 걸 알았다. 경비도 되고 유람선 관리자도 되고 상담자도 되고 비밀 작전 요원도 되어야 했다.' 그의 평론 중 몇 편은 전설이 되었다. 고든 램지가 뉴욕에 도착할 때 브루니는 이렇게 적었다. '어떤 정복자도 램지 씨만큼 그런 풍문을 안고 그렇게 호전적으로 도착한 적이 없었다.' 또 그가 해리 치프리아니Harry Cipriani에서 먹은 감자는 '어째서인지 브릴로Brillo 수세미 같은 식감이라 그 감자를 조리한 팬을 닦는 데 써도 될 것' 같다고 적었다. 그리고 (로버트 드 니로Robert de Niro가 지분을 소유한) 레스토랑 에이고Ago에 관해서는 이렇게 평했다.

손님을 환대하는 레스토랑이 아니었다. 그저 어떤 태도를 견지하며 무관심을 발산하여 내 음식에 스며들게 했고…… 밤마다 와인을 마시고, 사교가가 되려는 사람들이 젠체하고, 중년 여자들이 젊은 남자를 노리며 서성거리고, 능숙한 서비스보다 안이하게 근사한 분위기를 내는 데 치중하는 사람들, 빵가루를 입힌 밀라노식 송아지고기를 무슨 고기인지 알 수 없는 음식으로 대체해도 상관하지 않는 사람들이 있었다.

영국에서도 미국과 비슷하게 레스토랑 평론가가 선망 받는 예술가가 되었다.

영국의 음식 평론 세계는 뉴욕보다 더 팽창하고 더 북적였다. 다만 누구 하나도 브루니만큼 힘을 보유하고 휘두른 사람이 없었다. 1986년부터 15년 동안 〈타임스〉의 레스토랑 평론가로서 논란을 일으킨 조너선 메디스Jonathan Meades는 가장 재치 있고 박식한 글을 썼다. 그는 〈타임스〉를 떠난 뒤 몇 년간 〈텔레그래프〉에서 미슐랭이 부추기는 외식 경험을 혹평하는 글을 썼다. 메디스를 잘 모르는 세대는 그의 시대를 놓친 것을 애석해할 정도였다.

자기중심적이고 폐쇄적인 미식의 세계는 이른바 '파인 다이닝fine dining(고급 요리)'보다 더 이가 갈리고 조롱과 낙담과 모욕감을 불러일으키는 말을 만들어내지 못했다. 사실 이 말은 절제하면서 발음해야 한다. 린다 스넬이나 엘프 램지 경이나 모닝세이드를 떠올려보라. 파인 다이닝이란 지나치게 상냥하고 알랑거리는 서비스, 기괴할 정도로 과도하게 공들인 요리, 쓸데없이 요란 피우는 분위기, 허세, 터무니없이 높은 가격, 철학자연하는 명청한 요리사가 특징인 레스토랑의 한 형식이다.

2019년에 영국에서 가장 오래 활동한 평론가는 페이 매슐러였다. 그녀는 1972년부터 〈이브닝 스탠더드〉에 칼럼을 쓰기 시작했다. 차분하고 신중하고 정연하고 박식한 문체로 글을 써서 비평이 더 혹독해 보였다. 요리사와 홍보 담당자들이 매슐러나 A. A. 질A. A. Gill(〈선데이 타임스〉의 평론가)의 의견에 주목하던 시절이 있었다. 작가이자 레스토랑 평론가인 찰스 캠피온Charles Campion은 젊은 기자에게 어떻게 레스토랑 평론가가 되었냐는 질문을 받고 이렇게 답했다. "전국 신문의 레스토랑 평론가보다 포뮬러 1 선수가 더 많습니다. 답은 상당히 어렵다는 것입니다."

하지만 아직 블로그에 올리는 유행이 시작되기 전이었다. 1999년에 제시 제임스 가레트Jesse James Garret라는 사람이 만든 리스트에는 블로그 스물세 개가 포함되었다. 2006년에는 5,000만 개였다. 그중 상당수가 음식에 관한 블로그였다. 레스토랑 평론가들은 개업일과 파티장에서 주위를 둘러보며 낯선 침입자들이 누구인지 의아해했다. 그 침입자들 대다수가 취미로 블로그에 글을 올리기 시작한 사람들이었다. 그중 다수는 직장을 그만두고 전업으로 블로그에 글을 올렸다. 이후 소셜 미디어가 강력해지면서 블로그가 인스타그램으로 대체되었다. 인스타그램에서는 휴대전화로 찍은 사진 한 장이 1,000자 이상 공들여 쓴 블로그 게시물보다 더 큰 위력을 발휘하는 것 같았다. 예를 들어 영국에서 클러켄웰 보이Clerkenwell Boy의 인스타그램은 2019년에 팔로워가 약 20만 명이었다. 트립어드바이저TripAdvisor 같은 웹사이트도 비집고 들어와 그들의 일상적인 이용자들의 권한을 환기시켰다.

하지만 '콘텐츠'라는 이름으로 편집되지 않은 채 범람하는 콘텐츠의 세계에서 일부 평론가의 의견, 그리고 물론 미슐랭의 의견은 여전히 요리사들이 신경 쓰는, 혹은 두려워하는 대상이다. 아직은 어떤 요리사도 블로거가 올린 게시물 때문에 오븐에 머리를 집어넣지는 않았다. 하지만 많은 요리사가, 대개는 나중에 후회하면서, 자신의 소셜 미디어 플랫폼에서 비판에 맞서 싸웠다. 제임스 이셔우드라는 블로거가 프랑스의 요리사 클로드 보시Claude Bosi의 레스토랑 히비스커스Hibiscus를 '평범하다'

고 평하자 보시는 '내가 보기에 넌 비열한 놈이야'(원문 그대로)라고 트윗을 날렸다.

루아조를 벼랑 끝으로 내몬 건 1,000자의 날카로운 글이 아니었다. 그는 공포와 낙담의 폭풍우에 맞서 싸우고 미슐랭 별 하나를 잃을까봐 불안한 마음에 더 휩쓸렸다. 하지만 그의 레스토랑은 그가 죽은 뒤로 별을 잃지 않았다. 2019년에도 별 세 개를 유지했다. 남겨진 부인이 이끄는 새로운 시스템에서는 주 7일간 문을 열지 않고, 휴일에는 반드시 쉬고, 개구리 다리 요리는 여전히 세계 최고다.

베르나르 루아조는 정통 프랑스 미식을 개선하여 가볍고 단순하게 만들었다.

18

무엇을 즐길 수 있을까?

오브뉴는 스페인의 바르셀로나에서 문을 열고 '신경미식학'이라는 새로운 요리법을
선보이겠다고 선언했다. 신경미식학이란 사람들의 맛에 대한 지각과, 그것이 인식과
기억에 어떤 영향을 미치는지 연구하는 분야다. 손님들은 테이블만 예약하는 것이
아니라 '여행을 예약'하도록 초대받았다. 요리하는 사람들은 요리사가 아니라
'선장'이 되어 손님들을 '다중 감각'의 여행으로 안내했다. 외식 이야기는 이제 음식이
신체적 욕구를 충족시킬 뿐 아니라 정서를 자극하는 지점에까지 이르렀다.

오랜 세월 사람들은 배가 고파서 레스토랑에 갔다고 보는 편이 맞을 것이다. 폼페이의 프리무스 여관(제1장 참조)은 포장 음식을 파는 창문으로 새어 나오는 음식 냄새로 오가는 사람들의 관심을 끌었다. 1760년대 파리의 불랑제의 레스토랑 문 위에는 전설적인 간판이 걸려 있었다. '굶주린 자들이여, 내게로 오라. 내가 너희에게 양식을 주리라'.(제6장 참조) 1940년대에는 배고픈 도박꾼들이 라스베이거스 스트립의 카지노 엘 랜초 베이거스의 버커루 뷔페에서 단돈 1달러로 양껏 먹을 수 있었다.

물론 사람들이 레스토랑을 찾는 데는 다른 이유도 있었다. 레스토랑은 사람을 만나고 사람들과 어울리고 사업을 진행하고 사랑하는 사람과 낭만적인 데이트를 즐기고 쿠데타를 모의하는 장소였다. 배고픔은 전제 조건이었다.

하지만 오브뉴Ovnew는 바르셀로나 공항에서 멀지 않은 고속도로 옆 고층 건물 꼭대기 층에서 비행접시 모양의 캡슐 안에 있는 레스토랑으로, 손님들이 왕성한 식욕을 가지고 와주기를 바라지 않았다. 사실 배고픔은 그들이 원하는 전제 조건이 아니었다. '오랜 산책이나 운동을 마치고 오지는 말아주세요.' 이 말은 '여행을 위한 준비 사항'이라는 제목으로 나열된 지시문 중 하나다. 오브뉴는 웹사이트에 이렇게 밝

했다. '오브뉴를 즐기려면 몸과 마음과 정신이 완벽히 조화되어야 한다.' 갈증과 허기는 정신을 흐트러뜨린다.

목이 마르거나 배가 고픈 채로 왔다고 해도 이곳에서는 메뉴를 찬찬히 읽으면서 미뢰를 자극하는 통상적인 규칙이 무의미하다. 다중 감각으로 맛보는 코스를 구성하는 요리에는 이렇게 적혀 있다. '공감각. 두 가지 방식이 혼합되어 작동하는 실험.' 여기서 '미디움레어로 해주세요'라고 해봐야 소용이 없다.

2010년대에 바르셀로나처럼 길목마다 타파스 바가 있는 도시에서 돈을 받고 요리 하나와 음료 한 잔을 파는 레스토랑을 연다는 개념이 잘 통할 리 없었다. 그래서 선장 혼 히랄도Jon Giraldo와 하이메 리베르만Jaime Lieberman은 다른 방향으로 시도하기로 했다. 작가 제시카 프루파스Jessica Prupas는 이들을 '미식의 무정부주의자'로 불렀고, '고속도로 옆 우주선에서 일곱 가지 코스의 스페이스 오디세이'를 내놓는다고 표현했다. 콜롬비아 출신의 히랄도는 스스로 '요리와 접대와 현대미술 세계에 정통한 종합 전문가'라고 소개했고, 그의 동업자로 멕시코시티에서 온 리베르만은 '요리 예술가'로서 '전체론적인 인식적·감각적 미학'을 선보였다.

90미터 높이의 28층에서 초록색 얼굴에 털이 북슬북슬한 커다란 고양이 귀를 달고 빛을 반사하는 부츠를 신은 여자들이 손님을 맞이했다. 손님들은 한 테이블에 정확히 두 시간 동안 머물고 주방에서는 구운 치즈 한 조각에 베지마이트Vegemite(마마이트처럼 이스트 향이 나는 오스트레일리아의 스프레드)를 얹은 요리와 바닐라 아이스크림이 들어간 한입 크기의 간단한 안주를 만들기 시작했다.

자리에 앉으면 천장에 금속, 유리, 조각상, 반짝거리는 조명이 보이고 그 너머로 밤하늘의 별이 보이고, '오대륙의 맛'(160파운드, 음료 미포함)이라는 일곱 가지 코스가 나오기 시작한다. 우선 '태초에 존재하다'라고, 태초의 맛이라는 개념으로 '구운 윤생체'와 '바삭한 옥수수-모링가' 같은 요리부터 시작한다. 이어서 '메소포타미아 : 아랍 연금술의 신비' 코스에서는 '주스와 크림 같은 샤프론과 옷 젤리에 담긴 양의 목살'이 나온다. '공감각' 코스에 이어서 '아마조니아' 코스에서는 '살사 촌타두로, 아사이, 투쿠피'가 나오고, 이어서 '극동 지방' 코스에서는 '오징어와 트러플 다시'가 나온다. 마지막으로 '스위트 빅뱅' 코스에서는 여섯 가지 디저트를 펼쳐놓고 평범하기 짝이 없는 '코코아와 피스타치오 아이스크림'이 함께 나온다.

불가해한 요리가 섞여 있는 메뉴를 마주하면 질문하기보다 그냥 흐름을 따라가는 편이 좋다. 이 레스토랑에서도 손님에게 그렇게 조언한다. "마음을 열고 경험을 받아들이세요. 수용하는 마음을 가지면 모든 경험이 더 좋게 느껴집니다."

프루파스는 이 레스토랑의 '은하계와 은하계 사이의 다중 감각의 경험'에 대해 '주유소 샌드위치보다 낫다'고 평했다. 오브뉴(스페인어로 UFO를 뜻하는 'OVNI'와 'new'의 합성어다)는 초현대적인 신비주의를 내세웠다. 이런 레스토랑을 조롱하기는 어렵지 않다. 하지만 오브뉴도 저렴하게 충분히 배를 채울 수 있는데 왜 굳이 외식을 하느냐고 질문하는 수많은 레스토랑 중 하나일 뿐이다.

20세기 후반에는 최고급 요리(더 난해하고 더 고가인 고급 요리)에 대중이 더 쉽게 접근할 수 있었다. 2003년 런던 서쪽에 스케치Sketch라는 레스토랑을 차린 무라드 마주즈Mourad Mazouz는 정교하고 가니시가 많고 초현대적인 공간과 메뉴(손님들에게 프랑스인 요리사 피에르 가니에르Pierre Gagnaire가 만든 요리를 온도에 따라 먹도록 안내한다)에 대한 비판과 '영국에서 가장 비싼 레스토랑'이면서 매튜 포트Matthew Fort라는 평론가의 표현처럼 '시시한 요리나 잔뜩 내놓는다'는 〈가디언〉의 주장에 대해 자신의 레스토랑을 이렇게 옹호했다. '누군가는 1년간 돈을 모아 축구 경기를 보러 가고 누군가는 공연을 보러 간다. 그러니 누군가가 돈을 모아 스케치 같은 레스토랑에서 식사를 하는 것도 당연하다.'

다른 레스토랑들[미셸 루 주니어(알베르의 아들)가 운영하는 르가브로슈(제14장 참조) 같은 곳]이 2000년대 초에 와인 한 잔과 커피와 서비스까지 포함해서 45파운드에 제공하는 저렴한 세트 메뉴를 내놓았지만 사람들은 여전히 미셸 루의 워터사이드인이나 영국의 다른 고급 레스토랑에서 점심을 먹기 위해 돈을 모았다. 사람들은 해변이 아니라 음식을 중심으로 휴가를 계획하기도 하고, 유명 레스토랑에서 저녁을 먹기 위해 주말을 통째로 비워놓고 몇 달 전에 미리 예약하기도 한다.

이들은 물론 배고픈 채로 레스토랑에 가겠지만 그곳을 경험하고픈 욕망과 욕구는 단순한 허기보다 훨씬 복잡하다. 사람들이 집에서 간단히 배를 채우는 대신 음식을 하나의 오락으로 추구하는 이유는 '사회적 · 심리적 욕망의 영역으로 들어가게 해주기 때문이다. 이 영역에서는 신체적 욕구가 정신적·정서적 만족에 종속된다'. 존 버넷이 외식의 사회사를 다룬 책에서 쓴 내용이다.

오브뉴의 선장들이 바르셀로나를 선택한 데는 그만한 이유가 있었다. 해변을 따라 160킬로미터 올라간 카탈로니아의 로제스라는 마을 근처에서 1964년에 엘불리El Bulli 레스토랑이 문을 열었다. 이 레스토랑은 원래 해변의 스낵바에서 시작했지만 1980년대에 '누벨 퀴진nouvelle cuisine' 양식의 요리로 명성을 쌓았다. 이처럼 프레젠테이션에 치중하는 가벼운 요리법은 점차 경멸의 의미가 되었다. 미니멀리즘의 완곡한 표현으로, 작은 메뉴에 작은 접시에 작은 요리가 담기지만 가격은 비싸서 손님들이 결국 주머니를 털리고도 배는 계속 고픈 채로 남는다는 뜻이었다.

음식의 추가 다시 고전적이고 정통성 있는 요리로 돌아감에 따라 요리사와 손님들이 다시 전통적인 요리를 수용했지만 '누벨 퀴진' 정신의 일부는 아직 그대로 남았다. 마늘과 파슬리 소스가 곁들여지는 베르나르 루아조의 개구리 다리 요리(제17장 참조)가 완벽한 예였다. 고전적이면서도 가볍고 근본과 온전성과 맛을 타협하지 않는 요리였다.

스물두 살의 요리사 페란 아드리아Ferran Adrià가 엘불리에 들어갔을 때는 '누벨 퀴진'이 한창 전성기를 구가하는 시기였다. 그는 병역을 마치고 레스토랑 업계에 뛰어들었다. 성실성과 창의성을 발휘한 그는 18개월 후 이 레스토랑의 지배인 훌리 솔레르Juli Soler에게 주방장으로 발탁되었다.

1987년에 창의성이라는 개념에 의문을 던진 니스의 한 회의를 보고 아드리아의 가슴이 뛰기 시작했다. 그해 겨울 아드리아는 엘불리가 장기간 문을 닫았을 때(장장 6개월간) 자신의 작업실에 앉아 예전에 참고했던 요리책을 모두 버리고 완벽하게 새롭고 아방가르드한 요리를 실험하는 데 몰두했다. 1988년에 다시 문을 연 엘불리는 새로운 정체성을 드러내며 참신한 메뉴를 내놓았다. 특정 날붙이류를 특정 요리에 맞게 디자인하고, 빵과 버터를 내놓지 않고, 메뉴가 길었다. 아주 길었다. 이후 몇 년간 메뉴가 더 길어졌다.

1990년에 솔레르와 아드리아는 동업자 관계를 맺고 레스토랑을 인수하여 세계에서 가장 유명한 (더 중요하게는 가장 영향력 있는) 레스토랑 중 하나를 만들어나갔다. 그해 미슐랭에서 두 번째 별을 받았다. 1995년에는 〈고미요 가이드〉(제17장 참조)에서 20점 만점에 19점을 받았는데, 프랑스의 가이드가 엘불리에 프랑스 최고의 레스토랑과 같은 점수를 주었다는 게 놀라웠다. 1997년에 미슐랭은 엘불리에 세 번째 별을 주었다.

2000년대 후반에는 엘불리의 양식이 확고히 정립되었다. 200유로에 음료를 포함하지 않고 1인당 28~35가지의 시식 메뉴를 제공했다. 메뉴는 전채 요리, 스낵, 타파스, 프리 디저트, 메인 디저트, '모핑morphing'으로 구성되었다. 아드리아가

엘불리의 페란 아드리아(1995년에 찍은 사진)는 좋든 나쁘든 전 세계의 젊은 요리사들을 '분자 요리' 실험으로 끌어들였다.

창안한 개념인 모핑은 네 가지의 작은 요리로 구성되고 주로 초콜릿과 라즈베리 같은 재료로 만든 섬세한 산호 모양의 혼합물이었다.

아드리아의 유명한 요리로는 '바닷가재 가스파초', '신선한 오레가노를 넣어 짭짤하게 얼린 토마토와 아몬드밀크 푸딩', '성게를 얹은 화이트빈 에스푸마', '콩고기 파나쉬', '두 가지 세팅의 닭과 커리', '설탕에 졸인 메추리알', '완두콩 수프 $60°/4°$', '구 모양의 멜론 캐비어', '검은 트러플 젤리 콩소메와 귤 거품을 곁들인 피스타치오-LYO'가 있었다.

그의 요리에 사용된 기법은 점차 전 세계의 주방에서 채택되었다. 가니시를 내와서 손님 앞에서 그 위에 수프를 붓고, 짭짤한 요리는 얼려서 내고(선입관과 가정에 도전하고 메인 코스와 디저트의 경계를 허문다), 흰콩으로 거품을 만들고(무스보다 가벼우면서 더 진한 맛이다), 한 가지 재료로 다채로운 질감으로 표현하고, 같은 재료로 두 가지의 요리를 만들면서도 전혀 다른 결과를 내놓고, 바삭한 겉면 안에 액체가 들어 있고, 따뜻한 액체와 찬 액체를 한 컵에 서로 섞이지 않게 해서 나란히 담고, 풍미가 있는 액체를 젤리로 만들어 그 안에 작은 구체들이 만들어지게 하여 먹을 때 입 안에서 톡톡 터지게

하고, 음식을 동결 건조한다.

몇 가지 요리만으로도 아드리아의 놀라운 창의성과 비전을 엿볼 수 있고 모두가 원하는 것, 바로 맛도 놓치지 않았다. 엘불리의 영향은 여전히 전 세계에서 확인할 수 있다. "제가 잘하는 건 '이건 불가능해'라고 생각해본 적이 없다는 겁니다." 아드리아가 말했다. 그는 작업실에서 모든 요리를 공들여 정리했다. 요리마다 항상 스케치로 시작해서 일곱 단계의 정교한 과정을 거쳤다. 그는 노트에 스케치하면서 말보로 담배를 피웠다. 테스트를 마치면 식당에서 서빙하는 데 필요한 기준에 맞게 만들고 손님들에게 의견을 들은 후 더 다듬어 공식 카탈로그에 올렸다.

엘불리는 24년 동안 1,846가지의 요리를 창조해서 카탈로그에 올렸다. 모든 요리는 사진을 찍어 기록했다. 요리를 창조하는 과정도 세심하게 기록하고 날짜를 적어 넣었다. 아드리아는 과학자들과도 협업하여 맛에 영향을 미치는 요인을 이해하려 했다. 주방에서 부득이하게 통제할 수 없는 요인들 말이다.

예를 들어 옥스퍼드 대학교의 실험심리학 교수인 찰스 스펜스Charles Spence와 협업하면서 사람들이 딸기 무스를 검은색보다 흰색 접시에 담겨 나올 때 10퍼센트 더 달게 느낀다는 사실을 배웠다. 음식을 입에 넣을 때 스테인리스 스틸 숟가락인지 나무 숟가락인지에 따라 맛이 다르게 느껴지는 효과도 배웠다. 스펜스는 영국의 요리사 헤스턴 블루멘설(제17장 참조)과도 협업하여 소리가 음식의 지각에 어떤 영향을 미치는지 연구하기도 했다.

아드리아는 그의 작업이 그의 식당 밖에서 파문을 일으키는 것을 목격했다. 포뮬러 1 자동차 경주가 경기장 너머의 세상에 정보를 제공한다면(국내 자동차 디자인에 관한 정보를 주기도 하고, 피트 레인에서 자동차 업체의 공장들이 팀이 작업하는 방식을 보고 효율성을 배울 수도 있다) 아드리아의 요리 작업은 즐거움과 오락을 위한 식사 이상으로 폭넓게 영향을 미칠 수 있었다. 그의 경우 요리는 과학에서, 과학은 요리에서 배울 수 있었다.

"요리란 뭘까요?" 언젠가 그가 물었다. "회사, 기관, 가정의 부엌, 교육, 건강, 접대, 산업, 레스토랑 사업, 병원, 공항, 농업, 패션, 신기술이 요리에 들어 있습니다. 요리만큼 교차점이 많은 분야도 없습니다." 2008년에 아드리아는 파이던 출판사에서 출간한 『엘불리의 하루A Day at elBulli』에 그의 방법을 소개했다. 그의 사연도 소개하고 방법론과 철학적 통찰도 내놓고 레시피를 상세히 실었다. 심약한 사람들을 위한 레시피는 아니었다.

그는 이 책의 재판을 내면서 메뉴를 네 개의 '막幕'으로 구성하고, 손님들이 지나는 경로를 지도로 그려 주방에서 테라스(살롱)로, 식당(코메도르)으로, 그리고 다시 주방을 지나 떠나는 과정을 소개했다. 더불어 '현대적인 고급 요리를 어떻게 무대에 올려야 예술적 표현 수단이 될 수 있는지'에 관한 생각을 담았다.

그의 요리는 진보의 선봉에 있었다. '예술 형식으로서 창조적 요리라는 개념은 아직 초기 단계였다.' 그는 '엘불리에서 요리를 아무리 예술적이고 기술적으로 정교하게 만들든, 일반 요리와 아무리 달라 보이든, 순전히 미학적 관점에서만 요리를 하나의 예술 작품으로 감상해야 한다는 뜻이 아니다'라고 명백히 밝혔다. 그는 여전히 사람들에게 음식을 대접하고 싶었다. 그리고 그의 요리를 먹을 기회를 얻기가 어려운 것도 알았다. 그래서 그는 예약제가 어떻게 작동하는지 설명했다.

예약 문제는 '현재 엘불리에서 유일하게 불만족스러운 측면'이라고 그는 적었다. 그는 언론이 그가 주방에서 무엇을 하는지보다 엘불리에서 테이블을 예약하기가 하늘의 별 따기라는 데만 주목하는 현실을 안타깝게 여겼다. 그는 점심 장사를 할지, 1년에 몇 달은 여섯 시간이 아니라 열 시간 동안 문을 열지, 레스토랑을 확장할지 고민했다. 1년에 파는 식사를 8,000인분에서 3만 인분으로 늘릴 수도 있었다. 하지만 근본적인 해결책은 아니었다. '거절하는 수는 여전히 많을 것이고 서비스의 질이 떨어질 것이다.' 따라서 그는 이런 방법을 모두 포기했다. 레스토랑이 인기를 얻었다고 해서 가격을 올릴 생각도 없었다. '우리 레스토랑에 가격 때문에 못 오는 일은 없게 해야 한다.'

하지만 이 레스토랑에 자리를 예약하기는 여전히 대다수에게 어려운 일이었다. 8,000개의 자리를 놓고 해마다 200만 건의 예약 요청이 들어왔다. 기자들은 바르셀로나에 도착하자마자 이 레스토랑의 테이블 잡는 방법을 알아보기 시작했다. 잡지에는 마지막 순간에 취소되는 자리를 잡을 만큼 대범한 사람들에게 엘불리에 들어가기를 기다리는 동안 외식하기 좋은 식당을 추천해주는 기사까지 실렸다.

아드리아의 이야기는 전 세계로 퍼져나갔다. 그는 문학 페스티벌과 요리 대회와 각종 회의에서 환영받았다. 그는 자신의 작업과 인생에 관한 모든 질문에 답을 해야 한다고 생각했다. 영어로 인터뷰한 적은 없지만 통역한 질문을 끝까지 들을 필요도 없었다. 기자들이 무엇을 물어보고 싶어 하는지 정확히 알았고 이미 100명도 더 같은 질문에 대답했기 때문이다.

2011년에 아드리아는 다음 단계를 공개했다. 식당을 더 만들거나 주방을 확장하거나 예약제를 바꿀 계획은 없었다. 오히려 그해 7월에 엘불리의 문을 닫기로 했다. 그 자리에 '창의성 센터'라는 사설 재단에서 운영하는 시설을 짓기로 했다. 이 센터의 목적은 '창의적인 요리와 미식의 싱크탱크가 되는 것'이었다.

엘불리가 사라진 걸 모두가 애석해한 건 아니었다. 영국의 작가 리처드 얼리치Richard Ehrlich는 '사람들이 먹는 방식을 바꿔놓았다'는 엘불리의 주장에 반박했다.

'사실 세계 레스토랑의 0.1퍼센트 정도에서나 가능한 종류의 요리에 관한 이야기다. 엘불리에 관해 내가 혐오하는 부분은 미디어를 동원해 홍보에 열을 올리는 방식이다.'

얼리치는 또한 코펜하겐의 요리사 르네 레제피René Redzepi에게도 비난을 쏟아냈다. 레제피가 언젠가 '아드리아와 그의 팀은 요리계의 자유의 전사'라고 말했다면서 '자유의 전사는 억압받는 사람들을 해방시키기 위해 싸우는 사람들이다. 요리사는 모르는 사람들에게 식사를 차려주는 사람들이다. 엘불리가 사라졌으니 이제 이 개념을 다시 편안하게 받아들일 수 있을 것'이라고 말했다.

영국의 작가 푸시아 던롭Fuchsia Dunlop도 아드리아가 다른 요리사들에게 미친 영향을 조롱했다. '페란 아드리아가 다 망쳤다. 이제는 젊은 사람들이 요리를 배우고 싶어 하는 게 아니라 그처럼 되는 법을 배우고 싶어 한다. 그는 자기 일을 멋지게 해냈을지 몰라도, 그처럼 할 수 있는 사람은 드물다.' 바르셀로나에 사는 던롭의 친구들도 엘불리가 '젊은 요리사 세대에 막대한 악영향을 끼쳤고, 젊은 요리사들이 모두 미식의 마술사나 유명인이나 슈퍼스타가 되고 싶어 한다'고 비판했다.

한편 영국의 요리사 고든 램지는 엘불리에서 몇 번 식사하고 아드리아를 요리계의 '지도자'라고 평했다. 그는 젊은 요리사들에게 아드리아의 요리법을 흉내 내기 전에 필요한 조언 몇 가지를 내놓았다.

온전히 이해하고, 최소 5년에서 8년간 연습하고, 온전히 이해하기 전에는 흉내도 내지 말아야 한다. 얼치기 사기꾼이 넘쳐나는 현실이 부끄럽다. 최근에 뉴욕에서 에어스프레이로 요리하는 어느 요리사의 샐러드를 먹어보았다. 에어로졸이 테이블 주위로 퍼져서 손님에게 바질과 초콜릿 냄새를 뿌렸고, 참으로 끔찍한 장면이었다.

제대로 숙련되지 않은 요리사는 이탈리아의 미래파 예술가 필리포 토마소 마리네티Filippo Tommaso Marinetti의 영역에 더 가까웠다. 1932년 마리네티의 『미래파 예술가의 요리책The Futurist Cookbook』에는 '식민지 물고기의 북소리', '티레니아 해의 김 거품(산호 가니시와 함께)', '촉각의 채소 텃밭', '공기 음식'과 같은 레시피가 실렸다. 음식을 먹기 위한 지침도 있다. '공기 음식'을 먹을 때는 오른손으로 사포 종이를 쓰다듬고, '촉각의 채소 텃밭'을 먹을 때는 먹는 사이사이 웨이터가 향수를 얼굴에 뿌린다.

마리네티와 아드리아가 다른 점은, 마리네티의 요리책은 하나의 패러디이지 실제로 요리하거나 먹기 위한 용도가 아니라는 것이다. 하지만 오브뉴에서 나오는 몇몇 요리와 사실상 별다른 차이가 없었다. 이런 요리를 만든 요리사야말로 던롭이 분노하던 대상이었다. 던롭이 그저 '창조하면서 놀고 싶을 뿐, 카탈로니아 요리의 기본 기술을 익히려 하지 않는다'면서 비난한 젊은 요리사들이었다.

스페인 요리의 토대를 수용하지 않는 또 다른 요리사로 2014년에 지중해 발레아레스 제도의 이비자 섬에서 서블리모션Sublimotion이라는 레스토랑을 낸 파코 론체로Paco Roncero가 있다.

론체로는 스스로를 요리사이자 제과업자이자 기술자이자 디자이너이자 작곡가이자 마술사라고 말했다. 하드록 호텔 안 그의 레스토랑에서 테이블은 '무대'였고 그는 영화감독, 무대미술가, 음악가, 특수효과 전문가와 팀을 이루었다. 손님들은 주변에서 상어가 헤엄치는 가운데 새조개 껍데기에 담긴 소량의 생선 요리를 먹거나, 오리엔트 특급열차를 타고서 해체된 새우튀김을 먹거나, 시골 언덕 위에서 채소를 먹었다. 트롤리가 웨이트리스의 다리에 떠밀려 식당 안에서 돌아다니고, 어느 코스에서는 손님들이 가상현실 헤드셋을 써야 했고, 초콜릿 디저트가 빙글빙글 돌면서 테이블 위 공중에 떠 있었다.

이비자 섬에 있는 파코 론체로의 레스토랑 서블리모션에는 테이블이 하나만 있다. 론체로는 테이블을 '무대'라고 부른다. 이 레스토랑은 영화감독, 무대미술가, 음악가, 특수효과 전문가의 합작품이다.

테이블이 하나이고 자리는 열두 개밖에 없었다. 안 그래도 비싸기로 유명한 이비자 섬에서 론체로의 레스토랑은 넘치도록 비쌌다. 한 끼 식사가 1,500유로였다. 론체로의 레스토랑은 당연히 매체에서 '세계에서 가장 비싼 레스토랑'이라는 타이틀을 얻었다.

불경기와 식량 부족과 환경문제와 빈곤의 세계에서도 최상류층을 위한 공간은 있다. 사실 2010년대에 가장 위험한 시도는 중간 시장을 겨냥한 레스토랑 체인을 만드는 데 열을 올리는 것이다. 영국의 레스토랑 경영자이자 TV 스타 제이미 올리버Jamie Oliver는 2008년에 설립한 레스토랑 그룹이 2019년에 법정 관리에 들어가면서 혼쭐이 나고서야 이 사실을 깨달았다. 진지한 노력과 열정과 고된 노동만으로는 충분하지 않았다. 그의 레스토랑 스물다섯 개 중에서 스물두 개가 문을 닫고 일자리 1,000개가 사라졌다.

올리버의 레스토랑 체인이 몰락한 이유로 여러 가지가 제기되었지만, 중간 수준의 레스토랑이 경쟁하면서 과도한 비용을 투입해서 수익이 비용을 맞출 수 없는 현실 앞에서 거품이 터진 결과라고 할 수 있다. 2016년에 국민생활임금제National Living Wage(최저임금제)가 도입되면서 사업비가 크게 상승했지만 2019년에 중간 시장은 새로운 성장 해법을 찾아냈다. 슈퍼마켓과 협업하여 슈퍼마켓 매장 안에 구내식당을 설치하는 것이었다. 한 예로 요!스시(제13장 참조)가 테스코에서 초밥 키오스크를 열었다. 하지만 레스토랑 업계의 사람들은 최고급 레스토랑에서 길을 찾았다.

올리버는 론체로의 선례를 따라야 했을지도 모른다. 아니면 2019년에 디저트 한 접시에 534파운드를 받았던 방콕의 시로코Sirocco 레스토랑, 혹은 아이스크림선디를 1,000달러에 판 뉴욕의 세렌디피티Serendipity 3 레스토랑이나. 아니면 라스베이거스의 레스토랑 플뢰르Fleur에서 5,000달러에 판 허버트 켈러의 버거나.

이런 터무니없는 가격을 공격하는 사람들은 사실 레스토랑의 홍보 전략에 말려든 것이다. 아드리아는 자신의 벙커로 물러서서 혹시 가격까지는 아니라도 음식을 무모하게 짝지우거나 혼합한 데 책임을 느끼냐는 언론의 질문 공세를 피하면서 너무나도 행복했을 것이다.

물론 특이한 메뉴 뒤에 진지한 의도를 숨긴 유능한 요리사들이 있다. 헤스턴 블루멘설은 영국 버크셔의 레스토랑 팻덕에서 '달팽이죽'이나 '달걀과 베이컨 아이스크림'이나 '머스터드 아이스크림'으로 이름을 날렸지만, 그 자신은 일반적인 전제[이를테면 바닐라는 달다는 가정이나 달팽이는 귀리와 (리조토처럼) 먹을 수 없다는 가정]에 도전하고 맛있는 음식을 선보일 뿐이라고 주장했다. 그는 찰스 스펜스와 협업하여 '바다의 소리'라는 요리를 창조했다. 손님들은 소라 껍데기 모양의 이어폰으로 파도가 치고 머리 위로 갈매기가 날아다니는 소리를 들으며 해변처럼 보이는 요리를 먹는다. 김, 생선회, 파도의 포말을 표현한 거품과 타피오카로 만든 '모래'가 있었다.

블루멘설의 관심사는 그 자신이 '상황적 계기'라고 이름 붙인 개념이다. 손님에게 실제 바닷가 소리를 들려주면 그들은 유년기나 휴가의 순간으로 돌아가 행복한 기억을 떠올릴 수 있다. 이런 행복감으로 인해 생선 요리를 즐기는 경험이 배가될 수 있다. '누군가를 흥분 상태로 만들어줄 수 있다면 모든 감각이 고조된다.' 그의 연구에서는 '불안하면 단맛을 느끼는 감각이 30퍼센트 감소하고 쓴맛과 신맛을 느끼는 감각이 50퍼센트 증가한다'는 증거를 밝혀냈다.

스펜스는 '소리는 기억에서 망각된 맛의 감각'이라고까지 주장했다. 해안선을 떠올리게 해서 음식을 먹는 사람의 마음을 레스토랑이나 실내장식이나 다른 손님들이 아니라 접시에 놓인 음식에만 집중하도록 만들었다. 아드리아처럼 스펜스는 날붙이류에도 주목했다. 오스트레일리아의 한 기자에게 그는 이렇게 말했다. '날붙이류는 발달하지 않았다. 날붙이류는 무엇이 될 수 있었을까? 사람과 음식을 연결해주는 그것에서 당신은 무엇을 얻으려 하는가?'

배고픈 사람이나 냉소적인 기자는 이런 선언에 눈살을 찌푸리기 쉬웠다. 그리고 '분자 요리'를 시도하는 요리사가 늘어날수록 블루멘설과 아드리아는 더 방어적이고 신경질적이 되었다. 2006년에 두 사람은 음식 과학 작가 해럴드 맥기Harold McGee와 미국의 요리사 토머스 켈러Thomas Keller를 만났다. 켈러는 요즘 이른바 '파인 다이닝' 레스토랑에서 흔히 접하는 수비드sous-vide(프랑스어로 '저온 진공'이라는 뜻이다)라는 조리법의 선구자다. 수비드는 음식을 진공 팩에 넣고 물에 넣어서 저온으로 조리하는 방법이다.

네 명의 요리사는 자신들을 모방하는 사람들과 거리를 두기 위해 선언문을 발표했다. 그들은 그 사람들이 새로운 요리법을 '대체로 잘못 이해한다. 특정 요소만 부각시켜 선정적으로 다루고 나머지는 무시한다'고 단언했다. 그리고 네 요리사는 자신들이 창조한 요리법의 원리를 '탁월성, 개방성, 진실성'이라고 명시했다. 말하자면 '탁월성에 전념하고', '진실성'을 '최고'로 여기고, '진지하게' 일하면서 '최신 유행을 좇지' 않겠다는 뜻이다.

그들의 요리는 최고급 요리의 전통에서 진화한 것이다. '우리는 혁신을 수용하지만 단지 새롭다는 이유만으로 새로운 것을 좇지 않았다. 걸쭉하게 만드는 물질과 설탕 대용품, 효소, 액화질소, 수비드, 탈수법을 비롯한 비전통적인 방법을 사용할 수는 있지만 이런 것이 우리의 요리를 정의하지는 않는다.' 이들은 '분자 요리'라는 명칭을 떼어버렸다. '이 말은 우리의 요리를 설명해주지 못한다.'

끝으로 그들은 협업의 정신과 '아이디어를 공유하는 자세'를 믿는다면서 협박조로 '더불어 새로운 기법과 요리를 창조하는 사람들을 제대로 인정해주어야 한다'고 덧붙였다. 그들은 자신들의 아이디어를 훔치는 요리사들에게 신물이 났고, 거품이나 접시에 소스를 바르는 방식이나 수조에서 축 늘어진 연어를 꺼내 토치로 그을리는 기법 등의 신경에 거슬리는 모든 기법의 대부로 일컬어지는 데도 진력이 났다. 그들은 홍보팀에 기자들이 '분자 요리'라는 말이 들어간 문장에 당연하다는 듯이 그들의 이름을 넣지 못하게 하라고 지시했다. 하지만 세상이 바뀌어 그들의 선언문은

채식주의자와 채식 레스토랑이 증가하면서 지구적 관심사들이 완벽하게 혼합되어 시대정신의 영예를 가져갔다.

신문 1면을 장식하지 못했고, 서블리모션 같은 레스토랑이 세계 곳곳에서 계속 문을 열었다.

요리사들이 요리계의 최신 유행의 노예가 되고 싶지 않다고 해도, 마케팅과 홍보 담당자들이 유행을 따르도록 종용했다. 2019년의 가장 큰 유행은 완전 채식주의veganism였다. 어떤 이들에게 그것은 지구가 당면한 관심사들을 완벽하게 혼합하여 시대적 원칙이라는 휘장을 달아준다.

완전 채식주의 음식은 유제품이 들어가지 않으므로 환경을 해치지 않는다. 소가 지구에 막대한 해를 끼치는 메탄을 배출하는 비율을 줄여주기 때문이다. 마찬가지로 완전 채식주의자는 육류를 섭취하지 않으므로 전 세계의 공장식 축산업에 반대하는 입장을 표명한다. 공장식 축산이야말로 가장 비정상적인 집약적 식량 생산을 영속시키는 방식이다. 채식주의자들은 동물 학대에 반대하므로 이들이 꿈꾸는 세상에서는 비명을 지르는 송아지를 어미 소에게서 떼어낼 일도 없고, 가축을 무자비하게 도살장으로 끌고 가 이마에 볼트를 박아 죽일 일도 없고, 컨베이어벨트 위에서 닭의 목을 자를 일도 없고, 거대하고 어두운 양계장에서 달걀을 생산할 일도 없고, 돼지를 자기가 싼 똥 위에서 다른 수천 마리의 돼지들과 다닥다닥 붙여서 키울 일도 없고, 어떤 생명체도 인간의 불필요한 쾌락만을 위해 존재할 일도 없어진다는 뜻이다.

완전 채식주의는 지구와 (비만이라는 유행병이 맹위를 떨치는 현실에서) 인간의 건강에 관심을 기울이는 인도주의의 결정판이고, 일부 채식주의자에게는 음식 선택이 1960년대 미국의 반문화만큼이나 정치적이다(제15장 참조). 자칭 '채식주의 홍보 대사'인 제이 브레이브Jay Brave는 완전 채식주의는 BAME[Black(흑인), Asian(아시아인), Minority Ethnic(소수민족)]를 자처하는 사람들을 포함한 활동가들에게 '영국 사회의 공고한 불평등에 맞설 기회'라고 말했다.

내가 만난 다수의 아프리카계 흑인 채식주의자의 경우 채식주의자가 되기로 한 결정은 개인의 자율적인 선택이다. 그리고 그들이 구매하는 수많은 상품에 대해 아무런 통제력을 발휘할 수 없는 제도 안에서 그나마 식단에서라도 통제력을 되찾기 위한 방법이기도 하다.

채식주의협회Vegan Society(1944년에 설립되었다)에 따르면 2008~2018년에 영국의 채식주의자는 15만 명에서 54만 2,000명으로 증가했다. 소매점에서 파는 채식주의 식품도 두 배로 증가했고, 민텔Mintel의 시장조사에 따르면 육류가 들어가지 않은 식품을 섭취하는 영국 소비자의 42퍼센트가 '채식 기반'의 식품(달걀이나 유제품이 포함되지 않은 식품)을 선호했다.

영국과 미국과 그 밖의 지역에서 새로운 채식 열풍에 발맞춘 카페와 바와 레스토랑이 새로 문을 열었다. 런던에는 채식주의 펍(런던 동쪽의 스프레드이글), 채식주의 도넛 가게, 채식주의 음식을 파는 노점이 넘쳐난다.

채식주의 메뉴가 런던의 고급 레스토랑에도 등장했다. 가령 고든 램지의 제자 제이슨 애서튼의 폴른 스트리트 소셜Pollen Street Social(그가 세운 글로벌 레스토랑 제국의 일부)과 인터콘티넨탈 호텔에서 요리사 테오 랜달Theo Randall이 운영하는 레스토랑 파크 레인Park Lane에서 채식주의 메뉴가 나왔다. 게다가 와가마마Wagamama와 잇츄Itsu 같은 중간 시장을 겨냥한 레스토랑 체인에서도 시범적으로 채식주의 메뉴를 내놓았고, 채식주의 음식이 유행 지난 건강식이라는 생각을 불식시키기 위한 튀긴 케밥과 도넛 형태의 '더티 비건dirty vegan'이라는 음식도 등장했다. 음식 전문 기자들은 거의 매일

새로운 채식 식당이나 새로운 채식 메
뉴나 새로운 채식 요리 소식을 접한다.

물론 채식주의 철학에는 모순도
많다. 비타민이 결핍된 식단, 채식주
의 식품에 사용되는 패스트푸드 방식
의 전혀 자연스럽지 않은 기술, 채식
주의 음식은 맛과 식감이 떨어진다는
육류 소비자의 관점. 2019년에 영국의
작가 조애나 블리스먼Joanna Blythman은
이렇게 썼다.

육류 대체품. 살아 있는 동물의 조직을 추출하여 실
험실에서 배양된 이것은 우리가 지금 먹고 있는 고
기보다 100배나 작은 땅이 필요하고 5.5배나 적은
물이 필요하다.

채식주의 '버거'든 '닭고기 없는 필
레'든 똑같이 저렴한 재료를 써서
변형한 레시피일 뿐이다. 다량의
물, (분리 콩단백이나 콩 같은) 각종 단백질 파우더, 화학적으로 변형한 전분과 같은
경화제, 강력한 식품 접착제, 공업용으로 정제한 식물성 기름을 쓰고, 여기에 '맛 조
절제'라고, 설탕이나 과도한 소금이나 합성 향미료를 써서 맛을 낸다.

그럼에도 불구하고 1990년대와 2000년대 초에 유기농 운동의 순수파들이 사람
들에게 덜 집약적인 축산의 가치를 고민하게 했듯이, 채식주의는 사람들이 먹는 고
기의 양과 질 두 가지 모두를 고민하게 만들었다. 그리고 고기를 꼭 살아 있는 동물
에서 얻어야 하는지도. 실제로 오브뉴는 자기네가 음식 유행의 최첨단에 있다고 여
겼을지 몰라도, 음식의 미래 자본은 분자 요리나 채식주의 요리가 아니라 육류 대용
식품으로 흘러간다.

실험실에서 살아 있는 동물의 조직으로부터 추출한 근육세포를 배양하여 만든
고기는 마이크로소프트의 설립자 빌 게이츠Bill Gates 같은 억만장자에게서 투자금을
끌어들였다. 게이츠는 자신의 개인 블로그에 이런 글을 올렸다.

육류를 생산하는 데는 막대한 땅과 물이 필요하고 환경에 심각한 영향을 미칩니다. 한마디로 90억 인류를 먹일 만큼의 육류를 생산할 방법이 없습니다. 그렇다고 모두에게 채식주의자가 되라고 요구할 수는 없습니다. 따라서 자원을 해치지 않고도 고기를 생산할 수 있는 더 많은 대안이 필요합니다.

실험실에서 만든 고기에는 땅이 100배 덜 필요하고 물이 5.5배 덜 들어간다. 하지만 과연 채식주의자가 먹을까? 게다가 생체검사가 필요하므로 동물 학대에서 완전히 자유롭지는 않다. 유행에 따라 가끔 채식하는 사람들에게는 좋은 대안일 수 있다. 특히 세계적으로 유행하는 최신 레스토랑을 이끌어가는 또 하나의 동력, 바로 인스타그램에 올릴 수만 있다면.

세계가 인스타그램에 열광하는 사이 인스타그램은 SNS 플랫폼으로서 음식과 레스토랑의 실내장식에 영향을 미치기 시작했다. 런던에서 레스토랑 경영자나 요리사 지망생들과 작업하는 디자인 스튜디오는 레스토랑을 기획하면서 인스타그램을 필수 요소 리스트의 상위에 올려야 했다. 한나 콜린스Hannah Collins는 '인스타그램은 젊은 사업가들이 늘 염두에 두는 것'이라고 말했다. 따라서 타일 모자이크와 벽화와 네온등 같은 요소에 더해서 음식 자체도 미학적으로 아름답거나 특이해야 했다. 인스타그램 스타들이 새로운 '인플루언서'가 되었다면, 요리사는 이들을 레스토랑으로 끌어들여 이들의 직사각형 인스타그램 창을 빌리는 대신 요리와 실내장식을 제공하고 해시태그에 맞는 음식을 만들어야 했다.

SNS의 모토처럼. '인스타그램에 올라가지 않으면 일어나지 않은 일이다.'

사각형 포맷으로 사진을 찍기 좋아서 음식을 요리하고, 또 레스토랑 경영자와 요리사가 오락만을 위한 환경에서 음식을 만든다면 외식의 개념 자체에 질문을 던져야 할 것이다. 사실 음식의 커다란 즐거움이 사람들이 음식을 앞에 두고 소통하게 만드는 데 있다면 잠시 휴대전화를 끄고 그 순간에서 즐거움을 찾고 서로의 눈을 들여다보며 소통의 아름다움을 즐겨야 하지 않을까?

외식의 미래는 당연히 현재를 반영한다. 새로운 음식 개념, 새로운 날붙이류, 우주 시대의 분위기, 개인의 과거 기호와 현재의 은행 잔고를 고려하는 최첨단 디지털 예약 시스템이 나올 것이다. 그래도 소박한 식당을 위한 자리는 언제까지나 남아 있을 것이다. 누군가가 과학과 재료를 융합하는 환상을 품는 사이, 다른 누군가는 여전히 작은 주방을 갖추고 계절마다 소박한 음식으로 메뉴를 바꾸고 실용적인 와인 리스트를 짜고 활기찬 직원과 와자하게 이야기꽃을 피우며 웃고 떠드는 분위기를 구현하는 소박한 식당을 여는 꿈을 꿀 것이다. 그런 식당에 두 자리를 예약해주세요.

우선 이 책을 써보라고 제안한 사이먼앤슈스터의 이언 맥그리거Iain MacGregor 편집장에게 감사드립니다. 외식이라는 매력적인 주제를 진지하게 파고들 기회가 주어진 것이 제게는 큰 행운입니다. 변함없이 지지하고 끝까지 응원해준 PFD의 담당 에이전트, 캐롤린 미셸Caroline Michel과 존 파울러Jon Fowler와 비키 콘포스Vicky Cornforth에게도 무한히 감사드립니다. 제가 좋아하는 주제에 관해 제게 자문을 구하고 저희의 흥미로운 음식 이벤트 프로그램을 지원해준 〈텔레그래프〉의 여러분, 비키Vicki, 사샤Sasha, 에이미Amy, 클레어 I.Claire I., 로라Laura, 클레어 F.Claire F.에게 감사드립니다.

이 책은 주로 노샘프턴셔 웨스턴의 집에서 썼습니다. 정연하고 차분하고 활기찬 분위기를 만들어주고 우리 집을 더 행복한 공간으로 만들어준 데이브Dave와 제인Jane에게 감사드립니다. 우리 집을 아늑하게 만들어준 배관공 윌Will, 앤디Andy, 알렉스Alex에게도 고마움을 전하고 싶습니다. 사실 그분들이 어디에 계셨는지 알았다면, 아니 훌륭한 새 라디에이터가 연결된 걸 알았다면 직접 감사를 표했을 겁니다. 서머싯에 있는 장모님 새러Sarah의 집 온기에 파묻혀 그 집 식당에서 방대한 양의 원고를 썼습니다. 장모님의 차와 비스킷과 브리스코 점심과 저녁 식사와 부자부자Booja-Booja 아이스크림에 무한히 감사드립니다. 리파리, 코르시카, 이비자에서 내게 의자와 테이블과 와이파이를 제공해준 멋진 친구들에게도 감사의 말을 전합니다. 카를로Carlo와 알렉산드라Alexandra, 스키피Skippy와 라라Lara, 린디Lindy와 댄Dan에게도 감사합니다.

이 책을 위해 훌륭한 자료 조사 방법을 계획해준 에밀리 에디저Emily Ediger, 사이먼앤슈스터의 프로젝트 매니저로 문장을 꼼꼼하게 다듬어준 박식한 멜리사 본드Melissa Bond에게 감사드립니다. 우리 집의 10대 아이들 앨리스Alice와 앨버트Albert에게도 각자의 자리에서 열심히 해준 데 사랑과 존경을 보냅니다. 끝으로 무한한 사랑과 격려와 지원을 아끼지 않은 나의 사랑 에밀리Emily에게 감사드립니다. 우리의 삶에 새로운 빛을 던져준, 늘 행복하고 즐거운 작은 월터Walter에게도 고맙다고 말하고 싶습니다.

나의 중학교 가정 수업에서는 서양 정찬의 식사 예절을 비중 있게 다루었다. 용도가 다양한 포크와 나이프를 놓는 자리와 사용하는 순서가 아직도 기억난다. 가운데 접시를 중심으로 오른쪽에 나이프, 왼쪽에 포크가 세 개씩 놓인다. 맨 바깥쪽에 전채 요리용, 그다음에 생선 요리용, 맨 안쪽에 고기 요리용이 놓이고, 요리가 나오면 바깥쪽부터 하나씩 순서대로 사용한다. 그리고 명심할 한 가지가 있다. 식사를 다 마쳤으면 포크와 나이프를 접시 한쪽에 나란히 놓고, 식사가 끝나지 않았으면 포크와 나이프를 양쪽에 각각 놓아서 음식을 더 먹겠다는 의사를 표시해야 한다. 그 밖에도 빵과 디저트를 놓는 자리, 커피나 차를 놓는 자리, 커피 스푼과 디저트 포크를 놓는 자리와 함께 식탁에서 지켜야 하는 복잡한 예절도 배웠다.

이렇게 까다로운 형식과 절차를 배우면서, 아니 외우면서 언젠가 순서를 헷갈려 전채 요리를 생선용 포크로 먹거나 고기를 전채 요리용 포크로 먹어서 창피를 당할까, 혹은 천천히 더 먹을 생각인데 깜빡하고 포크와 나이프를 나란히 놓아서 웨이터가 야박하게 접시를 치워버릴까 걱정하던 기억도 난다. 그때는 서양에서 매끼 식사를 이렇게 복잡하게 차려놓고 먹는 줄 알았다. 나중에 보니 다 그렇게 먹는 것도 물론 아니고, 나 역시 교과서에 실린 테이블 도면처럼 접시와 날붙이류가 정석대로 놓인 테이블에서 식사해본 건 손에 꼽는다. 그러면 어쩌다 평소 접하지도 못할, 설령 접할 기회가 생기더라도 그때그때 배우면 그만일 서양식 식사 예절이 중학교 교과서에까지 올라갔을까?

저자가 이 책의 포문을 열며 한 말에 답이 있다. '영감의 촉수가 세계를 휘감는다. 대륙을 가로질러 각지의 문화에 침투하고 사람들의 마음속으로 스며든다. 역사의 물결을 따라 굽이굽이 흐른다. 잠시 쉬어 가기도 하고 때로는 완전히 멈추었다가 몇 세기 후 의외의 장소에서 홀연히 다시 나타난다.' 그중 한 촉수가 유럽에서 아시아로 뻗어오고 서구 열강 제국주의에서 일본 제국주의를 거쳐 한국의 교과서에 닿은 것이 아닐까.

사실 우리가 배운 복잡한 서양식 식사 예절은 프랑스 혁명 시기에 몰락한 귀족의 유산이다. 날마다 귀족의 목이 단두대에서 잘려나가자 평생 그들의 저택에서 일하며 식사와 연회를 준비하던 요리사와 하인들은 하루아침에 일자리를 잃었다. 귀족계급에 봉사한 죄로 함께 단두대로 끌려가지 않고 용케 살아남은 이들은 평생 갈고닦은 기술을 살려서 먹고살 길을 찾았다. 파리의 거리에 레스토랑을 차려서 신흥 부자와 상인, 혁명 시대에 프랑스 전역에서 몰려와 파리의 거리를 누비던 사람들에게 귀족의 맛과 분위기를 선보이기로 한 것이다. 벽에는 명화를 걸고 천장에는 크리스털 샹들리에를 달고 질 좋은 리넨 식탁보를 깔고 고급스러운 은식기와 날붙이류를 놓고 테이블 한가운데에 화려한 화병까지 놓아 귀족 저택의 식당 분위기를 그럴듯하게 구현했고, 저택에서 함께 일하던 하인들까지 합류해 레스토랑을 찾은 손님들에게 과거에 모시던 귀족에게처럼 시중을 들었다. 귀족의 저택 안에서나 누릴 수 있는 식사 문화가 거리로 나온 요리판 프랑스 혁명이다. 그리고 이런 귀족 체험의 형식은 이후 거의 그대로 굳어져 지금도 세계 각지에서 이른바 '파인 다이닝' 형태로 명맥을 이어왔다.

영국의 대표적인 음식 작가이자 레스토랑 평론가이자 BBC의 유명 요리 프로그램 「마스터셰프MasterChef」의 독설가로도 유명한 저자는 오늘날 런던의 거리를 걷다가 만나는 다채로운 외식 문화의 뿌리를 찾아 먼 옛날로 거슬러 올라간다. 지금의 이탈리아 레스토랑과 별반 다르지 않아 보이는 폼페이의 세련된 식당 풍경에서 출발하여 여럿이 둘러앉아 음식을 나눠 먹는 오스만 제국의 식사 문화를 거치고 정치 토론과 시시한 잡담이 오가던 커피하우스, 귀족 저택의 식당이 거리로 나온 프랑스 혁명 시대의 레스토랑, 영국의 음식 암흑기의 살풍경한 식당, 그리고 인도 요리, 타코 기계, 초밥 컨베이어벨트, 반전 정신과 히피 문화가 담긴 정치색 짙은 요리, 지구 환경을 고민하는 채식주의, 요리를 쇼나 예술로 승화시킨 실험적인 레스토랑과 '분자 요리', 그리고 인스타그램의 네모난 프레임에 들어가도록 사진발 잘 받게 만든 요리에 이르기까지 요리 역사의 중요한 장면을 훑어 내려오는 사이, 외식 문화가 그저 집을 떠나 배를 채우기 위해 먹는 행위에서 미술, 음악, 연극, 영화와 견줄 만한 하나의 문화로 자리잡는 과정이 펼쳐진다.

'요리' 하면 피시 앤 칩스밖에 떠오르지 않고 음식이 맛없기로 악명 높은 영국에서 어떻게 오늘날 이름만 대면 알 만한 스타 셰프들이 배출되었는지 이 책을 읽으면 고개가 끄덕여진다. 그래서 제목이 '영국' 외식의 역사여야 한다는 지적이 나올 수도 있지만 요즘은 세계 어느 대도시를 가도 거의 비슷한 외식 풍경을 만난다는 점에서 오늘 우리가 서울의 어느 동네에서 만나는 식당의 배경을 이해하는 데도 이 책이 훌륭한 안내서가 되어줄 것이다.

불과 2년 전만 해도 아무도 상상하지 못한 음울한 상황이 끝날 기미를 보이지 않고 나날이 심각해져만 간다. 예언자 무함마드는 '최고의 음식은 그 위로 여러 사람의 손이 오가는 음식'이라고 했다. 가족과 친구들과 다시 근사한 식당에 모여 따뜻한 한 끼를 마음 편히 나눌 날이 언제가 될지 모르지만 일단 이 책으로 외식의 향수를 달래며 기다려보자.

도서 및 인용문

- Adrià, F., *A Day at elBulli: An Insight into the Ideas, Methods and Creativity of Ferran Adrià*(Phaidon, 2008).
- Adrià, F., Blumenthal, H., Keller, T., McGee, H., 'Statement on the new cookery', *The Observer*(10 December 2006).
- Apicius, *Cookery and Dining in Ancient Rome*(Dover Publications, 1977).
- Arellano, G., *Taco USA: How Mexican Food Conquered America*(Scribner, 2013).
- Aubrey, J., *Brief Lives*(Clarendon Press, 1898).
- Bala, P., Narayanan, J., *Secret Sauce; Inspiring Stories of Great Indian Restaurants*(Harper Business, 2018).
- Ball, Professor M., Sutherland, D. T., *An Economic History of London 1800-1914* (Routledge, 2001).
- Barber, L., 'Grouse, claret and a fag: Man of my Dreams', Interview with Simon Hopkinson, *The Observer*(23 September 2007).
- Barton, R., '"An Influential Set of Chaps": The X-Club and Royal Society Politics 1864-85', *The British Journal for the History of Science*, Vol. 23, No. 1(March 1990), pp. 53-81.
- Battuta, I., Husain, M.(trans.), *The Rehla of Ibn Battuta*(University of Baroda, 1953).
- Beauvilliers, A. B., *The Art of French Cookery*(London, 1824).
- Burnett, J., *England Eats Out: A Social History of Eating Out 1830-Present*(Pearson Longman, 2004).
- Carême, M. A., *The Royal Parisian Pastrycook and Confectioner*(F. J. Mason, 1834).
- Carlin, M., '"What say you to a piece of beef and mustard?": The Evolution of Public Dining in Medieval and Tudor London', *Huntington Library Quarterly*, Vol. 71, No. 1, pp. 199-217(University of Pennsylvania Press, March 2008).
- Chelminski, R., *The Perfectionist: Life and Death in Haute Cuisine*(Michael Joseph, 2005).

- Clarke, H., *Working Men's Clubs: Hints for their Formation, with Rules, etc.* (Working Men's Club and Institute Union, 1865).
- Clayton, P., Rowbotham, J., 'How the Mid-Victorians Lived, Ate and Died', *International Journal of Environmental Research and Public Health* (March 2009).
- Clover, C., *The End of the Line* (Ebury Press, 2005).
- Coghlan, F., *A Guide to France, Explaining Every Form and Expense from London to Paris* (J. Onwhyn, 1830).
- Collingham, L., *Curry: A Tale of Cooks and Conquerors* (Chatto & Windus, 2005).
- Cowan, B., *The Social Life of Coffee: The Emergence of the British Coffee House* (Yale University Press, 2005).
- Cowen, R., *Relish: The Extraordinary Life of Alexis Soyer, Victorian Celebrity Chef* (Phoenix, 2006).
- Crowther, G., *Eating Culture: An Anthropological Guide to Food* (University of Toronto Press, 2013).
- Cummings, P. R. et al., *The Role of Hospitality in the Lives of Individuals and Families* (The Haworth Press, 1998).
- Cushing, C., *Letters, descriptive of Public Monuments, Scenery, and Manners in France and Madrid*, Vol. 1 (Newbury Point, 1832).
- Cwiertka, K. J., *Modern Japanese Cuisine: Food, Power and National Identity* (Reaktion Books, 2006).
- D'Israeli, I., *Curiosities of Literature* (Richard Bentley, 1838).
- Dean, J. M. (ed.), *London Lickpenny* (Medieval English Political Writings, 1996).
- Dunn, R. E., *The Adventures of Ibn Battuta: A Muslim Traveller of the Fourteenth Century* (University of California Press, 1989).
- Egilsson, S. Y., *Romantic Travellers in the Highlands 1770-1830* (University of St Andrews, 1991).
- Ellis, H., *What to Eat?: 10 Chewy Questions about Food* (Portobello Books, 2012).
- Engels, F., *The Condition of the Working Class in England in 1844* (Herstellung & Verlag, 2018).
- Evelyn, J., *Diary and Correspondence of John Evelyn, FRS* (George Bell & Sons, 1878).
- Fag, F., *The Recess, or Autumnal Relaxation in the Highlands and Lowlands* (Longman et al., 1834).
- Feinstein, C. H., 'Pessimism Perpetuated: Real Wages and The Standard of Living in Britain during the Industrial Revolution', *Journal of Economic History*, Vol. 58, No. 3 (September 1998).
- Feltham, J., *The Picture of London, for 1802* (Longman et al., 1818).
- Fitton, R. S., Wadsworth. A. P., *The Strutts and the Arkwrights, 1758-1830: A Study of the Early Factory System* (Manchester University Press, 1958).
- Fitzstephen, W., *Description of the City of London* (B. White, 1772).
- Forte, C., *Forte: The Autobiography of Charles Forte* (Pan Books, 1986).

- *Fraser's Magazine for Town and Country*, Vol. 62, July–December 1860 (John W. Parker & Son, 1860).
- Galigani, A., Galigani, W., *Galignani's New Paris Guide* (A. and W. Galigani, 1827).
- Gillespie, C. H., 'Gastrosophy and Nouvelle Cuisine: Entrepreneurial Fashion and Fiction', *British Food Journal*, Vol. 96, No. 10 (1994), pp. 19–23.
- Gisslen, W., *Professional Cooking* (John Wiley & Sons, 2011).
- Goody, J., *Cooking, Cuisine and Class: A Study in Comparative Sociology* (Cambridge University Press, 1982).
- Goodyear, D., 'Jeremiah Tower: A Forgotten Father of the American Food Revolution', *The New Yorker* (1 May 2017).
- Griffin, E., *A Short History of the British Industrial Revolution* (Macmillan, 2010).
- Hailwood, M., *Alehouses and Good Fellowship in Early Modern England* (The Boydell Press, 2014).
- Hanawalt, B. A., 'Medieval English Women in Rural and Urban Domestic Space', *Dumbarton Oaks Papers*, Vol. 52, pp. 19–26 (Dumbarton Oaks, Trustees for Harvard University, 1998).
- Hare, J., 'Inns, innkeepers and the society of later medieval England 1350–1600', *Journal of Medieval History*, Vol. 39, No. 4 (2013), pp. 477–97.
- *Harper's New Monthly Magazine*, Vol. 3, July–November 1851 (Harper & Brothers, 1851).
- Hopkinson S., Bareham L., *Roast Chicken and Other Stories* (Ebury Press, 1994).
- Hopkinson S., Bareham L., *The Prawn Cocktail Years* (Michael Joseph, 1997).
- Howgego, C., 'The Supply and Use of Money in the Roman World 200 B. C. to A. D. 300', *The Journal of Roman Studies*, Vol. 82, pp. 1–31 (Society for the Promotion of Roman Studies, 1992).
- Hylton, S., *Leisure in Post-War Britain* (Amberley Publishing, 2013).
- Isin, P. M., *Bountiful Empire: A History of Ottoman Cuisine* (Reaktion Books, 2018).
- Issenburg, S., *The Sushi Economy: Globalization and the Making of a Modern Delicacy* (Gotham Books, 2007).
- Jarnow, J., *Heads: A Biography of Psychedelic America* (Da Capo Press, 2018).
- Jarvis, A. W., 'Old London Coffee Houses', *The English Illustrated Magazine* (May 1900).
- Kamp, D., 'Cooking Up a Storm', *Vanity Fair* (October 2006).
- Kay, E., *Dining with the Georgians: A Delicious History* (Amberley Publishing, 2014).
- Kia, M., *Daily Life in the Ottoman Empire* (Greenwood, 2011).
- Kingsford, C. L. (ed.), *The Chronicles of London–1289* (Clarendon Press, 1905).
- Lander, N., *On the Menu: The World's Favourite Piece of Paper* (Unbound, 2016).
- Lane, C., *The Cultivation of Taste and the Organization of Fine Dining* (Oxford University Press, 2014).
- Lee, Rev S., 'The Travels of Ibn Battuta: In the Near East Asia and Africa, 1325–1354', unabridged, from *Abridged Arabic Manuscript Copies*, first published by the Oriental Translation Committee, London, 1829 (Dover Publications Inc., 2004).

- Lickorish, L. J., Middleton, V. T. C., *British Tourism*(Butterworth-Heinemann, 2005).
- Lucas, E. V., *A Wanderer in London*(Methuen & Company, 1907).
- Luhmann, T. M., *The Good Parsi: The Fate of a Colonial Elite in a Postcolonial Society* (Harvard University Press, 1996).
- MacCulloch, J., *The Highlands and Western Isles*(London, various, 1824).
- Mackay, T., 'Women at Work: Innkeeping in the Highlands and Islands of Scotland 1790-1840', *Journal of Scottish Historical Studies*, Vol. 37, No. 2(October 2017).
- Mackintosh-Smith, T., *The Travels of Ibn Battutah*(Picador, 2002).
- McNamee, T., *The Man Who Changed the Way We Eat*(Free Press, 2012).
- McNamee, T., *Alice Walters and Chez Panisse: The Romantic, Impractical, Often Eccentric, Ultimately Brilliant Making of a Food Revolution*(Penguin Press, 2007).
- Melton, J. V. H., *The Rise of the Public Enlightenment in Europe*(Cambridge University Press, 2001).
- Mennell, S., *All Manners of Food: Eating and Taste in England and France from the Middle Ages to the Present*(University of Illinois Press, 1996).
- Milne-Smith, A., *London Clubland: A Cultural History of Gender and Class in Late Victorian Britain*(Palgrave Macmillan, 2011).
- Mokyr, J., *The Enlightened Economy: Britain and the Industrial Revolution, 1700-1850* (Penguin Books, 2011).
- Nichols, J.(ed.), *The Gentleman's Magazine and Historical Chronicle*(David Henry, 1785).
- O'Gorman, K. D., 'Discovering commercial hospitality in ancient Rome', *Hospitality Review*, Vol. 9, No. 2(2007), pp. 44-52.
- Oddy, D. J., *From Plain Fare to Fusion Food: British Diet from the 1890s to the 1990s*(The Boydell Press, 2003).
- Palsetia, J. S., *The Parsis of India: Preservation of Identity in Bombay City*(Brill, 2001).
- Pike, R. E., *Human Documents of the Industrial Revolution in Britain*(Routledge, 2006).
- Pilcher, J. M., *Planet Taco: A Global History of Mexican Food*(Oxford University Press, 2012).
- Pinchbeck, I., *Women Workers and the Industrial Revolution 1750-1850*(Frank Cass, 1977).
- Ray, J., *A Collection of Curious Travels and Voyages*(Royal Society, 1693).
- Robinson, E. F., *The Early History of Coffee Houses in England*(Cambridge University Press, 2013).
- Rosen, A., *The Transformation of British Life, 1950-2000: A Social History*(Manchester University Press, 2003).
- Roux, M., *Life is a Menu; Reminiscences of a Master Chef*(Robinson, 2003).
- Singer, A., *Starting with Food: Culinary Approaches to Ottoman History*(Markus Wiener Publishers, 2011).
- Solly, H., *Facts and Fallacies connected with Working Men's Clubs and Institutes*(A paper read before the Social Science Association, Sheffield, October 1865).
- Solly, H., *Prospectus for the Working Men's Club and Institute Union*(Working Men's Club

참고문헌

and Institute Union, 1862).

- Somerville, A., *The Autobiography of a Working Man* (Robert Hardwicke, 1854).
- Stacey, C., 'The Chef Formerly Known as Alastair Little', *The Independent* (15 June 2003).
- Symes, R. A., *Family First: Tracing Relationships in the Past* (Pen and Sword, 2015).
- Tannahill, R., *Food in History* (Paladin, 1973).
- *The New Monthly Magazine and Humorist* (Henry Colburn, 1844).
- Trépanier, N., *Foodways and Daily Life in Medieval Anatolia: A New Social History* (University of Texas, 2014).
- Ukers, W. H., *All About Coffee* (Library of Alexandria, 1922).
- Warde, A., Martens, L., *Eating Out: Social Differentiation, Consumption and Pleasure* (Cambridge University Press, 2000).
- Waters, A., *Chez Panisse Café Cookbook* (Harper Collins, 1999).
- Waters, A., *Coming to My Senses: The Making of a Counterculture Cook* (Hardie Grant, 2017).
- Well-willer, 'The Women's Petition Against Coffee; Representing to Publick Consideration the Grand Inconveniencies Accruing to their Sex from the Excessive use of that Drying, Enfeebling liquor' (London, 1674).
- White, M. P., Steen, J., *The Devil in the Kitchen* (Orion, 2006).
- Wood, A., *A Life of Anthony à Wood* (Thomas Hearne, 1711).
- Wood, A., *Athenae Oxonienses* (London, various, 1820).

웹사이트

- www.academia.edu/444265/The_Rise_of_the_Coffeehouse_Reconsidered
- www.muslimheritage.com
- www.pompeiana.org
- www.pompeiiperspectives.org/index.php/regio-ix-insula-1
- www.sciencedirect.com/science/article/pii/S2352618118300180
- www.turkishcoffeeworld.com/History-of-Coffee-s/60.htm
- www.web-books.com/Classics/ON/B0/B701/11MB701.html

찾아보기

외식의 역사

초판 1쇄 발행 | 2022년 2월 22일
초판 2쇄 발행 | 2024년 5월 10일

지은이 | 윌리엄 시트웰
옮긴이 | 문희경
펴낸이 | 박남숙

펴낸곳 | 소소의책
출판등록 | 2017년 5월 10일 제2017-000117호
주소 | 03961 서울특별시 마포구 방울내로9길 24 301호(망원동)
전화 | 02-324-7488
팩스 | 02-324-7489
이메일 | sosopub@sosokorea.com

ISBN 979-11-88941-70-4 03900
책값은 뒤표지에 있습니다.